JN172267

手と足と眼と耳

地域と映像アーカイブをめぐる実践と研究

原田 健一・水島 久光

【編著】

学 文 社

生の痕跡をどう扱うのか

　近代になって生み出された写真，映画，テレビ，ビデオなどのさまざまな映像は，メディアの特性たる情報を伝達することを通して，それまでとは異なった人や物，領域などを媒介し，地域性を越えてナショナルに，あるいはグローバルに空間を拡大し，新たな関係性を創り出し広がっていくものであった。しかし，一方で同時に，人びとが住むそれぞれの地域コミュニティの共同性，すなわち既にある人と人との関係性に浸透し，ローカルな日常生活そのものに深く普及し，外部装置として社会的記憶を創り出すつなぎ目となり，さらには，私たちの心の奥行きを拡大するものでもあった。つまり，近代になってから，映像メディアは空間の広がりだけでなく新たな記憶の深まりというアンビバレントかつ複雑な事態を社会に生み出し，近代以前とは異なる新たな文化の形式を創発してきたのだ。

　デジタル化は，こうした事態をさらに押し進めるだけでなく，それまで，写真，映画，テレビ，ビデオなどメディア別に発展してきたものを，横断的につなぎ合わせるだけでなく，それぞれの領域が保持するシステムそのものを巻き込みながら，複合的に制度そのものをねじりあわせ展開している。そのために，わたしたちの生きている現場のいたるところ，そこかしこで，悲鳴ともいえる不可解なきしみ音が鳴っている。

　多分，映像を扱うことは，時に，直接，その人そのものを扱うことに等しくなる時がある。確かに，映像は単なる像にすぎない，像という物にすぎない。しかし，そこには，写された人の生の痕跡が分かちがたく，時に他の人には知られたくない親密な記憶が，刻印されている。物やデータ，情報としてだけ，扱えないものが潜んでいる。制度やシステムのすき間から，ねじれ落ちるさまざまな問題が顕在化する場所がそこにある。

　たとえば，3.11（2011 年 3 月 11 日）以降，震災そのものの記憶だけでなく，

それまでの町や村の記憶をアーカイブすべく多くの市町村で写真やフィルム，ビデオのデジタル化がなされ保存，活用されようとしている。しかし，それらの多くは各市町村の中で社会的に共有化される前に，インターネット上で成果として，オープン・データとして一般公開し閲覧される。そして，時に，それは写された人びとの肖像権が，プライバシー保護が求められ，そのために顔がぼかされる。

　なぜ，こうした現実が起こるのだろう。何が原因なのだろうか。どういった手順，配慮が欠けていたのだろうか。また，こうした問題を，研究者は禁欲的に調査，観察し，議論すべきだろうか。反対に，社会そのものに関与しつつ，問題を明らかにし，検討し，実践し，さらにその過程を実証すべく研究することはできないだろうか。アクション・リサーチという言い方は可能であろうが，その実際の過程を丁寧に記述し明らかにしていくことは難しいだけでなく，研究的にその方法は確立されているわけではない。まだまだ多くの困難をわたしたち研究者は抱えている。

　本書は，デジタル映像アーカイブのさまざまな問題について，可能なかぎり，具体的，実践的に関わるだけでなく，実務者としてではなく，研究者として批判的に検討し，問題のあり方を記述しようとしたものだ。ここでは，すべてを解決する処方箋が書かれていることはない。まだ，その前の段階にすぎないし，そのことを自覚する必要を議論している。

　また，本書はもともと異なる領域の研究者による論考集であり，用語も十分に統一されていない。時に折衷的であり，他領域に対して批判的でもある。トライアンギュレーションの過程であると同時に，論争的な色合いもある。

　第Ⅰ部「デジタルアーカイブをどうデザインするか」は全体の総論として，アーカイブのデジタル化をいかに認識すべきかについて論じている。さらに，個別事例の検討と方法的問題について，第Ⅱ部「アーカイブの実践と地域」を読み進めていただきたい。第Ⅲ部「アーカイブするための方法と学習」はアーカイブの実践における担い手の問題について，検討している。第Ⅳ部「領域横断的分析－荻野茂二フィルムをかこむ複数の手と眼差し」では荻野茂二の膨大

なフィルム・コレクションをもとにどう分析しうるのか，さまざまなアプローチによる共同研究のありようを提示している。

　前書『懐かしさは未来とともにやってくる－地域映像アーカイブの理論と実際』では，新潟という地域を中心に議論がなされたが，本書では，そうした基盤から，ローカルとローカルの比較へと研究が確実に進んでいることを実感することができると思う。また，前書とあわせて読むことで，地域と映像の関係をより立体的に考えることができるだろう。

　本書も前書同様，学文社のお世話になった。記して感謝したい。

　なお，本書は，科学研究費・基盤研究（B）「『地域』映像の集合化による再帰的ソーシャル・デザインの研究」(15H03281) の研究成果報告書となっている。

2017 年 10 月吉日

原田　健一

Ⅱ　アーカイブの実践と地域

第4章　「ゆうばりアーカイブ」がつなぐもの
──地域映像アーカイブの構築と活用に関する課題 ……………… 54

水島久光

第5章　地域社会における近い過去の歴史表象の意味 ………………… 70

浅岡隆裕

第6章　地域ネットワークの集積拠点（ハブ）を構築する
──アーカイブと大学の連携活動から ……………… 88

板倉史明

Ⅲ　アーカイブするための方法と学習

Ⅳ　領域横断的分析
　　　──荻野茂二フィルムをかこむ複数の手と眼差し

デジタルアーカイブを
どうデザインするか

　アーカイブに注目が集まっている。さまざまな領域の研究者だけではない。そこには文化資源や記録管理の実務者，教育や地域活性化の現場で汗を流す人びと，そして市井の老若男女が大切な記憶を託す対象として期待を寄せている。鍵は「デジタル技術」だ。しかしそれは残念ながら目に見えない。拡散し，抽象的になりがちな議論には，皆が視線を重ねるメディア論，認識論的「焦点（キーワード）」が必要だ——それが「映像」「地域」である。

第 1 章

ソーシャル・デザインとしての
デジタルアーカイブ

水島久光

第**❶**節 「噛み合わなさ」は収拾するのか

2015 年 1 月，東京・日比谷図書文化館で「アーカイブサミット 2015」が開催され，翌年 6 月には第 2 回サミット（「アーカイブサミット 2016」），続いて 2017 年 4 月 15 日，これらの主催メンバーを中心に東京大学で「デジタルアーカイブ学会」の設立が宣言された[1]。設立総会には，実に多様な立場・経歴をもつ実践者・研究者が集まった。メンバーの一人が感慨深げに言った。「全然別の場所でお会いしたような方々が，いま同じ空間にいる」——確かに，これまでの十数年の「アーカイブ」に関する議論の噛み合わなさを考えると，何かを期待したくなる雰囲気は感じられた。しかしそれは，「メルティングポットなりうるか，それともサラダボウルのままなのか」と問われると，まだ何も確信はない。とりあえず膝を交える場ができたというだけである。これまでの経緯を踏まえて，具体的なアジェンダが示せたというわけでもない。ようやくスタートラインに立ったにすぎないのだ。

私自身は，これまで主催メンバーが喧伝する「アーカイブサミット 2015」の成果に対して，やや批判的な態度をとってきた。発表された「アーカイブ立国宣言」[2]のようなトップダウンかつ特定のパースペクティブからのアプロー

---

1) 筆者もこの総会に参加し，コミュニティ・アーカイブ担当の理事に就任することになった。詳しくは http://dnp-da.jp/archive/。
2)「国立デジタルアーカイブ・センターの設立」「デジタルアーカイブを支える人材の育成」

チでは，拾いきれないものがたくさんあるという考えを持っていたからだ。メディア研究（とくに放送のデジタル化の研究）から地域と映像という主題を得，そこから「アーカイブ」の世界に入った経験から言えば，このムーヴメントに対する自身のポジションは，無視されても仕方がないくらいマージナルに見られているということはすぐに感じた。それより何より，議論の進め方の「性急さ」が気になった。このような社会基盤に関わる議論が，特定の政策目標に引っ張られることは往々にして起こる。とくに「サミット」においては，1回目よりもさらに2回目，そうした色は濃くなった。私は，少々うんざりし，こうした動きに対して距離を置こうかと思い始めていた。

　しかし，本書の企画が進むにしたがって，「それではいけない」と思うようになった。思えば「アーカイブ」という言葉は，ずいぶん人口に膾炙するようになった。だからこそ「いま，なぜ"アーカイブ"なのか」という問いを避けてはいけない——そうでなければ，単なる流行語として消費されつくされてしまう——「期待」よりも「危機感」に近い思いが大きくなっていた。それと同時に，近年，我々が眼差しを向ける「地域」「映像」という切り口は，アーカイブ研究において，決して周縁的ではないという思いが強くなった。むしろこの位置だからこそ見える課題が，長年嚙み合わなかった「アーカイブ」に関するさまざまな議論に，互いに重なり合う点を指し示してくれる，と。

　「地域」の複雑さ，「映像」の情報量の多さを相手にしていると，「アーカイブ」に向き合う姿勢として，まずは「手と足を使う」ことの大切さが身に染みる。本書に収められた各論や事例紹介は，そのことに一定のシンパシーを抱きつつ展開されている。しかしそれは「わき目も振らずに，汗をかく」といった精神論でも，「身体性に知性を従属させる」といった感覚論でも，ましてや単純なスキルを列挙したものでもない。むしろ全く逆である。「汗をかきつつも，しっかり目を開き」「知性（を標榜するもの）の暴走を食い止める」ことが，いま我々には求められていると考えるからだ。

「文化資源デジタルアーカイブのオープンデータ化」「抜本的な孤児作品対策」の4項目（「アーカイブ立国宣言」編集委員会編 2014）。

　折しも「アーカイブに関わる」ことを自認する，さまざまな人びとが出会う場は形成されつつある。だから私自身は，あえてそこに飛び込んで声を上げてみることにした。そこで人びとは「何を」「どう」語るか——いずれにしても，その場において耳を澄ませることから，「アーカイブ」を巡る新しいフェーズは始まるのだろうと「腹を括った」というわけだ。そこで本稿では，その「はじめの一歩」として，あえてアーカイブに関する議論の「嚙み合わなさ」に光を当ててみようと思う。

第❷節　繰り返される「デジタルアーカイブ」の夢

　そもそも，ここ数年のアーカイブに関わる人びとの「組織化」を求める動きは，およそ 20 年の時を隔てて「再び火がついた」ものであることを忘れてはなるまい。そしてその最初の波も二度目も，きっかけは「デジタル技術」の影響にあった。

　「デジタルアーカイブ」という語を最初に用いたのは月尾嘉男で，1994 年，古代アレクサンドリア図書館をイメージした提言によるといわれている[3]。いわゆる和製英語にありがちなコピーライティングではあるが，Windows95 もまだリリースされていない段階で，当時一般には「デジタル」は，まだ漠然とした期待を重ねることしかできなかった時代に，それは少なからず大きなインパクトを持った。そして 2 年後 (1996 年)，デジタルアーカイブ推進協議会 (JDAA) が設立される際，それは「理念」としてはっきりした方向をもつようになる——「有形・無形の文化資産をデジタル情報の形で記録し，その情報をデータベース化して保管し，随時閲覧，鑑賞，情報ネットワークを利用して情報発信する」の文言には，対象 (＝文化資産)，手段 (＝データベース化)，目的 (＝随時閲覧，鑑賞，情報発信) が明示されている。すなわちこの段階では「デジ

---

3) アレクサンドリア図書館新設プロジェクト（1988-2001 完成）については（マンゲル 2006：11-35）に詳しい。

タルアーカイブ」は，今日のような「開かれた意味」ではなく，特定の具体的なイメージを先取りして，解釈されていたのだ。

　それは，文化資産"業界"の研究・実践者にとっては，まずはデジタル技術が，彼らの最大の関心事である「（網羅的）保存」と「公開（アクセシビリティ）」の革新に寄与するものだったからだ[4]。当初の JDAA の推進メンバーの顔触れ（平山郁夫（美術），杉田繁治（民族学），月尾嘉男（建築）等々）を見ると，彼らが何を期待していたかがよくわかる。すなわちそれは，彼らの「現場」である博物館や美術館，図書館の未来像と深く関わっていた。実際，JDAA が発行した『デジタルアーカイブ白書』(2001 ～ 2005) に掲載された事例は，「文化資産」の「保存」と「公開」に関わるものが多くを占めている。

　しかし大きな期待を背負って船出したはずの JDAA だが，その活動期間は長くはなかった（2005 年 6 月「解散」）。もちろんその 10 年間の功績は決して小さくない。各地で行われた講演会，研究会など啓発活動に止まらず，時期を同じくして通商産業省（現経済産業省）1998 ～ 99 年補正予算事業である「先導的アーカイブ映像制作支援事業」（予算 20 億円）が施行され，全国に多くの施設が建てられ「デジタル保存」事業に着手した。しかし皮肉なことにそれらの取り組みの先進性自体が，活動にブレーキをかける「壁」となってしまうのである。

　確かに「デジタル保存」は，文化資産の形状をデジタル・データに移すことにより適宜修復を施し，実物の維持環境に左右されずに視覚的によい状態で閲覧することを可能にした。しかし当然のことだがそれは実物の保存とは無関係であり，その本来の課題には何ら応えることにはなっていない。しかも写し取ったデータも，当時の技術環境では，ハード的にもソフトウエア的にも脆弱な状態にあった。さらに機材やシステムのアップデートの問題は深刻で，関係者は，一時的な予算措置ではデジタルアーカイブの構築は賄いきれないという事実を突きつけられる。そして各施設は結果的に，膨大な「型落ち機材」と「低精細の画像データ」を抱え込むことになる。

---

4) 江上敏哲，古賀崇らの論文（岡本・柳編 2015）冒頭を参照。

　またデータをコンスタントに追加し続けることも，コスト的にハードルが高いことがらであった。収集，分類，メタデータの作成に関わる人材の育成・確保は当然のこと，収集領域の設定と調査，他の施設との連携をどうするかなど，そこには膨大な意思決定のプロセスが存在し，いずれも単体の施設で行うことには限界があることも見えてきた。また加速度的に普及するインターネットが印象づける「情報公開」の広がりに対し，来館を前提とした情報へのアクセスはむしろもどかしさを募らせ，併せて施設カテゴリーごとの縦割り組織や制度の壁も強く意識されるようになった。

　JDAAの10年間の「短命」の記録は，デジタル技術が「夢」から「現実」に降りていくプロセスであった。その点でいえば「挫折」というよりも，そこから「立国宣言」そして「学会設立」に至るその後の10年は，「デジタルアーカイブ」という概念にとっては，その要件を見定め，整えていく充電期間だったとも言えよう。「サミット」の主要構成メンバーが「文化資源」系でありまた，JDAAの流れを汲む顔ぶれが多かったことに，リベンジの意思をはっきり読み取ることができる。彼らの「性急さ」は，停滞感への反動でもあったのだ。

　しかしこの20年は，（上記の）狭義の「デジタルアーカイブ」に限らず，「デジタル技術」が「アーカイブ」をさまざまに揺さぶった経験の積み重ね期間でもあった。2015年の「サミット」には，そうした声が一気に押し寄せた。その閉会に際して「立国宣言」が満場一致の採択とはならなかったのは，そのためである。なぜ，そうなったのか──以下，「文化資源」派の再びの「夢」に，簡単に賛同できなかった人びととの20年を追ってみる。

第❸節　本家「アーカイブズ学」のプライドと悩み

　「デジタルアーカイブ」の構想が，夢と現実との狭間でもがき苦しんでいる一方で，情報化社会の実現に向けた政策は「Eジャパン戦略」（2001〜）の看板を掲げ，そのもとにさまざまな領域で「アナログ⇒デジタル」の基盤の組み換

えへの要求が束ねられるようになった。それは，当然「文書資料のデジタル化」をも含むものだった。

　「文化資源」派にとっての「デジタルアーカイブ」は，保存すべきモノのデジタル技術による「アーカイブ化」を意味するものであった。それに対し，もともと「アーカイブ」の語を代表していた「文書館」あるいは企業・団体において文書（Document）記録（Record）を扱うことを生業にしていた人びとにとっては，まずもって既存資料の扱い方がデジタル技術によってどのように「変化」するのかが課題となる。そのなかでも最も深刻に予測された変化は，「情報」が広範に人の目に晒されるようになり，また情報公開への要求の一方で，改竄や機密漏洩，個人情報保護などのリスクも高まり，そこで一層適正な管理方法が求められるようになるというものであった[5]。

　しかしそれは，「文書資料」派にとっては国内政策に閉じたものではなかった。むしろ「公文書」の扱いに関しては「後進国」であった（「公文書館法」制定が1987年，専門職アーキビストの不可欠性に言及する「公文書管理法」の制定は2009年まで待たねばならなかった）わが国においては，そのスタンダードは常に国際動向を参照せざるを得なかった。その点，2001年に国際標準化機構によってISO15489が制定され，記録管理に関するグローバルな指針が提示されたことは，画期的な追い風だった。真正性（Authenticity），信頼性（Reliability），完全性（Integrity），利用性（Usability）が記録管理に求められる要件として，あるいは文書（Document）記録（Record）といった用語についてもしっかり定義づけられたことは，職責へのプライド醸成につながり，それが呼び水となって，2004年には「日本アーカイブズ学会」の設立に至る。

　さらに2007年にISO23081によってメタデータ国際標準が制定されると，それはさらに公文書という旧来の管理対象を越えて，デジタル化で新たに「アーカイブ化」の領域に入ってくる素材も視野に収めていく契機となった。ちなみに「文書資料」派がこだわる，「アーカイブ＝組織や個人の記録の総体」と

5）PL法（1995年より施行），情報公開法（2001年より施行）などの整備がこれにあたる。

「アーカイブ"ズ"＝特定の領域における社会的・集合的記録の包括的枠組み」
（朝日 2011：212）の違いは，ここにおいて定義されている。折しも，「文化資源」
のデジタル・アーカイブ化が壁にぶつかっているタイミングである。その間に
本家本元は，「しっかり襟を正していた」というわけだ。だからそれから 8 年
もたって「立国宣言」に謳われたことについては，彼らは「既視感」と同時に，
その「国内政策」寄りの姿勢には，違和感を表明せずにはいられなかったのだ。

　しかし，そのことは結果的に「文書資料」派の悩みを顕在化させることにも
なった。「公開」実践に強いミッションを有する博物館・美術館・図書館に対
し，「管理」を軸に定義と標準化を志向（思考）する文書館はいかにも地味な存
在であり，キュレーター（学芸員），ライブラリアン（司書）に対して，アーキ
ビストの専門性に対する社会的認知は十分ではない――この悩みを打ち破るに
は，まさにデジタル化，情報社会化はチャンスであった。

　日本アーカイブズ学会が設立後，エリック・ケテラール，スー・マケミッ
シュなどの論考を積極的に紹介してきたのは，そこにブレイクスルーを求めた
からである。彼らが提唱する「レコード・コンティニアムモデル」をベース
に，その関心を「記録」という具体的対象にとどまらせず，「歴史」「記憶」「社
会」に発展させていこうとする試みは，アーキビストたちの理論的なパースペ
クティブを広げ，関心を"業界"内に閉じさせず，文字通り「アーカイブズ」
を社会に開いていく目論見の下にあった（Ketelaar 2004＝2006）。とくにマケミッ
シュが表した「レコード・コンティニアム」の同心円は，作成→把握→組織化
→多元化の 4 つの領域に対して，ドキュメント→レコード→アーカイブ→アー
カイブズの 4 つの層がどのような問題を提起するかをクリアに示し，各次元に
おける他領域の専門家（たとえば文化遺産関係者，社会学者，歴史編纂者，企業弁
護士，システム・アドミニストレータ，政策形成者 etc.）とのパートナーシップを
提案している（McKemmish 1997＝2006：208~210）。

　しかしこの提案は，残念ながらいまだ「文書資料」派の中に止まり，「デジ
タルアーカイブ」を論じる大きなテーブルには辿り着いてはいない。それはや
はり彼らが，「文書館」として積み上げてきた自らの歴史と実績をこのパート

ナーシップの核に据えているからである。あくまで既存アーカイブズの「拡張」モデルなのである。その閉鎖性は，たとえばインターネットなどの「グローバルネットワーク上の情報」を"Document-like Information Object（DIO ＝文書的情報オブジェクト）"と称し，自らがこれまで管理してきた情報と峻別する態度などにも表れている（McKemmish 1997=2006：211）。厳密な定義づけと標準化にこだわるこの姿勢と，デジタル化とともにその多様な存在様態と加速度的な増殖が可視化された新たな「情報資料」がどのように交わっていくか。残念ながらそこには，なんらかの「仲介者」「翻訳者」が必要な状況が続いているといえよう。

第④節　デジタル技術と規範の反転

デジタル化が「アーカイブ」に与えたインパクトは，2種類ある。一つは，デジタル技術そのものが「記録」の自動生成に関わる機能を有する点であり，もう一つはその結果（「文書資料」派が"DIO"とよぶような）多様な資料形態が生み出された，という点である。

IT用語としての「アーカイブ」は，「コンピュータで記録された記録や資料などのデータをひとまとまりにして保存すること，またはそのように保管されたファイル自身のこと」（ITパスポート用語辞典）と解釈されている。ここで留意すべきは，コンピュータにおける「記録」は，操作者が意識せずとも（プロトコルが与えられていれば）自動的に生成されるものであるという認識であり，「すぐに使わないが失いたくないデータを長期的に保管するため，専用の保存領域や記録装置に移動させることを指すことが多い」（IT用語辞典 e-words）点である——すなわち，保存を意識したときに，その集合体は「アーカイブ」と呼ばれるのだ。

もちろんITの世界は一般に／専らメタファーで語られるので，定義の厳密性はさておくとして，刮目すべきはその操作の多くが，「私的」に普及したデ

ジタル端末上で操作しうるという「現実」である。ここには 2 つの問題が交差している。第一に，デジタル化以前のアーカイブの課題は，「公的」に構築された"それ"をいかに一般に開いていくかであった。しかしデジタル化以降は，「私的」に保存されたものの集合体も，物理的には「公的」な「記録」の範疇に入り利用されうるのである。第二には，かつてはあくまで「記録」は「記憶」を補綴するもの（まず「記憶」が先にあり，「記録」はそれを原資に事後生産されるもの）であったのが，コンピュータのなかで（人間の営みの外で）「記録」が生成されるようになり，「記録」が「記憶」に対して先回りできるようになった——「記憶」と「記録」の関係が反転しうる状況が生まれた，という問題である（水島 2012b）。

　つまり，デジタル技術が「アーカイブ」の世界にもたらした「多様化」は，かつての"それ"の生成・運用を支えていた規範の揺らぎが原因となっていると考えることができる。そしてこの「変化」が我々につきつける課題の数々は，今日「放送番組のアーカイブ化」（とりわけ「NHK アーカイブス」）[6] の現場において集約的／象徴的に目にすることができるのである。「放送」が，「デジタル技術」と出会い，地上デジタル放送によって 50 年の歴史への資産価値に目覚め，手探りで独自の「アーカイブ・ストラテジー」を展開し始めたのは 2000年（番組の開始。施設としての「アーカイブス」のオープンは 2003 年）。「e-Japan戦略」の一翼を担う「地上デジタル放送」の派手さに較べれば，「裏メニュー」的あるいは，その下位概念の一つにすぎなかった。

　しかし，文字通り「送りっ放し」という，どちらかといえば資料の保存に無頓着であった"業界"が，「映像」を記録媒体として見なし，しかも「アーカイブ」を構築するという取り組みは，旧来の「放送」，そして旧来の「アーカイブ"ズ"」の概念に照らしてみるといくつもの明らかな矛盾・難問を抱え込むことを意味する——そして，その多くは 10 数年たった今でも，なかなか解決の糸口が見つかってはいない。

---

[6]「アーカイブズ」ではなく「アーカイブス」と，濁音を用いない呼称がその「独自性」の象徴であるともいえよう。

第❺節 「放送」という異次元

映像資料の「アーカイブ化」については，フランスの国立視聴覚研究所（INA：1974 年設立）が先進事例としてよく挙げられているが（Hoog 2006=2007），FIAF（国際フィルム・アーカイブ連盟）が設立されたのが 1938 年であるから，「文書」以外の記録媒体に対しても「アーカイブ」という言葉はそれなりに古くから用いられていたことがわかる。しかし，もともと可燃性で保存に難があったフィルム素材の保存という課題に対して，デジタル技術がキラー・ソリューションとなった意味は大きい。それは「映像」という表現体を物質（実物の保存という難問）から解放する可能性を開いたのだ。このことによって「放送アーカイブ」は「文化資源」の一カテゴリーであるフィルム・アーカイブと全く別の道を歩み始める[7]。

　しかし「映像」のデジタルアーカイブ化は，さらに重要な問題を提起する。それは，先に述べた「記録の自動生成」「記録が記憶を先回りする」状況が，デジタル以前，もっといえばその歴史の端緒から生まれていたことを白日の下に晒してしまったのだ。フィルムだろうが，最初からデータ化されたものだろうが，「映像」はカメラ・音声技術によって視聴覚を代理するものとして生産された。そこにおける「技術的無意識（フロイト）」は，「記録」に対する当事者の関係性から，その社会性に至るまでの意味解釈を，事後的判断に委ねざるを得ないリスクを抱え込む。

　NHK の資料保存事業は，テレビ放送開始間もない 1957 年に，もともとニュース映像の「再利用」を目的に始められた。その点でいえば，「文化資源」派の「デジタル・アーカイブ」が掲げた「（網羅的）保存」「公開（アクセシビリティ）」という目標とは，全く異なる利活用イメージが前提を成している——今日でも NHK をはじめとする放送アーカイブの「公開」がなかなか進ん

7）2018 年 4 月まで，東京国立近代美術館にフィルムセンターは属し，その後も新美術館「国立映画アーカイブ」として独立，「放送」とは別の道を歩む。

でいかないという現実は，この「記録が記憶を先回りする」複雑さとリスクを，その対象を「公共性」の範疇が優先されるものに狭め，合意を得て乗り越えてきたもので，ある意味"三つ子の魂，百まで"的であるともいえる。

　とはいうものの NHK も，「公開」に関する意味解釈を，すべて事後判断に任せてきたわけではない。むしろ「技術」の優越が生み出す「無意識」をいかに軽減するかという課題についても積極的に取り組んできた――それが，映像の保存に並行して，メタデータを付与していくワークフローの開発であった。

　その核となるシステムとして 2000 〜 2001 年に開発されたものが「デジタル制作情報システム（ベアトス）」である。2003 年にオープンする「施設としての NHK アーカイブス」の構想に並行して，この新しい番組制作体制が整えられた意味は大きい（森 2003）。メタデータを「番組制作時に入力」することで，従来の発掘・保存を起点とする「史料型」のワークフローではなく，デジタル・ネイティブな「アーカイブ・エコシステム」が実現する――それは，およそ同時期に「文化資源」推進派がぶつかっていた「壁」とは対照的な，まさに「理想」的なメディア・アーカイブのモデルでもあった。

　しかし『NHK 年鑑』における関連事項を追うと，このシステムの導入後も NHK アーカイブスは，なかなか「理想」に近づいていくことができず，むしろ，そこにさまざまな障害が出現してくる。その第一のハードルは，制作過程と並行してメタデータを入れていく作業の煩雑さ，あるいは，さまざまなジャンル・番組タイプを総合し，入力基準（ガイドライン）を標準化することの困難さだった。結果ベアトスは，なかなか「使えるレベル」に到達できず，システムの見直しを繰り返し[8]，それによって放送された時期ごとに，データベースにさまざまな断層が走るようになる。それに加えそもそも「文化資源」的な発掘・収集を課題とするベアトス導入以前の番組，あるいは地方局で制作され全国放送に上がってこない番組は，このアーカイブに合流することすらままならない――スタートして 15 年経っても，NHK アーカイブスは，未だ一元的マ

8）2009 年には早くも「ベアトスに代わる「新放送情報システム」の導入に向けた入力支援ツールの整備」が起案される（日本放送協会編 2010：142）

ネジメント環境を用意することすらできないでいるのだ[9]。

　結局そのことによって，最大の課題である「公開（アクセシビリティ）」は，棚上げ状態になってしまっている[10]。言うまでもなく「送りっ放し」すなわち保存されることを前提としない映像（「消えモノ」）であった放送を巡る権利保障は，アーカイブ的な逐次処理とは全く異なる論理に支えられていた。実は，（仮にベアトスで，その旨がメタデータとして「記録」されていたとしても），それは決定的なハードルとして「公開」そして「利活用」を阻む要因となる。フィルムの先例に倣えば著作権はまだしも，報道や情報番組における肖像権は，成文法に拠ることができない「判例」によって積み上げられてきた概念であるだけに，全く新たな「扱い方」が「発明」されないことには，乗り越え不能な状態にあるのだ。

　すなわちこれは，「放送番組のアーカイブ化」の現場において，「公－私」「記憶－記録」の関係に生じた顕著な混乱を，まさに「デジタル化」が明るみに出してしまったことを意味している。言い換えるならば，マスメディア・システムによって構築されてきた 20 世紀の公共圏に対して，「デジタルアーカイブ」論争は，全く新たに公共性の概念をデザインしなおす必然的契機として出現しているのだ（仲俣他 2015：126）。これを第二の「公共性の構造転換」（ハーバーマス）と言わずに，いったいなんと言おう。

第❻節　中間項としての「地域社会」
──「映像記録」の向こうにあるもの

　「公－私」「記憶－記録」の問題を掘り下げていくと，大前提となる "残さ

---

9) 2017 年現在でも NHK アーカイブスへのアクセス方法は検索（NHK クロニクル https://www.nhk.or.jp/archives/chronicle/），視聴（公開ライブラリー，オンデマンド）が分断され，かつ網羅性に乏しい。
10) 2015 年末現在で全保存番組中公開されている数は 9, 635/915,000 と未だに 1％程度（日本放送協会編 2016：121-122）

れ，活用の対象となる「記録」とは「いったい誰の，何のためのものか」という議論”を避けて通ることができなくなる。実はこれまで，「デジタル化」以前のアーカイブズ学が，それを不問に付し続けてきたのは，アーカイブの運営主体を「国」を筆頭とする公共機関に，制度的に寄託し得たからだ。デジタル技術のさらなる特性として，「記録の自動性」に加えてここであげておくべきは，「ネットワークを結ぶ力」であろう。それによって我々は「記録」の遍在と連携の可能性をシステム的に獲得することができ，「ナショナル・アーカイブ」の自明性を相対化することができる──「放送」も基本的にはナショナル・システムとしてデザインされたものである。その意味でも「未来の放送」は，アーカイブの存在を避けて通ることはできないのだ。

　本書が「地域」と「映像」を，「デジタルアーカイブ」あるいは「アーカイブのデジタル化」を巡る諸問題の核心に置くべきと主張する意味はここにある。それは，文字通り「公－私」「記憶－記録」の中間領域をなし，我々の手に届く範囲で，その間を行き来することが可能なシミュレーション環境──でありかつ，かけがえのない「現実（リアル）」が生産される場であるからだ。

　「地域」の「映像」に写り込むものは，（存在の集合としての，複数形の）人びとの生活である。さらにそれに「群」として，アーカイブという形式において向き合ったとき，それらは本来我々の目と耳で直に認識することのみが可能であったゲシュタルトたる「生活」を，社会的（ソーシャル）な時空間として描きなおす「軸足に」なるのである。したがって「地域映像アーカイブ」は，「文化資源アーカイブ」とも「文書資料アーカイブ」とも，放送をはじめとする「マスメディア・システムのアーカイブ」とも交差する。だからこそ，そこで我々に培われる，記録そのもの，記録する主体，記録する媒体，記録される対象各々に配慮する姿勢は，まさにソーシャル・デザインの写像をなすものといえよう。

　世界はまさに，可能的なアーカイブである。何から何まで「自動的に記録になりうる」時代において「手と足を使い」その想像力を広げる場をもつことは，これ以上システムの暴走を許さないための，もしかすると最後の砦を築くことになるかもしれないのだ。

第 2 章

地域の知の再編
「地域デジタルコモンズ」の実現に向けて

前川道博

第❶節 地域の知の再編に向けた課題

(1) 長野県デジタルアーカイブ「信州デジくら」の洗礼

　デジタルアーカイブ事業に関し，うまくいったというケースの話をあまり聞いたことがない。なぜ同じ失敗が繰り返されるのか。なぜ失敗がその後に生かされないのか。これまでそのために世の中全体でどれほど多くの労力とお金が使われてきたかは計り知れない。

　長野県デジタルアーカイブ推進事業「信州デジくら」が始まったのは 2008 年度のことである。長野県の歴史文化に関わる史料などをデジタルアーカイブ

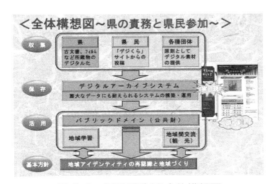

図 2-1　信州デジくら全体構想図
出所：「信州デジくら」概要資料 2011 年，長野県情報統計課

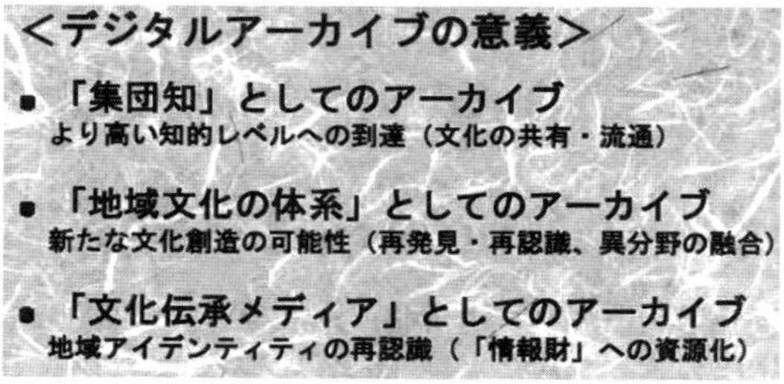

図 2-2　デジタルアーカイブの意義

出所：図 2-1 に同じ

化する事業である。筆者はこの事業に当初からアドバイザリーに関わり，推進委員会の座長を務めた経緯がある。他県では地域のデジタルアーカイブの失敗事例が相次いでいる。デジタルアーカイブ事業で後塵を拝する長野県が，後発組の利点を活かすとの思いで取り組み始めた事業であるが，その後の経過はやはり例外に漏れずであった。

「信州デジくら」は，MLA 連携を謳ったデジタルアーカイブ事業として注目される事業であった。長野県立歴史館（博物館と文書館の複合施設），県立長野図書館，長野県信濃美術館の収蔵物・文書等を主な対象としている。

「信州デジくら」では，①「集団知」としてのアーカイブ，「地域文化の体系」としてのアーカイブ，「文化伝承メディア」としてのアーカイブを特色に掲げた。デジタル・アーカイブサイトが「地域文化の集積」としての総合情報システムになることをビジョンとして描いている。

さらに県施設所蔵の資料だけでなく，各種団体から提供されるデジタル素材，県民からのデータ投稿を受け付ける「参加型アーカイブサイト」のコンセプトを打ち出した。蓄積されたデータは公共財としてパブリックドメインとすることで，「地域アイデンティティの再構築と地域づくり」に寄与することを打ち出した。

ところが，翌年の 2009 年度，補助金絡みで事業の予算が担保された時から変なことになってきた。

　当時の麻生内閣は，経済活性化の緊急出動と銘打ち，国家予算ばらまきの政策を始めた。補正予算は新年度になってから決定し，5 月頃に事業公募がなされた。その後，事業を応募し，決定したのが 9 月頃である。実質，半年間で単年度の事業を実施することとなった。それと共にシステムの設計・構築は担当者と業者との閉じられた密室状態のなかで見えなくなり，結果として，評価がなされない形でシステムができてきた。

　一応動作はするが，「いかにも作りました」という印象は否めない。使い勝手が悪い。信州の文化が香らない。構想に描かれたビジョンは形ばかりで，県民に対しそれを推進する県からの啓発が不足していた。さらに担当者が異動になり，事業は形ばかりを残すのみとなった。こうしてよくありがちな顛末となった。一体何が問題であったのか。なぜそうなったのか。

　当然のこととして，しわ寄せはどこかに発生する。一つは予算ありき，期限付きで実施される公的事業の宿命として，「業者丸投げ」の形になった。当初の構想はあっても所詮は絵にかいた餅である。魂を込めずに，あるいはかゆいところに手が届くような詰めがなされずにシステムが開発された。

　システムはブラックボックスで，どのようなものであるのか，担当者も理解できていない。さらに担当者が代わると，システムは預かり知らぬままに引き継ぐだけで，担当者にとってシステムは完全なブラックボックスと化した。参加型アーカイブサイトの理念の実現はどこにもない。一度できてしまったものはどうにも軌道修正のしようがない。

　「地域アイデンティティの再構築と地域づくり」に寄与する「参加型アーカイブサイト」の構想についても，理想の実現にはほど遠く，簡易的な投稿の仕掛けの実装しかなされなかった。

　同じ轍は踏まないようにと，後発組のデジタルアーカイブ事業は，こうして予算の終了と共に実質的に終息した。

　その後さらに数年経ち，「信州デジくら」はある点が外部で高く評価されているという話を聞いた。それはデジタル・アーカイブのデータを公共財としてパブリックドメイン宣言したことが先駆的で画期的であるというのである。

オープンデータの推進はその後になって総務省が旗振りをして始めた。現在であれば，それらのデータはクリエイティブコモンズ（CC）ライセンスのいずれでもない，「CC0」（パブリックドメイン）として明示的に宣言されるものである。パブリックドメインは宣言しても，その適切な対処法を伴っておらず，データを利用するために利用申請書を提出する手続きを設けるなど，いかにもお役所的な煩雑な手続きを求めるもので県民を戸惑わせている。

(2)「信州デジくら」から摘出される問題

　以上のとおり，当初の構想とは裏腹の結果に終わった「信州デジくら」から私たちは何を学ぶのであろうか。その果報がなければ，このデジタルアーカイブは補助金を使って実施された単なる業務委託事業，業者丸投げでしかなくなる。

　根本的な問題が大きく4点ほど指摘できる。

　1つ目は行政主導の危うさである。お金があると業者がすかさずねらいを定めてくる。行政の勘所を知っている業者は，担当者に食指を動かさずにはいられなくなる「ある決定的な提案」を持ちかけてくる。そのトラップでその後の事はほぼ制されている。

　事業の承認，意思決定をする体制をどうするかはデジタルアーカイブ事業の運命を決める本丸である。船頭が多くて船が山に登るのも困るが，行政主導の隠れ蓑でも困る。責任を持ってコミットできるチェック体制をつくる必要がある。

　2つ目は，業者の介在に対する抑止である。「信州デジくら」の場合，いきなり降って湧いた補正予算のスケジュール的制約から，結果的には行政の担当者主導＝業者独走という状況を招いた。しかるべき予算措置が講じられた後での計画的な事業の実施が望ましいことは言うまでもないが，計画的になされたとしてもよい結果をもたらす保証はどこにもない。業務委託は相当にリスクを伴うものである。リスクを抑制するために入札制を適用するわけであるが，業者からのプロポーザルだけで実際のところ，結果は判断できない。業者に対しては，十二分に前提とする条件を明示する必要がある。

　3つ目は，本来の目的を果たしていくための合目的的なシステムの設計である。これがおそらく最も重要であろう。本来であれば「地域アイデンティティの再構築と地域づくり」という基本方針は丁寧に詳細化していく必要がある。「集団知」「地域文化の体系」「文化伝承メディア」，これらの特色が手つかずのまま，どこかに雲散霧消してしまった。担当者は，開発されたシステムの導入と緊急雇用によるデータ作成業務で手一杯で，県民への働きかけをする余力などは全くなかった。

　4つ目は多様な支援策・育成策の設計である。支援策はシステムが完成してからという言い訳であったが，その後，対策が講じられることはなかった。

　ではどうすればよいか。ここでは思い切り発想の転換をしてみよう。

　予算があるから，業者にとってのメリットが生じる。よい結果をもたらすこともあるが，そうでないケースも起こる。それならば，業者にメリットが生じないような対策として，お金がかからない仕様のデジタルアーカイブの構築は考えられるはずである。コストもリスクもミニマムに抑えられることは誰にとってもメリットがある。

　小さく始め大きく成就する。このアプローチは後述するように群小化している地域のデジタルアーカイブの状況にうまく適合する。かといって，大規模システムを排除するものでは全くない。それぞれのデジタルアーカイブ間では大小を問わず，データエクスチェンジ（相互の個別なデータ構造を保持したまま，デジタルコモンズでの相互乗り入れ・変換を可能とする仕掛け＝後述）により，両者を排除しないという点でも有効なアプローチである。

（3）地域の知の再編としての「新しい地域学」

　デジタル知識基盤の時代となり，地域の知の再編が問われるようになってきた。その背景にある課題はいくつか挙げられる。1つ目は近代以降の学問分野の細分化がもたらした弊害である。地域に関わる知識が分野ごとに分離したままで噛み合っていない。2つ目は社会状況の変化に応じた世代間での知識・文化の伝承がなされていないことである。少子高齢化の状況も相まって，このま

までは地域文化が消滅しかねない。3つ目は地域の未来を担う次世代が地域を知らないまま大人になっていくことである。今まさに到来しつつあるデジタル知識基盤時代を迎え，地域社会・地域文化の根底が揺らいでいる。

　地域を知らないまま大人になる社会状況は今に始まったことではない。地域を学ぶことは，個人が主体的な学び・自己開発を成就していくことにつながる。またその学びのため，学問分野のそれぞれの専門的な知識や地域に関するさまざまな資料へのアクセスができることも大切な条件である。主体的な学びの支援，知識・社会への接触機能を増大させるための学習環境の整備がなされる必要がある。今ほど，学問分野の総合，横断が求められるようになった時代はないと言っても過言ではないであろう。デジタル化の進展による社会の知識基盤化がそれを後押ししていることは言うまでもない。

　地域学は，歴史，地理，文化，自然，経済，産業などのあらゆる分野の学際的視点から地域を総合的に探究する学問である。従来の地域の学び方は，知識の宝庫（図書）に接し，独学・座学を通して知識を咀嚼するスタイルの学びであった。

　これに対して，デジタル知識基盤時代に対応した「新しい地域学」が求められている。従来の学びの典型的なスタイルは，図書館などに赴いて図書・資料を丹念に読み込み学びを進めていくというもの，生涯学習講座などに参加し，伝授される知識を咀嚼するというものであった。どちらかというと孤高な学びのイメージが重なってくる。

　新しい地域学は，図書で調べるだけでなく，講座を受講するだけでなく，デジタル資料も活用をし，自らが主体的に地域を訪ね，記録し，発信して学びを成就していくスタイルの学びである。自身のインタレストに発し，デジタル知識基盤のオープンな資料，情報源に接し，協働学習型の学びも活かしながら，能動的に学びを楽しむ。また学びのための学びではなく，自身の学びが他者への知識・データの提供という形で知的なインタラクションへの誘いに転じることができれば，学びそのものが面白くてやめられなくなるであろう。

（4）地域の知の拠点としての MLA，MALUI のリデザイン

　デジタル知識基盤の進展は社会をどうリデザインするのであろうか。そのイメージを図 2-3 に示す。

　ネット環境がデジタル知識基盤のプラットフォームとなることは言うまでもない。これをデジタルコモンズ（デジタルな知の共有地）と呼ぶことにしよう。それに対応し，地域社会（コミュニティ）が知識や情報を共通項とした再編がなされることが期待される。

　現状の社会を見ると，MLA（博物館，図書館，公文書館）に代表される公共施設は公民館なども含め，本来地域のコモンズ（共有施設）でありながら，そのようにはなりえていない現実がある。図書館は図書を貸し出す施設であると考えている人は多い。また全国各地の多くの公立図書館は受験生の自習の場，高齢者が新聞などを読む憩いの場となっている。こうした状況は，住民の社会ニーズに応えていると見ることもできるのではあるが，図書館本来の機能からは外れているものである。

　人はなぜ図書館に図書を閲覧しにいくのか，借りに行くのか。本来の目的を考えれば，図書の閲覧は知識・情報へアクセスをすることに本質がある。よりよい情報源があれば，図書館へ赴かなくてもよい。そう仮定してみると現在

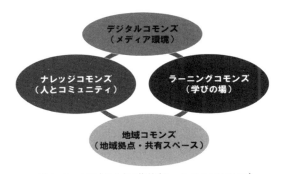

図 2-3　デジタル知識基盤，4 つのコモンズ
出所：図 2-1 に同じ

の図書館のありようがよく見えてくる。図書館に収蔵されている図書はほぼ100% が出版物という複製物である。つまり，全国の図書館や家庭などで所蔵されているものと何ら変わらない複製物が重複保管されていることになる。図書館業務はそうした複製物としての図書を扱う業務がルーチン化されたものである。しかし現代のようにネット上から国立国会図書館のサービスなどを通して古い資料なども自由に閲覧・利用できるようになった状況変化のなかで，地域の図書館は，デジタル知識基盤の一翼を担う施設として，より知識に適切にアクセス，ナビゲートできる機能に転じていくことが求められる。

　2016 年 11 月，松本市立中央図書館で県立長野図書館主催の「信州発これからの図書館フォーラム」という催しがあった。副題が「地域のデジタルコモンズを射程に」という示唆的なものであった。その意見交換の場で，同席した私は次のようなことを発言した。

　未来の図書館には何が本当に必要かと考えると欠かせないものが 3 つ見えてくる。

　① 所蔵する固有の地域資料→もちろんデジタル化し共有

　② その地域の学習者のポートフォリオの蓄積と共有

　③ 地域の知の拠点としての役割

　未来の図書館は学習者ファーストで考えよう。

　図書館をデジタル知識基盤のコモンズの図式で位置づけてみると，デジタルコモンズを既存の書架のオルタナティブとして備え，閉架の貴重書などもそこにデジタル化されて収納される。フォーラムの参加者からは，業務の延長で発想し「学習者ファースト」には思い至れなかったとの感想があった。学習者は何を求め，図書館はそれに対して何ができるのか。デジタル知識基盤を考える上ではなおのこと，この問いかけが重要である。「地域コモンズ」であることは当然として，「ラーニングコモンズ」「ナレッジコモンズ」も併せ持ったものとして，未来の図書館はリデザインされることが期待される。博物館，公文書館などに対してもデジタル知識基盤時代に対応したリデザインがされていくことが期待される。

(5) 地域史における知の再編の課題

　学問分野の細分化は行き着くところまで来た感がある。地域のそれぞれの事象に関して狭く深く探求されてきた研究成果がある。また，それぞれの学問分野で研究をしている専門の研究者・在野の研究者がいる。それらの知識は，地域「信州」を学ぶ上でこの上ない知的資源と言えよう。お互いにこれまでばらばらだった異分野の研究者が相互につながり，それぞれの知識，研究成果を活かす事ができる段階にこれから入っていくと捉える方が楽しみは一層広がる。

　地域学のなかで，歴史学，地域史研究はその地域を知るのに何をおいても欠かせない研究分野の一つである。地域史を研究する研究会は全国各地に存在する。そこで，ほぼどの地域にも共通した傾向が認められる。それは，地域史を研究する後続の研究者が減少し続けている現象である。地域研究はこれまでは学校の教員が現役時代から取り組み，生涯をかけて研究を続けるケースが多かった。それらの研究によって，各地域の歴史が解き明かされ，共有できる知識となっている。デジタル知識基盤化が進む現代においては，その社会的意義はより一層高まっていると言えよう。

　しかし残念なことに，地域史研究家の研究成果はローカルな学会誌などに投稿されることがほとんどである。また，その地域への還元の機会として地域史講座などが地元図書館や公民館などで開催され，地域史研究家がその講師を担うケースが多い。地域史講座を受講する人びとに高齢者層が多いことも特徴的な傾向である。地域史研究は現在の研究者の高齢化とともに次第に途絶えて行くことは避けられず，地域史講座の受け手もまた少なくなることは確実である。

　地域史研究は，地域間での共有があまりされていない点にも共通した傾向が認められる。おそらくこれまで地域史研究は地域に閉じた研究コミュニティの性格を持って来たと思われる。そのためか，隣接地域の研究者を研究者どうしが知らないことはめずらしくない。

　ここにはもう一つ考慮されてよい課題がある。それは地域資料の共有という課題である。地域の歴史を解き明かす資料は博物館や図書館などの閉架書庫，

または個人宅などにあって，それらはほとんど例外なしに門外不出である。地域史に関心のある市民も資料の存在を知ることがない。

　地域史研究家の減少には，学校の教員の業務上の役割の変化や社会状況の変化などに要因があると思われる。

　デジタル知識基盤時代，地域の基礎研究となる地域史研究は今後，その新たな役割をもつこととなろう。そうした観点からは，地域史研究家により一層の役割を期待したいところである。第1に，地域資料のデジタル化とそれに対するメタ情報の付与の役割である。第2に地域をこれから研究ないし学習する人びとに協働学習の場などを通じてその知的ナビゲーションをしていただくことである。第3に研究成果や資料を広く公開していただき，社会全体での知識形成に貢献していただくことである。次世代の研究者が集まり育つようになるためにも，未来の地域学習に向けた生涯学習のリデザインは欠かすことができない。

第❷節　デジタル知識基盤社会への踏み出し

(1) デジタルデータの危うさの課題

　デジタル知識基盤化がますます進展する現代において，地域の知・データを活用しながら集積し，未来永劫に伝えていく「デジタルコモンズ」の実現がより一層求められる段階に立ち至っている。

　デジタルデータほどはかなく当てにならないものはない。これが長いコンピュータの進化の代償ではあって欲しくないものである。

　こうした状況の中にあって，唯一，筆者が関わったものでは20年に渡り保持できているデジタルデータ群がある。それが，筆者が運営するアーカイブサイト『マッピング霞ヶ浦 *』[1]である。1997年，テキストデータ，静止画，動

---

1) マッピング霞ヶ浦 * http://www.kasumigaura.net/mapping/

画などの多様なマルチメディアデータを一元的，集約的に管理するプログラム PopCorn[2] を開発し，筆者のサイト『マッピング霞ヶ浦 *』などに適用する運用を始めた。

　なぜ 20 年間に渡りデジタルデータが継承できたのか。ここにもデジタルアーカイブに関わる基本的な問題が含まれている。

（2）デジタルデータ保全・継承がアーカイブの条件

　デジタルアーカイブは，それがどれほど貴重な記録を残しているか，といった中味以前の問題として，データ継承こそがその命であるということを強調しておきたい。デジタルデータを長く継承できるものにするにはいくつかの基本的な条件がある。

　その一つは，システムやメディアの保持よりもデータの保存・継承が保証されることである。システムが変わるとデータの互換がなくなることが起こる。媒体が替わり，古いメディアからのデータの取り込みができなくなる。バックアップしたデータをアクティブなメディア環境に移し替えることは不可能ではなくても，現実には相当な手間がかかることを覚悟しなければならない。

　『マッピング霞ヶ浦 *』を初めとするアーカイブサイトを永年にわたり保全できている大きな要因は，それを一台のサーバに乗せ，サーバの移行を重ねてきたからである。OS が UNIX であること。この条件も極めて大きい。アーカイブサイトの持続的運用，アーカイブサイトの市民参加型の運用を考えると，一台のサーバを共用して運用することは現実的な選択肢となる。そのため，1997 年，大学にある研究用の UNIX サーバを公開サーバとすることから運用を始めた。UNIX は Windows などのパソコン用 OS と異なり，数十年経過しても仕様の変更を必要としないほどにソフトウェアの完成度が極めて高い。OS の変更の影響を受けにくいことは持続性のあるシステム運営には重要な条件である。

2）PopCorn http://www.mmdb.net/popcorn/

　もう一つの条件は，組織の運営管理上の影響を受けにくくすることである。そのため，2000年頃から，市民参加型ネットサーバ mmdb.net の運用を始めた[3]。ボランタリーに運用できるようにするため，大学外の場所にサーバを設置した。当初，Y県の官学共同利用施設に設置した。ハウジングと呼ばれるサーバの運用形態である。その後，個人有志のお宅にサーバを移設し管理していただいた。筆者の自宅に数年仮り置きし，筆者がシステム管理していた期間もある。その後さまざまな紆余曲折を経て，現在は，某所のサーバ共同管理室に設置してもらい，運用をしている。その間，サーバ機自体は数回の移行処理を行った。意思を持ってサーバを維持管理する対応をしたことが結果として20年の持続的運用につながっている。この運用は決して無償なものでも安易なものでもない。相応の覚悟と人的・金銭的負担を伴っているものである点は強調しておいてよいであろう。

　その都度不可避的に発生する費用や作業負担などは，さまざまな事業予算を取り込むなどの工夫もして対処してきた。ただし，恒常的な経費となるサーバ運用管理の費用負担は個別の事業予算とは折り合わないことがあり，個人的負担や寄付等に支えられているのが実情である。

　以上の経過からは組織がサーバの維持管理に決定的な影響を与えることがおわかりいただけるであろう。経営者の交代による経営方針の変更，予算削減，セキュリティ対策等，何らかの事情でサーバ運用が終息する事態は常に起こりうることである。

(3) ソフトウェアの永続性の問題

　ソフトウェアの永続性の問題も配慮すべき課題である。多くのデジタルアーカイブシステムでは，何らかのソフトウェアが開発され，稼働している。ソフトウェアは社会の要請，技術の進化等の要因により，陳腐化の傾向は避けることができない。一般に保全すべきはシステムの継承と考えがちであるが，保全

---

3) 市民参加型ネット mmdb.net　　http://www.mmdb.net/

すべきはデジタルアーカイブのデータである。データさえ保全されていれば，それは次の新たなシステムへのデータの載せ替えにより対処可能である。通常，システムの開発には多大なコストがかかるため，そこに構築されたデータ群の存在は過小評価されやすい。

　地域のデジタルアーカイブに対する社会的関心は間違っても高いとは言えない状況にある。また今後とも関心の高まりは期待にしくいであろう。考えるべきことは，既に数多くの場所に散在している無数のアーカイブデータの多くが，特定の個人や団体の意思によりささやかに運営されている現実である。個人や団体の多くが既にネット上に無数の地域の知識・データの源泉と呼べるコンテンツ・データを生産し続けている。これらはすべてそれぞれの発信者の意思によってのみ維持されるといっていい。デジタル化の時代，地域の知識・データをどう未来に残していけるのかを，今やっと社会全体で考え直す段階に立ち至ることができるようになったのだと認識を改めよう。

　デジタルアーカイブは，データ保全が第一に絶対的な要件である。加えてその時の状況変化から影響を受けにくくする有効な対策が必要である。さらには，それらを地域の共有財（地域デジタルアーカイブ資源）として残していく具体的な対策が必要である。

（4）地域デジタルアーカイブの群小の問題

　従来からデジタルアーカイブは重厚長大なものであるかのように語られがちである。しかしながら，たとえデジタルアーカイブがどれほど重厚であろうが，その原点はシンプルなデータのセットである。デジタルアーカイブシステムが重厚長大な装いをし，また，一方でナショナルアーカイブの構想が提示されると，それは途方もなく，壮大で巨額の予算を必要とするものであるかのような錯覚を抱きかねない。国立国会図書館デジタルコレクションのようなアーカイブサイトを見れば，確かに膨大なデータの数に幻惑される一面はある。

　しかし，全国各地でデジタルアーカイブの取り組みがなされながら，未だに煮え切った議論がされていないのはどういうわけなのだろうか。その一因は，

全国各地で取り組んでいる地域デジタルアーカイブのアクティビストからの問題提起，提案が共有されるに至っていないことに求められる。ここでは，地域デジタルアーカイブに特有の群小アーカイブ群の特性について問題提起をしておきたい。

　デジタルアーカイブと一口に言っても，その規模や性格は国家と家庭ぐらいの両極端なスケールの違い，性格の違いがある。組織によってもデジタルアーカイブの対象とするものは大きな違いがある。

　東京工業大学博物館・百年記念館で，"GLAMtech JAPAN" と題する取り組みが行われている。第 1 回は 2017 年 5 月に開催された。そのテーマが「小規模館において持続可能な資料管理・提供の仕組みと技術を考える」であった[4]。

　その中心メンバーである阿児雄之氏に話を聴く機会を得た。大学は 100 年を超える長い学術研究の歴史があり，その知的財産は多様でそれぞれに確立した学問的体系がある。それらの知的資源をアーカイブ化すること自体が学際的な知識の共有・融合に向かう大胆なチャレンジとなる。GLAM（ギャラリー・ライブラリー・アーカイブ・ミュージアム）という括りは，デジタルアーカイブの MLA 連携，MALUI 連携に近いものであるが，大学という特性がより前面に出ると，それは学問分野の多様性と研究成果のデジタル化による実用的提供がより前面に押し出されたものとなる。展示やリファレンスよりもデジタルでの資料提供が求められており，それを実現するための整理方法やデータの提供が課題となる。

　以上の問題を解決する他に，予算・人員の少ない小規模 GLAM で持続可能性の高い仕組み・実現技術とは何か，そのコストはどうかといったことが探求課題となっている。この点は，筆者が取り組んできた地域の群小デジタルアーカイブの置かれている状況と全く同じであることを認識した。

　本来的に知識は，研究者・学習者の個人に発するものである。西垣通は「知

4）GLAMtech no.1　http://glamtech001.peatix.com/

とは本来，主観的で一人称的なもののはずである」と述べている。幼児の発達は外部の客観世界を正確に認知するものではなく，「環境世界に適応するように主観的な世界を内部構成していく過程」にあるとし，それが知のベースであると指摘している（西垣 2013：198-199）。

この観点からは，デジタルアーカイブは，それぞれの研究者・学習者の個別の成果物（ポートフォリオ）を蓄積し公開していくこと，知識形成に役立つ関連の資料・データの品揃えを増やしていくこと，これらの包摂・横断，さらにそれらの相互関係を可視化する情報の網目の組成（関連性のリンク付け）がその目指す方向であることが予見できる。

(5) 地域というスケーラビリティへの対応

デジタルな知識基盤というものを漠然とでも想像してみよう。国立国会図書館デジタルコレクションのようなナショナルアーカイブが直ちに思い浮かぶところである。しかし，地域の知識・データと言うものは一体どのように扱われるのであろうか。ナショナルアーカイブに包摂されるものであろうか。そもそも地域の知識・データとは一体どのようなものが実体になるのであろうか。そのような視点で地域の「デジタル知識基盤」を考えてみよう。

ふだん何気なく言葉にする「地域」とは実は極めてスケーラブルなものである。どのようなスケールであろうが，都合よく地域と呼んでいる。「地域」のエリア的な規模は一般的に都道府県もしくは市町村に対応することが多い。が，実際にはそうした行政界の意識すらなく，極めてあいまいに地元とか，比較的広域な○○地域といったエリアを思い描いている人が多い。

現在，筆者は住まいと職場のある長野県上田市を中心としたエリアに軸足を置いている。誰にとっても自分の地域が対象の地域となるのは当然である。

もう一言付け加えると，地域とは，その人にとってアイデンティティのあるエリア，スケールメリットのあるエリアという意味合いがある。

地域の何かを対象に地域に関わり始めると，最初は限られた地域を中心に捉えても周辺地域，少なくとも長野県全域程度を射程に入れないと対象とする事

象が収まり切れなくなることは単純に認識できることである。視野は狭く深くエリアを捉えつつ，同時に広く浅く巨視的・俯瞰的に地域を位置づけながら捉えることの必要性を痛感する。デジタルアーカイブの対象エリアは本来的にこの視点のズームイン，ズームアウトを自在に行えるものでなければならない。

第❸節　地域デジタルコモンズの実現に向けて

（1）地域デジタルコモンズ＝地域の知を共有するデジタルな情報基盤

　さまざまな主体がデジタルアーカイブを構築し公開している。各地域のアーカイブについてはどこにどんなアーカイブサイトがあるのかもわからないぐらい群小なものが多数を占めている。地域の知識・データがそれらに分散的に集積していることは言うまでもない。

　ここでの問題はそれらはアーカイブの主体となる組織なり個人によって自主的に運営されているものがほとんどであるということである。それらのアーカイブデータが永続的に保存・継承される保証はどこにもない。知らないうちに生まれては消えていく。とりわけデジタル化が進展した現代においては，地域の知の資源は，それらの主体の意思を超えた，地域の意思として意識的に集約し，保全・継承する策を講じない限り，地域の知は共有もされず，消え続けることが確実である。

　地域デジタルコモンズは，地域に自律分散的に存在するサイト群を，何らかの仕掛けによって連結・縫合するものとなろう。

　デジタルコモンズはハードウェア（サーバ機とディスク），デジタルアーカイブデータの集合体，単体デジタルアーカイブサイト群，包摂的・横断的サービスの4階層で構成される。

　地域デジタルコモンズは，狭義にはこうした地域の知を集積し，未来永劫にわたり継承し続けることのできる知識・データの共有地，デジタルな情報基盤

（リポジトリのようなもの）である。これを実現するためには県がその役割を担うことが望ましい。地域に分散するアーカイブデータは地域の知識・データを対象としており，県立図書館がデジタルなライブラリとして運営管理していくことがふさわしい。国会図書館が国のナショナルデジタルアーカイブを担う役割であることと同様である。またそのシステムは，後述する自律分散型モデルのシステムを適用することにより，比較的低コストでの運用が可能となる。場合により市町村等，それぞれが主体となる分散化運用も可能である。

　地域デジタルコモンズの対象エリアはスケーラブルである。ただし，誰の目から見てもわかりやすいスケールは都道府県，ないし市町村という識別しやすい行政の単位であろう。それぞれの地域がデジタルコモンズ運営を事業化し，そのために恒常的に予算を当て，その持続的な運営に当たることで地域のデジタルコモンズは編成しやすくなる。

　ただし，特定の仕様のシステムの選択に陥ったり，特定の業者に委ねられるようなものであったり，相互接続不可能な排他的なものであってはならない。そのため，自律分散協調モデルによる地域デジタルコモンズの仕掛けが必要である。

（2）自律分散協調モデルによる地域デジタルコモンズ

　ここでは仮に長野県を対象エリアとする「信州デジタルコモンズ」というものをモデル的に想定し，その構想を描いてみたい。

　「信州デジタルコモンズ」（図2-4）は，信州（長野県）を広域な対象地域とし，各地域の市町村・図書館・博物館・公文書館・公民館などの施設・大学・学校・企業（産業界）・市民グループ・個人などが自律分散的に知識の源泉となるデータを生産・集積しながら，それらを横断的・包摂的に検索・閲覧・活用できる，開かれたデジタル情報基盤である。

　地域の誰もがここに参加し，お互いに知識・データを持ち寄りながら，その参加の輪を県域に広げていくことにより，それぞれの主体が自律分散したままで広域な地域のデジタルアーカイブを構築することができる（図2-5）。

図 2-4　信州デジタルコモンズ

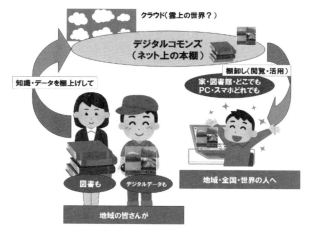

図 2-5　デジタルコモンズはネット上の本棚

出所：図 2-4，図 2-5 ともに図 2-1 に同じ

（3）自律分散協調モデルの方式

　　自律分散協調モデルは極めてシンプルなものである。デジタル知識基盤の基幹メディアがウェブ（WWW=World Wide Web）であることは言うまでもない。実質世界標準でないプラットフォームの採用は現実的でない。インターネット，ウェブはともに自律分散型のネットワークをモデルとしている。自律分散の特性を活かすことが，開かれた，そして誰もが使えるプラットフォームの前提となろう。

　　デジタルアーカイブが重厚長大主義により失敗を重ねてきたことは先述した

とおりである。その対極にあるのはミニマルなデジタルアーカイブである。さらに言えばデジタルアーカイブの体裁を整えているとは限らない。極端な場合は１つのデータセットでも成立する。図2-6はミニマルなデータセットの例である。

　ミニマルなデータセットはデジタルアーカイブシステムを根本から見直す上での一つの啓示となる。たとえどんな大規模なデジタルアーカイブであっても，アーカイブのメタデータ（テキストデータ）は，画像等のデータファイルとセットになっており，そのデータの管理さえできれば，どのようなシステムでもデジタルアーカイブサイトの生成処理が可能である。しかも，こうした処理は比較的平易なプログラムを作るだけで実行することができる。

　重厚長大なシステムは必ずしも必要としない。システムでデータを処理する場合，図2-6のようなメタデータのテキストデータがあれば，複数のサイトのデータを連結させて処理することが容易になる。

　データ構造はその対象の特性によっても変わってくる。複数のサイト間で仮にデータ構造には違いがあっても，異なるメタデータ間に共通フォーマットに変換するデータエクスチェンジの仕様／プログラムがあれば，デジタルコモンズはデータの多様性を吸収した包摂的サイトとして運用が可能となる。

　既存のデジタルアーカイブシステムと並列運用する場合であっても，そのシステムがデータを入出力する機能ないしAPI（アプリケーションプログラミングインタフェース）を備えていれば，相互接続は容易である。

　この方式の利点は，データインタフェースが明確であること，DIY（日曜大

図 2-6　ミニマルなデータセット

出所：図2-1に同じ

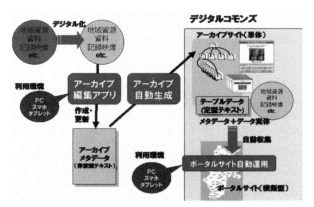

図 2-7　デジタルアーカイブは元データが源泉

出所：図 2-1 に同じ

工，DIY は"Do It Yourself"の略）的に作ったプログラムでもアーカイブサイトの構築・運営が可能であること，相互のシステム系でデータエクスチェンジを図ることにより，小さく分散したまま，多様な構造を並存させたまま，大規模なアーカイブサイト群（＝デジタルコモンズ）が構成できることである。従来のアーカイブシステムのように，構築・運用のために多大な投資をする必要がなく，安価なコストで分散連携を図ることができる。それぞれのプログラムはデータインタフェースが明確であることにより，随時，リプレースが可能である。この融通性により，システムが死滅することなく，未来永劫に渡り，データを継承しつつ，アーカイブシステムを運営・更改していくことの実現可能性を高めることができる。

（4）自分事で地域を学習しあう「みんなでつくる私たちの信州」

　デジタルアーカイブの構築に関わる最も基本的な課題は，誰がデータを作成するのか，誰がアーカイブを使うのか，である。この問いに対しては，その地域の人びとが，地域のデジタルアーカイブを作ることを他人事でなく自分事として取り組む文化を啓発できる支援体制を地域に作り，学術研究から地域活動，生涯学習，学校での地域学習に至るまで，地域の人びと（広範な地域の主

体）の活動を発信母体としていくことが地域デジタルアーカイブの構築には必要である，ということが答となろう。

　そうした地域デジタルアーカイブ構築の基盤はほとんどないのが実情である。筆者は，多様な人びとや団体などが自律分散的に，そして，共同で利用できる市民参加型ネット mmdb.net を十数年に渡り運営してきた。運用サイト数こそ少ないものの，十数年に渡る継続的な運用の実績は，情報基盤さえあればそれが持続的に運用可能であることの例証となろう。同ネットには以下のようなアーカイブサイトを公開している。

・森の恵み地域の恵み探検隊

　https://megumi.midori-joho.gr.jp/

　長野県内各地の子ども体験学習を記録して各地域の魅力をコンテンツ化。

・天童市立長岡小学校

　http://www.dewa.or.jp/~t-naga01/

　学校の日々の様子を画像中心に掲載。年度ごとにアーカイブサイトが蓄積されている。

・信州シルクロードアーカイブ

　https://www.mmdb.net/silknet/archive/web/

　長野県内各地の蚕糸業などに関わる有形無形の文化，資料，イベント記録などをアーカイブ化。

・みんなで信州＆上田ウォッチ

　https://www.mmdb.net/silknet/shinshu-watch/

　長野大学前川ゼミの学生が学生目線で地域資源と魅力を探る地域見聞をアーカイブ化。

・地域学習アーカイブ

　https://www.mmdb.net/usr/oraho11/chiiki-a/

　長野大学・前川研究室が支援した地域学習の講座・高校生の地域学習（蓼科学／立科町探検隊）をアーカイブ化。

　デジタル知識基盤を作っていくためには，MLA の職員（学芸員，司書，公文書館職員）や地方公共団体職員，学校の教員などがデジタルアーカイブ構築をコーディネートできるようにデジタルアーキビストの知識や能力を修得していくことが望ましい。また，市民などを対象としたアーカイブづくりの学習機会を提供していくことが求められる。

　大規模なデジタルアーカイブ構築では，データ作成を業者等に事業委託して対処するケースがほとんどである。一般的にデジタルアーカイブは誰かが作り提供する者，普通の人びとはアーカイブの利用者であるという慣習的な認識がある。アーカイブについては，アーカイブを構築してもその利用者が少なく，利用頻度を上げる対策を講じる必要性が常に唱えられている。しかしながら，その有効な具体策を一つも聞いたことがない。

　デジタルアーカイブについてはそうした先入観から自由になる必要がある。ブログ，SNS など，個人が主体で情報を発信しあうソーシャルメディアは今日では誰もが慣れ親しむ日常的なメディアとなった。Wikipedia のように公共的に広く公開されている情報サイトは，多数の人びとが自律分散的に更新して構築されているものである。デジタルアーカイブもまた，これらとほぼ同様に捉えることができる。

　デジタルアーカイブに関するより根本的な課題は，アーカイブ作成者の裾野を増やし，地域全体から地域の知識・データが広範に，そして数多く発信されることを促すことである。アーカイブ構築のプロセスには，アーカイブデータを作成する人びとが地域を学習し他者に伝える情報に変える，という重要な意味合いがある。そのためには，図書館など地域の MLA，さらには企業，大学も含めた MALUI が地域の知の拠点としての役割を果たすことが求められる。

　「信州デジタルコモンズ」は全国どこの地域でも実践が可能な「地域デジタルコモンズ」のモデルである。県域にデジタルコモンズを開設することで，未来に向けた地域の実践力の向上という大きな可能性を開くことができる。その点では地域内での実践事例を増やしていくこと，実践できる人材の発掘・育成，実践事例の紹介による啓発がさしあたっての課題となる。

図 2-8　デジタル知識基盤の利用参加イメージ

出所：図 2-1 に同じ

　地域の活動，学校での学び，個人の生涯学習など，それぞれは単位も主体も
ばらばらなものである。またいずれも小規模なものである。しかし，それらは
それぞれが主体的に自己開発・学習を進めるものである。場合によっては文字
通り数十年の生涯にわたるアーカイブに成長する可能性がある。その可能性を
保証することが，これからのデジタルアーカイブには求められよう。

　デジタルコモンズのサービスを市民グループ，学校，図書館，博物館，個人
などが分散的に利用する輪が広がる事により，シンプルでありながら，全県的
規模で多くの人びとが参加可能な大きなデジタルコモンズとなる（図2-8）。

　重厚長大なデジタルアーカイブの重さから多くの人びとが開放され，それぞ
れの活動・学習が地域デジタルコモンズの源泉となって，その輪が広がる事を
願うものである。

第 3 章

「可能現実存在」としての
デジタルアーカイブの作法
——新潟大学地域映像アーカイブ映像データベースと
新潟県立図書館郷土新聞画像データベースの統合をめぐって

原田健一

第❶節 アマチュアとしてのアーカイブ

　現在，各地でさまざまな形で小さなアーカイブが族生している。一つにはデジタル化という技術的な革新のなかで，アーカイブを作りやすい環境が整ってきたきことがある。これらの人びとは，それまでの文書館や図書館などで専門的にアーカイブを勉強してきたわけではない。その意味ではアマチュアといってよい。そして，そのなかで，研究者が自分の研究のためのデータベースの域をこえて，発展させ，他の研究者にも，あるいは一般の人びとにも使えるようなアーカイブをつくりはじめている。それまで，調査対象には関与しない，客観主義を保ってきた姿勢とは異なるアプローチがそこにはかいまみえる。

　こうしたアマチュアたちにとってアーカイブを成り立たせるための，さまざまな知識や技術が必要なことは確かだろう。しかし，資料の保存や利用のための専門性だけを第一に考えてきたあり方に対して，アマチュアたちが資料の内容に関わり，さらに保存，公開に関わるようになったことは，それまでとは異なったあり方といってよい。

　こうした小さなアーカイブには，どういう社会的な意味があるのだろうか。国立国会図書館や国立近代美術館フィルムセンター，あるいは NHK アーカイブスといったナショナルなアーカイブとは，本質的に違った論理や内容，行動

をもった世界が現れてきている。ここでは，とくに研究的な側面から，新潟大学地域映像アーカイブの具体的な活動をもとにしながら，研究における新しい意味と，研究者が資料やデータ，情報を介して社会と関わり何を創発しようとしているのかを考察してみる。

第❷節　近代以降の資料，データ，情報と複製

かつて，メディア研究者から「YouTube，ニコニコ動画」もアーカイブだという言い方が発せられた。その集合された膨大なデータの集積と検索可能なシステムが，アーカイブと同じ機能を有しているからだ。こうした意見に対する反論として，通常，アーカイブとして保存の意思があるかないかを問題にするのが普通である。穏当な考えであるが，ここではそのデータのあり方に注意を向けてみる。YouTube，ニコニコ動画は，映像などのデータの提供は基本的には投稿者によってなされる。自ら撮影，製作したものもあるが，既にあるコンテンツをあげているものがやはり多い。それらのコンテンツの扱い，サイトへのあげかたは投稿者の考えによっている。放送番組なり映画作品なりをそのままあげる場合もあるが，なんらかの理由で一部削除されたり，音がなくなったりなど，改変，修正される場合も多い。ネット上のデータにおいては普通である。

こうした事態は，「YouTube，ニコニコ動画」の性質を表してもいるが，近代以前の資料と近代以後の資料の違いもあらわしている。アーカイブ研究における一つの領域をなしているデジタル・ヒューマニティの研究は，基本的には図書館・博物館などの情報学系の研究領域の研究者を中心にし，その資料の大半は近代以前の資料，文字・活字資料を中心としている。この場合，彼らの議論は，資料の原形，唯一性が常に問題とされる（福田 2016）。

資料の唯一性を保持するには原形が改変，修正されないことは重要である。さらにまた，いつでも参照可能であることは，人文学における研究の基盤をな

しており，研究上のディシプリンになっているといってもよい。私たちは，学生がレポートなどをネット情報や論文の孫引きなどで書いた場合，原典にあたりなさいと指導する。しかし，近代以降の資料はこうした唯一性ではなく，コピー，複数性によってなりたっており，オリジナル＝コピーが複数ある場合が大半である。そのことが，さまざまな問題を派生させていることはすでにベンヤミンなどによって指摘されてきた（Benjamin 1932=1995：590）。

　デジタル化はこうした事態をさらに拡大させる。それまでに多少なりとも，オリジナルとコピー，さらにはコピーとコピーの間にあった質的な差異は，デジタルにおいては差がなくなり，無限のオリジナル＝コピーという実体は，人びとにオリジナル＝コピーへの多くの関与を可能にし，うながし，改変，修正の余地を拡大させている。通常，こうした改変，修正は，オリジナルに対するノイズ，雑音であると意識され，除去することが求められる。しかし，一方で，最初から改変，修正することを意図するもの，間違いの訂正などより適切なものとする，あるいはそこに創造性を見出す改変，修正も行われる。現在のデジタル状況において，唯一の作品と唯一の作者という関係は置き換わり，さまざまな複数のオリジナルとコピーに関わる創発的な関係性が重要となる。

　こうした問題に，書籍や文書を基本とした伝統的なアーキビストたちは，オリジナルという原則にこだわっているために，対応が難しくなっている。歴史学者である研谷紀夫はその立場から，アーキビストによって評価・選別が行われた「アーカイブズ資料」に対し，「編纂資料」というべき二次資料として位置づけられるものがあることを指摘し，その考えを映像資料に敷衍し，整理している。それによれば，①「アーカイブズ資料」として，「制作主体によって撮影・編集された映像と，その制作関連資料」を見なし，②「編纂資料」として，「アーカイブズの資料を何らかの観点で選別し」「再構成」したものを見なし，③「編集作品」として，「さまざまなアーカイブズの映像資料を部分的に使用」し，「ナレーションやインタビューなどを含めて，新たに別の映像作品として編集したもの」を見なしている（研谷 2015：72）。

　そして，①「アーカイブズ資料」は少ないとし，こうした理想的な事例と

してアルベール・カーンが 1908 年から 1930 年にかけて「地球アーカイブ」として蒐集した映像資料を保管するアルベール・カーン美術館をあげている。いかにも歴史学者らしい好みであるが，アルベール・カーンの映像は，自ら現地に赴き撮影したものではない。世界を映像で蒐集するコンセプトのもと撮影技師を各地に派遣し絵葉書ではなく動画で制作しようとしたものであり，本来，写された映像そのものがもつ多義的な意味性を削ぎ，一般的な解釈コードを付与し，一つの図鑑のように作られたものである。

　また，無前提に「映像資料は，各作品を最小の『単位』と」（研谷 2015：76）すると，「作品」概念，あるいは「作者」という概念の枠組みで資料を扱っていることも現実の映像資料の実態にあっていない。現実の映像資料の実態は，自らも述べている通り「記録映像の多くは，撮影の経緯や出所，来歴などについて不明な点が多く，とくに一般市民などが撮影した記録映像については，必要な情報が欠落している」（研谷 2015：72）場合が大半である。多くのフィルムは「作品」として作られておらず，記録としてある意図はもっているが，その多くは「写す─写される」関係性のなかで，断片的に撮られている場合が多い。

　ここで，残された映像の現場で実践的に映像資料を整理しようとすれば，①フィルムにタイトルがついている，②タイトルと思われる題名，あるいはそれらしきメモ書きがフィルムリールやフィルムを入れているケース・缶に記載されている，③全くタイトルなどの手がかりはなく，内容からつけるしかない，この 3 つに分けておくのが現実的である。これは実際の撮り手とは全く関係のない第三者が映像を扱う場合，重要な基準となる。

　またこれとは別に，表現を前提とした作品を制作していた人びとである写真家，あるいは制作会社から，大量の映像がネガから，あるいは素材映像から提供され資料化されつつあることも考える必要がある。通常，表現者としての写真家は撮影し，セレクションし，公表する過程によって作品とその作家性の根拠としてきた。しかし，ネガからのデジタル化が進み，撮影者がセレクション（選別）をして作品化することから，キュレーター，あるいは研究者が選択し，プリントし，作品化するというあり方が顕在化しはじめている（原田 2013：21）。

　また，映画や放送の制作会社も作品や番組を制作するにあたって撮影された
ラッシュ・フィルムや素材映像から提供することも現実となりはじめている。
　また，研谷の①「アーカイブズ資料」として，「制作主体によって撮影・編
集された映像」はそれほど単純ではなく，かなりの幅を含んでおり，自らこう
した映像資料に関わる場合，なんらかの関与が必要とされることを自覚しなけ
ればならない。デジタルアーカイブの問題は，近代以降の資料を，近代以前の
資料のように唯一性を根拠とした資料の信頼性を保持する，保持できるとする
立場に対して，そうした唯一性を「　」に入れて，信頼性を留保して資料を扱
はなければならないことを自覚させる。当たり前のこととも言えるが，なぜか
研究者はそうしたことに沈黙を守ろうとする。

第❸節　映像資料を発掘する現場

　ところで，新潟大学おける地域映像アーカイブの試みは，原田が神戸の映画
祭で南魚沼市六日町に在住していた平賀洗一の 9.5mm フィルムの映画を見て，
2008 年 8 月，映画を所蔵していた平賀洗一の遺族である平賀壮太に会い，フィ
ルムのデジタル化を行ったことから始まる。その時，平賀壮太には映画だけで
なく写真がないかということを尋ね，また，六日町で医者をしていた平賀洗一
について何かわかる資料がないかを聞いている。メールのやり取りのなかで，
六日町に同じような映像（写真）を所蔵している家があるのではないかという
ことに気づいて尋ね，親戚である高橋家と今成家を紹介されることになった。
そして，高橋家からは大正時代を中心としたガラス乾板約 1,400 枚，今成家か
らは幕末から明治初期の湿板写真約 50 枚に出会うことになる。
　これらの映像資料を研谷の区分にしたがって「アーカイブズ資料」としてみ
たとき，それぞれの家には「制作主体によって撮影・編集された映像と，その
制作関連資料」がまとまってあった。しかしながら，それらの資料がそのまま
出てきたわけではない。それぞれの家は六日町の地主名望家であり，当然のこ

とながらさまざまな資料があるため，南魚沼市で市誌を編纂するにあたって，調査が行われている。資料については，一部はマイクロ化が行われ，返却されている。一方，それ以外の資料は整理されずにそのままにされており，さらに，映像である写真や動画は，基本的には調査されずに残っている。こうした状況で，こうした過去の写真に何らかの価値を見出している遺族はほとんどいない。当然のことながら，「撮影の経緯や出所，来歴などについて不明な点」は多い。

　1970 年代，色川大吉が地域資料において近世史の研究者が近現代資料をなおざりにした調査によって資料の「原秩序」が損なわれていることを指摘したが（色川 1977：175），現在，映像資料は，原秩序からみたとき「抜き取り」された後の残余物としてある。もう少し言えば，資料として認識されていないか，目録的に「雑」の扱いにある。市町村誌の編纂にあたって集められた資料の多くは，返却されない場合，市史編纂が終わったあと倉庫にしまわれる。編纂委員の多くは映像資料に慣れておらず，市町村誌に使った写真はまとめてあるが，それ以外は，段ボール箱にいれてあるというのが通例である。

　ここでは，こうした資料状況を批判しようとしているのではない。重要なのは，現在の状況下で，映像資料が「アーカイブズ資料」としてまとまって出て来ることは，珍しいという認識が必要だということである。現実的には，それぞれの資料をデジタル化し，あとから組み合わせて，バーチャルな研究的な空間で，原秩序であったろう状況を推測し，再現するしかない。実際に調査し，研究しようとすれば，こうした手続きとなる。榎本千賀子による今成家写真の研究はこうした文脈のなかで行われている（榎本 2012 2014）。

　それでは，こうした手続きをもう一歩進め，創造的な再現をデジタル空間上でできないだろうか。こうした試みは，研究のあり方そのものを変えることになるが，誰もが考えることともいえる。

第❹節　新たに現れた資料空間

　現在，パソコン，インターネットの発達というメディア状況が大きく変容する過程で，資料空間そのものも変化し，書き手と資料のバランスが変わったことは，研究者だけでなく，多くの人びとが意識・無意識を問わず感じている。加島は，①復刻版の刊行，②Web-cat などによる全国的な図書館の横断検索，③古本や資料の市場のインターネット化，④デジタルデータの公開などによって，資料空間が大きく変わってきていることを指摘する（加島 2014：33）。これらの状況は，知識の範囲が大幅に増大していることを示しており，また誰もがそのことを実感してもいる。

　デジタル・データベースを統合することは，これまで自らも自明視していた資料空間のあり方そのものを批判的に捉え直すことになる。異なるジャンルのデータ群とデータ群とを統合することは，既に社会に実在するが不可視のものとして存在していた資料空間の姿を現出させることになる一方で，領域化していた研究そのものを問い，解体させ融合化させる契機となる。

　問題なのは，近代以降の複数のオリジナルをもった新たな膨大な資料空間であるかたまりが連なった資料群をどう扱い，どう分析するかということである。ここで求められる研究方法は，資料・映像などを単体で扱うのではなく群（かたまり）として扱うものである。つまり，記事や作品単体，一つひとつ，1枚1枚の資料や映像の分析ではなく，群（資料群・映像群）としての分析方法である。

　こうした資料・映像のもつ社会的な関係性，場のコンテクストを明確にするには，必ずしも，その内容にこだわらない，横断的な関係性のあり方を探り出す必要がある。歴史資料，民俗資料，芸術資料など個々の研究領域の枠組みの内で見ていたのではわからない関連性，社会的な文脈を読み解くためにデータ群とデータ群とを関連づけ，媒介することで，社会で生み出されている不可視の構造性，社会的意識，感情，感覚の共通性をえぐり出す。フーコーは言

表（エノンセ）を説明するのに，タイプライターのキーの配列を例にあげている。qwerty に言語的な意味はないが，社会的な意味があり，またそれを生み出す機能として存在するこうした社会的な規制を言表とし，こうした社会的な諸規制そのものを問題にすることをアーカイブの本質的な問題とした（Foucault 1969=2012：162）。これは，私たちの知の配置，意識のあり方がそうした諸規制に規定されるからだ。既にある領域化された研究の枠組みを越えた知のあり方，配置があることは多くの研究者が理解するところだが，それを実体化し，分析することは難しい。デジタルデータの統合は，こうした実態を顕在化させるための1つの方法になりうる。

第❺節 資料のメタデータをどう作成するか

　しかし，こうしたさまざまなデータを集合させ，新たな資料群を再構成していくためには，検索のための共通のメタデータの作成が必要となる。「秋田県デジタルアーカイブ」として秋田県立図書館，あきた文学資料館，秋田県立近代美術館，秋田県立博物館，秋田県公文書館，秋田県埋蔵文化財センター，秋田県生涯学習センターによるデジタルアーカイブを構築した山崎博樹（秋田県立図書館前副館長）は，ダブリン・コアの15エレメントである Title（タイトル），Creator（制作者），Subject（テーマ），Description（詳細），Publisher（提供者），Contributor（協力者），Date（日付），Type（タイプ），Format（フォーマット），Identifier（識別子），Source（ソース），Language（言語），Relation（関連），Coverage（範囲），Rights（権利）を参考にして共通したメタデータを構築している。しかし，実際に統合してみた結果，「博物館には図書館でいうタイトルがないケースがあった。また，博物館では所蔵する資料が過去に何人もの寄贈者を経ていたりしていた。サイズの概念も図書館，美術館，博物館ではまったく違っている。文学資料館の書簡やハガキでは，そもそもタイトルをどうすべきか，実際に取り組んでみると実に難しい問題がそこにあった」（山崎 2015：

82）としている。

　山崎のメタデータ構築の立場は，図書館などの書籍を基本にした枠組みに準拠しており，当然のことながら，これをすべてにあてはめることは難しい。また，「秋田県デジタルアーカイブ」では画像はあるが，写真，動画はなく，音源も 100 点をみない。ところで，デジタルアーカイブの連携に関する関係省庁等連絡会・実務者協議会の山崎による「デジタルアーカイブの構築・共有・活用ガイドライン」では，「メタデータの整備においては，次の 5 つの項目（注：タイトル（ラベル），作者（人物），日付（時代），場所，管理番号（表内で重複しない恒久的な識別子））は共有や再利用のためにとくに重要であり，判明している場合には，必須の情報として記述することが求められる」とかなり項目が絞り込まれ，「共有・公開を目的とするメタデータは，基本的には複雑にせずシンプルで一貫した記述がよい」[1] とし，これまでに作成されているデータを「意訳する必要」を示している。内閣府知的財産戦略推進事務局と国立国会図書館で構想されている「ジャパンサーチ」へ向け（徳原 2016），ダブリン・コアの 15 エレメントから統合のための実践的な歩みよりがかなり意識されているといってよい。

　2017 年 3 月より閲覧が公開されるようになった，県立図書館郷土新聞画像データベースと新潟大学地域映像アーカイブ・データベースとの統合型データベースの構築から考えてみよう。通常，新聞社の新聞のデータベースの多くは，見出し検索によっている。当然のことながら，新聞は活字メディアであり，新聞の発達の歴史のなかで，新聞記事がわかりやすく一般化される過程で，見出しは内容を簡潔に理解できるようにする一つのメタデータとして発達してきた。それは確かに，そのまま検索のターゲットとなる。

　しかし，一方で，映像を検索するには，現在の技術では，そのまま画像で検

1）内閣府知的財産戦略推進事務局，デジタルアーカイブの連携に関する関係省庁等連絡会，実務者協議会「デジタルアーカイブの構築・共有・活用ガイドライン」http://www.kantei.go.jp/jp/singi/titeki2/digitalarchive_kyougikai/index.html

索することが難しい。メタデータとして文字，言葉を資料につけていく作業を必要とする。しかし，映像は本来多層的な構造をもち，多義的な意味をもつ資料である（中村・佐々木 2013）。十進法的な分類によるメタデータをつけると，複数の分野にまたがることになる。映像の検索が絵葉書などの言葉を付けられた，一義的に一般化，記号化されたものから進んでいるのは，こうした検索の問題を反映している。

　こうした状況のなかで，キーワード検索が重視されることになるが，それに対応する文書資料側の事例として，たとえば，アジア歴史資料センターが従来の資料分類に加え，キーワード検索の効率を高めるために，資料の文書の冒頭300 字を内容欄に記載することで，それに応え，検索率をあげている。資料そのものの概要を記載することは，相当な手間と時間がかかるだけでなく，それを記載する人の恣意性が働く余地が大きいことを考えると，文書冒頭の文言がその資料をどこまで代表しているかは不明にしても，一定のわかりやすい方法といえるだろう。しかし，これは，既に整理されたアーカイブ資料を前提にして試行された方法といえる[2]。

　しかし，インターネット上では，こうした検索システムと異なった考えによる Google 的方法が中心となっている。たとえば，現在，数回顔と名前がタグ付けされたものがあると，自動的に顔を認識しその顔の人物が写っている写真（背景に写っていたとしても）に対してタグ付けされる。さらには，インターネット上の文章を検索し，その名前だけでなくその画像に関連する文章にひっかかるさまざまな映像を集積，集合させ並ぶ仕組みになっている。画像と言葉が一定程度，組み合わさった検索が実現されているといってよい。ユーザーである検索者は集合された画像をスクロールしながら自分で必要なものを探し，選択する。

　Google は，ネット上の映像の大半を日常生活で生成しているヴァナキュラーなものであると認識し，そうしたデータを検索するための一つのシステムのあ

2）中村元准教授（新潟大学）による教示によった。

り方を示している。このシステムはさまざまな領域におよぶ映像の大きく肥沃なデータ・資料の世界を前提にしたものであり，明らかに構想力としてグローバル・スタンダードを意識したものとなっている。

　こうした画像検索の優れているところは，ネット上に膨大に蓄積されている映像を検索するのにあたって，メタデータとして言葉の位置づけを小さくしているところにある。Google の映像の検索システムは，Google Books をはじめとして，近代以前の膨大な資料を画像データとして扱い，さらには近代以降の資料・映像とを同時に検索できるシステムの構築を意図していることがあるだろう。

　ところで，写真共有サイト Pinterest の画像検索は基本的には Google と同じではあるが，ズームイン検索では画像の形状によって検索が可能になっている。たとえば，特定の個人の顔や目，耳などを指定するとそれに類似する顔や目，耳などが次々と検索される。システムの内情は不明にしても，こうした AI を組み込んだ画像検索がさらに高度化する可能性が高いことを考えると，今後は画像内の形状と言葉を組み合せた検索システムが重要となる。どちらにしても，億単位の予算でナショナルにもグローバルにも展開されているデジタルの世界で，実務レベルからいえば研究者の構築するデジタルアーカイブなどはほとんどたいした意味をもたない。しかし，それでも研究者はこうした作業に執着しこだわる必要がある。重要なのは，ナショナルでもあり，グローバルでもある検索システムの規準を，研究的に読み替える，より正確には誤読する必要があるからだ。キーワード検索は，これまで研究領域を固定化することに大きな役割を担っていた知の分類の基本枠組みであった図書館の分類思想そのものを問い直している。現在，誰もが，図書館で本を検索するとき，キーワードで検索し，本を探している。このことの社会的意味が問われなければならない。

　また，統合されたデータは，分類されていた世界を領域横断的に動くことを可能にするだけでなく，本来定性的なデータを定量的に読み込み直す可能性もでてきている。これはマス・コミュニケーションが代表するナショナルな〈大

きな歴史〉のデータだけではない，さまざまなパーソナルから中間的なコミュニケーションを含む〈小さな歴史〉のデータをただ集合，集積させるだけでなく，データを検索によってデータを組み替えて，これまでとは違った関係性のあり方を発見させるような，擬似的ではあるが数量的データとして扱える事態となっている。こうした現在のアーキテクチャーの実態は，研究的な構想力の側へと反転させる必要性を顕してもいる。どちらにしても，検索の問題はテクニカルな問題というより，思想的な問題なのである。研究者は実行者であることで現実の観察者になるしかない事態に逢着しているからだ。

第❻節　調査・研究，閲覧・公開をめぐるさまざまな問題

　ここで，「にいがた MALUI 連携地域データベース」http://arc.human.niigata-u.ac.jp/malui/index.html を例にして，博物館，文書館，図書館，大学，産業界（MALUI）による連携の制度的な面へと問題を移そう。現在，異なったジャンルのデータ群とデータ群とは，そのまま異なった機関と機関のデータであり，機関と機関との連携による統合が必要となる。研究・教育機関である大学と，社会教育機関である図書館とでは求められている役割，機能が違う。

　新潟大学地域映像アーカイブのデータベースと新潟県立図書館郷土新聞画像データベースの統合が可能であったのは，もともとその資料が「新潟」という地域性に準拠しているということにある。その点で，お互いに統合するのに親和性があるといえるが，いくつか乗り越えなければならない問題がある。

　最初に技術的な問題から見てみよう。MALUI 連携地域データベースにおいて，各連携機関と新潟大学にあるサーバとを結びつけるために IP アドレスの設定を行っているが，各市町村においてそれぞれのネットにおけるセキュリティを考え，自らの市町村以外の組織，機関に IP アドレスの情報を提供することにかなりの抵抗があるのも事実である。当然のことながら，各市町村におけるセキュリティの基準や，PC・インターネットの環境はかなり異なってい

ることも重要な問題である。

　また，MALUI 連携にあたって，資料，データの閲覧者である利用者から考えてみると，通常，図書館は一般の人びとが利用者であり，市民の知る権利を擁護するものである。一方，大学は一般の人びとではなく学生が利用者で，学校教育や研究を擁護するものとなる。その目的は異なり，また，利用する人びとも異なる。現在，公共の図書館や資料館において，市民の知る権利を擁護する必要があるように，市民の個人のプライバシーや権利を守る必要も生じている（こうした時，資料を公開する図書館や資料館が神経を使うのは，被差別部落の問題である）。

　今回の統合型データベースの基本は，「郷土新聞画像データベース」においては，新聞の見出しだけが読める〈公開版〉と，その〈公開版〉で資料の見当をつけてきた人が，県立図書館あるいは新潟大学の〈閲覧版〉で資料の複写などをするサービスを受ける形式となる。地域映像アーカイブのデータベースは，従来通り〈公開版〉はなく，県立図書館あるいは新潟大学，連携した機関，あるいは申請した個人が閲覧できる。この違いには，映像などに写った人びとのプライバシーなどを保護する意図がある。つまり，「にいがた地域映像アーカイブ・データベース」は，一般公開を行っていない。

　地域映像アーカイブ研究センターでは，著作権的には権利継承者である遺族と契約をし（古賀 2013），地域での共有化を目的とし，研究・教育のための公開閲覧であることを理解してもらい，どう利用するのかを知ってもらうためにも展覧上映会などを継続的に行っている。なにより，こうした地域（コミュニティ）で映像を共有化するためのルール作りや，システムのあり方そのものを創っていくことが重要と考えるからだ（第 10 章を参照）。

　実際の調査にあたっては，戦前のものは写し，写された人びとの多くが亡くなっていることもあり，基本的には歴史的な事項に移っていることを考慮し，残された映像資料のかたまり（群）そのものをすべてデジタル化し，閲覧公開できるようにしている。なお，データベースでは，こうしたかたまり（群）をコレクションとして命名している。一方，戦後のものは，写し，写された人び

とが生きていることもあり，日常生活のプライバシーに深く関わるものも多くあるため，たとえば，写真アルバムなどの提供を受けた場合，所蔵者（この場合，大半は写した人か，写された人であるが）が許可した範囲内でデジタル化し，閲覧公開となる。つまり，この場合，残された資料，すべてをデジタル化するわけではないが，その選択は調査・研究する側にあるわけではない。また，許可された場合でもデジタル化にあたって，さまざまな外的な条件によってすべてデジタル化できない場合がある。こうした場合，一部のデジタル化であることを明記しておくことになる（第 9 章を参照）。

　こうした，資料の調査，デジタル化にあたっては，人間関係を含めかなり微妙で複雑な思いや考えが交錯する局面があり，研究者はこうした問題にあくまでも研究的・教育的利用という可能性に依拠しながら，信頼性のなかで余白を生み出していく必要がある。

　こうしたやり方は，問題を著作権や肖像権といった法律に関することがらとしてだけ扱うべきことではないことを示している。地域における映像を含めたこれらのデータ，資料にとって重要なのは，それをどう地域に生かすべきなのかという観点である。そのためにも，こうした映像を含めたデータ，資料の利活用のガイドラインは，広報や観光といった短期的な利益ではなく，長い時間のなかで社会の文化資源としてあることを自覚し，設定する必要がある。社会全体をボトムアップするものという視点である。

　ここでは，情報，データ，資料を提供する側だけでなく，それを利活用する側を含めた議論が必要なことは間違いない。つまり，市民の知る権利は一方的に，行使されるものではない。映像のような写された個別性がどこかに反映しているような資料をどう扱ったらよいのか。つまり，残された資料がどういう内容，社会的意味，関係性をもったものであり，それを利活用するにはどうしたら最もよいのかを考えるのは，資料を管理する側（図書館・大学など）だけでなく，それを使う側（ユーザー）にとっても重要なのだ。

　利用者は知る権利ではなく，アーカイブを創る必要，義務がある。しかし，現在の状況・問題は，なしくずし的に人びとが無意識の利用者・実行者となり

つつあることだ。デジタルアーカイブの設計者はこうした実態を認識しないと，再び，自らに都合のよいただの箱，資料倉庫を増やすだけになる。

　華々しく喧伝されるデジタル時代において，ある意味で，今やろうとしているのは，実際にはその前の段階なのだともいえる。あるいは，デジタル化という現実は，すべて後追いで処理していくシステムに社会全体が変わった実態を顕わしている。インターネットの歴史は，そうした現実をつきつけている（Zittrain 2008＝2009）。

　デジタル資料を使うということはどういうことなのか，新たなメディア（資料）リテラシーが創発されるべき段階にあることをわたしたちは自覚する必要がある。どちらにしても，集積された，集合された資料・データの堆積は無目的なものではない。ある不可視の共同性を顕在化させるものであり，それは自らの可能現実存在としてのあり方を明らかにするものである。それを意識化し，実体化できるのは，それに関与するものだけである。

アーカイブの実践と地域

第II部には，9人のアーカイブ研究者が8つの論考を持ち寄った。いずれも「手と足と眼と耳」を駆使した構築から活用に至る調査と実践の記録である。デジタル社会では，地域とは必ずしもローカルの意味に，アーカイブは形をもった設備に収斂しない。マスとパーソナルの間，記録と記憶の間に多様な「かたち」でありうる「中間領域」としての情報集積拠点と運動の諸相から，全国に散らばる事例のつなぎ目を探索する。

第 4 章

「ゆうばりアーカイブ」がつなぐもの
——地域映像アーカイブの構築と活用に関する課題

水島久光

第**1**節 財政破綻と，映像群との出会い

2006 年 6 月 20 日，北海道夕張市の財政破綻のニュースが全国に流れた。標準財政規模の 14 倍にもなる 632 億円の巨大な負債の存在が明らかになり[1]，翌 2007 年 3 月，公式に同市は財政再建団体と認定された。

それから 10 年，夕張は自治体としての多くの機能を失った。「再生」のための建設的予算は削られ，人口減少は加速，廃墟だらけの集落は徐々に森林に帰っていった。しかしそうした窮状のなかでも，町にとどまり将来を展望する人びとはいた。元石炭博物館館長の青木隆夫もそのひとりである。青木は夕張リゾートを経て 2009 年に「夕張地域史研究資料調査室」を立ち上げ「地域の記憶の消失」へ立ち向かう姿勢を示していった。

2007 年夏，夕張を訪ねた筆者（水島）は，青木から博物館に数多くの映像資料が残されていることを聞かされる。青木は 35mm，16mm，9.5mm，8mm といったフィルム映像，夕張をはじめとする全国の産炭地を映したテレビ映像等を VHS テープに保存していた。これらを「破綻の町・夕張」の再生のために活用できる状態にしたい——そうした考えから，2008 ～ 2009 年にかけて，現地に赴きデジタルダビングを行った——これが「ゆうばりアーカイブ」の出発点（「青木コレクション」＝第一次映像資料との出会い）である。

---

1) 最終的には，病院事業会計，観光事業会計などの廃止によって，実質的に解消すべき赤字額 353 億円，返済期間は 18 年となる。

　第一次資料群のなかで最も古いものは三井八郎右衛門が三井登川・北炭夕張の両炭鉱事業地を視察した映像 (1916) である。その他，戦前の採炭や土木工事，戦後の産出の最盛期の様子を経て，事故・閉山，政策転換から破綻に至るまで，その総数は重複を除き 413 タイトル。全貌を把握して改めて，この映像群の社会史的価値の大きさには驚かされた。青木と水島はこれらの資料をベースに地域史研究を進める一方で，2009 年にリスタートした「ゆうばり国際ファンタスティック映画祭」において上映会を企画した。当初，数えるほどだった参加者も徐々に増え，映画祭以外の時期の研究会も挟みながら定着するに至った。

　しかし現状それらは，人びとがその言葉から想像する「アーカイブ」のかたちを有しているとはとてもいえない。「ゆうばりアーカイブ」は，未だ施設やシステム等の実体を伴ってはいない。資料を成す映像群は，DVD や分散したハードディスク内のデータ，あるいは未整理の VHS テープの山。メタデータはおろか，リストの整備もこれからである。だが一方で我々はそれを上映会のタイトルに掲げた。「ゆうばりアーカイブ」は，今はまだ，夕張に関わる映像群の「アーカイブ化」を目指す「プロジェクトの総称」と言ったところだろうか。

　我々がこの呼び名を声に出してきたのは，「アーカイブ」という概念自体を運動として捉えてきたからである。いやむしろこれまでの夕張での活動や，それが結びつけてくれたさまざまな地域での実践が，その意味に気づかせてくれたのではないかとさえ考えられる。ここではそれを振り返りつつ，その運動の可視化を試みてみたい。

第❷節　夕張の数奇な歴史と，映像資料群の価値

　夕張の歴史は「明治 21 年 (1888 年) 道庁技師，坂市太郎 (アメリカ人地質学者ベンジャミン・スミス・ライマンの随行員) によって志幌加別川河畔に石炭

の大露頭が発見された」という語りからはじまる。それまで先住民ですらなかなか足を運ばなかった渓谷に人びとが入り，生活が営まれるようになったのは，まさに石炭のおかげであり，最盛期約12万弱の人口を誇った賑わいも，「炭鉱が作った人工都市」ならではのものであった。

　そして約100年と少ししかないこの町の歴史は，その間に「二回のリセットボタンが押された」ということによっても特徴づけられる。1つ目は1980年代の度重なる炭鉱事故と閉山，そして2つ目は2006年に発覚した観光事業の失敗による財政破綻である。この2つの出来事は，他の地方都市には稀なほど，ナショナル・メディアの関心を強く引きつけた。筆者がこの町の歴史を追うことになったきっかけも，ご多分に洩れず，この「全国報道」を目にしたからである。しかし，実際に夕張に足を運ぶと，そのイメージは覆される。確かに人口は激減し，空き家になった炭鉱住宅やシャッターが閉まった商店などはショッキングな姿を晒してはいるが，むしろ反対に，屈託のない子どもたちの笑顔や，真剣に町の歴史や将来を語る大人たちの姿が印象的ですらあった。そんななかでの「青木コレクション（第一次映像資料）」との出会いである。

　2008年夏，二台のデッキをもって夕張入りした筆者と大学院生は，市内のホテルに籠り，右から左へ，黙々とアナログからデジタルデータへの変換を行った。個々のコンテンツへの関心を棚上げにし，そのまま集合体として対象を受け入れるという作業の連続は，この時，我々をある発見に導くことになる。VHSテープのダビングは再生と同じ時間が必要となる。当然映像そのものは目に入るが，限られた時間のなかで立ち止まることは許されないし，関心に促されてのスキップや早回しも許されない。そこでは映像に描かれた「内容」と，そのアーカイブ全体における位置，関連する他の資料との関係など「メタ情報」が区別なく出現する。それを“情報の塊”としてそのまま認識する——映像の“群”を「アーカイブと見なして扱う」ことには，認識論的な飛躍が伴うという発見である。

　作業を続けるうちにやがて，その集合的現前から個々の映像の構成素はハイパーリンクを成すように作品の枠を破って相互に結びつき，パターンを形成し

はじめる。まるで資料群そのものが一定の秩序を自己組織していき，その中に見る者が取り込まれていく感覚である。「伝統と忘却とのあいだで，アルシーヴ（＝アーカイブ）は，諸言表の存続とその規則的な変容とを同時に可能にするような一つの実践に関する諸規則を明るみに出す」（Foucault 1969＝2012：248）と言ったフーコーの定義を体感するかのような――これを筆者はのちに「アーカイブ体験」と呼ぶようになった[2]。

とりわけ夕張の映像群には，パターン認知の変数となるような有意なコードが無数に張り巡らされていた。その最も基底的なものが町の「外観」と「内観」のコントラストである。それはまず，先に述べた「全国放送」的なコンテクストと，「地元」住民，あるいは関係者の眼差しとの攻防となって表れる。そしてそれをベースに，特定の事象・出来事や主題が別の風景や言葉，登場人物を引き連れ，意味の塊を成す。「国策」と「市民生活」，「発展」と「豊かさ」，「効率」と「安全」，「都市」と「コミュニティ」――これらのコードはさらにさまざまな構成素（言葉やシーン）をマグネットのように引きつけ，対立，あるいは中間項を組織し，段階的な意味のグラデーションを表象するようになる。

夕張の第一次映像資料（青木コレクション）は，もともと隣町・三笠出身の青木が 1980 年 7 月に開館した石炭博物館に学芸員として赴任してから，当時の「ニューメディア」であった家庭用ビデオデッキで録画した放送番組と，博物館の資料として寄贈・収集された映像によって構成されている。その合計 413 タイトルは主題等で分類すると以下のようになる。

【テレビ番組】256 タイトル
　閉山関係：44　事故関係：31　経済政策・経営転換：25　くらし・ひと・望郷：14　文化・芸術・芸能：25　労働者・労働問題：20　歴史・記録：16　食・農業：7　医療：3　科学技術・エネルギー・資源：15　子ども・教育：7　観光・エンタテイメント：28　鉄道・交通：16　ドラマ：5

2）逆にこうした認識が可能な集合体こそが「アーカイブ」である（水島 2016b）。

【その他映像（映画・記録映像等）】157 タイトル

戦前映像（9.5mm）：3　戦後個人映像：4　PR 映像・映画：24　視察・記録映像：21　労働・メーデー：5　ニュース映画・素材：3　石炭の歴史村・博物館：6　鉄道関係：27　シリーズ（大夕張・空知）：13　発電所関係：4　科学ドキュメント：12　炭鉱技術関係：16　劇映画作品：10　映画祭関係・演劇：9

　街を眼差す「外観」と「内観」の裂け目は、これらの分類を縦横無尽に裁断する。それを確認していくうちに、各々の映像がそれにかかわる人びとにどのような意味をもつものかが見えてくる。映像はどこまでいっても「人びとの視線の痕跡」であり、それゆえアーカイブの構築と運営は「誰が」「何のために」という問いから逃れることはできない――そんな宿命が感じられるようになってくる――これは実は、いわゆる「ナショナル・アーカイブ」のレイヤーにおいては不問に付されてきたことである。

　それに合わせて見えてくるのが個々の映像相互の関係である。とくに第一次映像資料の 3 分の 2 を占める放送番組においてそれは顕著であり、ゆえにとりわけドキュメンタリー番組自体のアーカイブ性（個別の映像素材を「編集」することで、「作品」として成立させる）を浮かび上がらせる。また一方で、それをひたすら「録画」し続けた青木の選択の「編集」性も、関係の延長線上に位置づけられる。そしてそのコンテクストは放送番組以外の映像群にまで敷衍可能である。結果、我々は作業を通じて、可能態としての「地域映像アーカイブ」が、地域そのものの相似形であり、それを構成する個々の映像が実は「地域」からサンプリングされた「風景の断片」であるという階層的本質に直面する（水島 2011 2012a）。

　人びとは映像との出会い（「録画」「再編集」を含む広義の「収集」「保存」行為）を通じ、「出来事を生産」「想起」し、「共同性の担保」を図り、「解釈を多様化」させる。ゆえに地域に残された映像群は、その地域の「語られざる現代史」の証人としての役割を担保する。その点において第一次映像資料群は、この町にとって大切な資料であることは言うまでもないが、それは「石炭博物

館学芸員」によって集められたという特性と限界をも有している。

　したがって，第一次資料群は 1990 年代に入ると徐々に数が少なくなる。それは「炭鉱の町」の歴史を見届ける狙いにおいて，やむを得ないことだ。しかし町の歴史はその後も，「2 つ目のリセットボタン」に向けて大きく動いていく。それを映す資料群は，実は博物館とは別に存在していた。2015 年，学生たちと夏の夕張に訪れるようになって 6 年目，市立図書館から諸資料を運び出す作業を手伝った際に，我々は久々に VHS テープの"群"と出会う。旧市民会館の映像資料室に保管されていた市の広報公聴課管轄の映像群である（第二次映像資料群：141 本／放送番組 104，それ以外 37）。この"群"の中心は「炭鉱」にはなく「観光」――とくに 1990 年代の「映画祭」「石炭の歴史村」などのイベントや施設のプロモーションの様子などにあった。現在はまだ，調査の過程にあるが，早速 2016 年 2 月の「映画祭」では，一部資料の上映が実現。ここで，映像による「地域」の歴史が繋がった。

第❸節　映像が語る，地域史の核心
――「中田鉄治」の姿を追う

　この 2 つの資料群を重ねることで，我々は「2 つのリセットボタン」の関係性を読むことができるようになった。それは，決して別々の出来事ではない。1 つ目のリセットボタンが押されたときに，既に 2 つ目のボタンは用意されていたのだ。そのカギを握る人物が，1979 年から 2003 年の 6 期 24 年にわたり市長を務めた中田鉄治である。

　財政破綻の直接の原因が，中田による独善的な自治体経営とその結果積み残された膨大な負債にあるということは，今や誰もが知るところである。しかし退任からわずか半年で鬼籍に入った中田の口から，その 3 年後に明らかになる破綻の理由を聞きだすことは不可能だ。とはいえなぜ彼は，このように無謀ともいえるような観光投資に走ったのだろうか。確かに，列島まるごとが「リ

ゾート開発熱」に浮かされたような時代ではあった。しかし単にその流れに乗っただけであるならば，この町がなぜ現在国内ただ一つの財政再建（再生）団体なのかを説明することはできない。

「ゆうばりアーカイブ」の資料群の中には，数多くの中田鉄治の姿を確認することができる。2010 年の映画祭の第 2 回「ゆうばりアーカイブ」で上映した『第一回黒ダイヤ祭り』(1964) には当時社会教育課長だった中田の姿が映っている。市長になったあとは，次々テレビをはじめ映像に，まるでそれが使命であるが如く露出を続ける。1981 年 8 月，1 つ目のリセットボタンの決定的なきっかけとなった北炭夕張新炭鉱ガス突出事故の 2 ヵ月前には，出来たばかりの「石炭の歴史村」の PR に余念がなかった（『ほっかいどう 7：30「夕張―わが谷は緑なり」』NHK）。彼は，『西部警察』(1984) や『仮面ライダー BLACK』(1988) にも役者として出演していたことで知られている）。しかしその一方で，深刻の度を極める事故から閉山への動向を伝える報道・ジャーナリズム映像には，ほとんどその姿を見ることができない。あまりに明白なコントラストである。

そのなかでもとくに注目すべき映像が 2 つある。一つは『飛翔（はばたけ）・ゆうばり』という夕張市が 1983 年に制作した広報映像，もう一つは北海道テレビ放送が 1993 年 4 月に放送した特番『ゆうばり，新発見！大発見』である。共通するのは，両者がともに「中田による，中田のための映像」と言わんばかりの市長の露出である。彼はさまざまなセレモニーの記録に「写り込み」，インタビューや議会演説で滔々と自説を述べるシーンが続く。

この 10 年のインターバルは，北炭夕張新炭鉱事故とその後の人びとを追った北海道放送のドキュメンタリー『地底の葬列』(1982 ～ 83) と『過ぎてゆく風景』(1993)，あるいは夕張出身であるディレクター今野勉による『地の底への精霊歌』(1993，NHK) が捉えた「10 年」でもある（水島 2011）。これらの映像には市長・中田は登場しない。そのことが，1980 ～ 90 年代の夕張を「パラレルワールド」として象徴的に表しているといえよう。中田がメディアを選んでいたのか，メディアが中田を選んでいたのか断ずることはできないが，この時期の夕張は「2 つの歴史的時間」を並行して刻んでいた。映像は奇しくも「2

図 4-1　飛翔・夕張

つの群」として存在することで，その溝の大きさを表してしまっている。

　彼の「立志伝」である『夕張市長まちおこし奮戦記』（青野 1987）には，中田はこの事故〜閉山期に，観光政策への転換に必要な財政的手当のため，政治的な動きに励んでいたと記されている。実際，中田は助役時代から脱炭鉱的な市政の中長期計画を何度となく書いてきた[3]。ある意味，彼にとっては「事故」はチャンスであった。『飛翔・ゆうばり』のオープニング・シーンのナレーションはそのことを端的に表している。「石炭を掘る活気が唸りとなって，夕張全体に満ち溢れていた全盛時代は，既に過去のものになってしまった」――このシーン以降，炭鉱の情景も鉱夫の姿も一切出てこない。まるでこの町の「炭鉱の歴史」を郷愁に封じ込めるかのような構成に閉じている。

　10 年後『ゆうばり，新発見！大発見』のなかで中田は言う。「炭鉱というのは大変に忙しい，男のロマンの町だった。（でも）炭鉱がなくなったら，（今度は）もっと文化的要素が十分ある町にしようというのが，この国際映画祭の意義」――中田は本気で「映画のストーリー，場面に出てくる施設，映画に出てくる道路や，映画に出てくる公園をつくろう」と考えていたのだ（四半世紀経った今日，その多くが無残な姿を晒すことになる）。

　この中田の「夢」を，市民の一定層が支持したがゆえの長期「政権」であった――これは事実である。しかし，生活の実質を支える産業構造の転換は，そ

3）最初の計画は 1967 年，中田が企画室長時に提出した「10 か年総合計画」（期首 1970 年）
　これは減産を打ち出した第 3 次石炭政策の年と重なる（水島 2016a）

の空間からはじき出される人びとの動きを遮ることはしない。「観光」という選択肢自体が，人びとの流動性を刺激し，夕張を巡る「眼差し」をさらに大きく揺さぶる。旧来の「内観」と「外観」の対立の上に，この町を出て行った人の「外からの内観＝ノスタルジー」と，行政が積極的に発信する「内からの外観」が交差し複雑化する様子は，この時期の夕張を取材した放送番組の数々が，その無数の亀裂によって歪んだメンタリティーを今日に伝えてくれる。

　映像は「現実と夢」の関係をよく表してくれる。人間は同時にその双方の場に生きることを余儀なくされ，しばしば双方の関係を混同する——「地域」はまさにその攻防の場であり，その捻じれた構造は，財政破綻後 10 年を経過した今日も解消されないまま「更新」され，映像群は互いにその歪みを指し示しつづけている[4]。

第❹節　運動としての「アーカイブ」
——「ゆうばり」から張り巡らされるネットワーク

　夕張市に残された映像「群」が，現代史資料として，このように複雑な意味を発することができる背景には，決して孤立せず，他のさまざまなアーカイブとの関係性のなかで，コレクションが形成されてきたからである。ゆえに，その関係性を記述する（アーカイブとアーカイブをつなげる）作業こそが，「地域」におけるアーカイブの価値を検証し，高めていくことにつながると筆者は考えてきた（水島 2013b）。

　まず，資料の 3 分の 2 を占める放送番組群について。これらは，各放送局や「放送ライブラリー（公益財団法人放送番組センター）」「NHK アーカイブス」が基本的に管理者として権利保有者への窓口機能を担ってきた。そのため夕張

---

4) たとえば 2016 年 8 月 27 日に NHK で放送された『NEXT　未来のために「子どもたちに希望を“破綻のまち”夕張の挑戦」』は，全国放送版と北海道ローカル版では，異なる編集がなされている。

市に保存されているものは現状，「私的に録画／ダビングされたもの」の域を出ず，活用は厳しく制限されている。そこから発生する問題・課題については後述するが，一方で，これらの公的・全国的なアーカイブ施設が公開している番組リストを用いて，特定の地域の報道や情報がナショナルなコンテクストのなかで，どのような扱いをなされてきたかを知ることはできる。

　たとえば「NHK クロニクル」という Web サービスでは，NHK の全国放送番組の過去から現在までを，「番組表ヒストリー」「保存番組」「NHK オンデマンド」「公開ライブラリー」の 4 つのタブから検索し，調べることができる。たとえば 2016 年 11 月 17 日時点で，「番組表ヒストリー」（最も大きなデータベース。ニュースを含み，かつ総合テレビから教育テレビ（E テレ），衛星放送を網羅している）を対象に「夕張」のキーワードで検索した結果リストアップされた番組データは 537——これは放送回数であり，番組数としては約半数の 239（うちニュースは 108），しかもローカルでの放送実績はこれには含まれない。

　このデータを年度別に見ていくと，10 本以上の番組が放送された年は僅かである。しかも 1981 年（31 本），82 年（23 本），83 年（10 本），85 年（21 本），2007 年（26 本），2016 年（10 本）と，「全国区」で取り上げられてきた「夕張」のトピックは，想像以上に限られたものであったことがわかる。「炭鉱事故」「閉山」「財政破綻」といったセンセーショナルなニュースと，そこを起点に制作されるドキュメンタリー，ルポルタージュが夕張の「外観」の塊を形成してきたのだ。

　反対に，このピークの年以外にも数的には多くないが「夕張を出た人の郷愁を誘う」ような番組「外からの内観」番組が放送されていることにも気づく（『新日本探訪「夕張・ミヨさんの夏」』（1991），『列島リレードキュメント「夕張から来たお笑い研修生〜大阪」』（1994）など）。もっとも，こうしたタイプの番組は「季節の話題」としてローカルのミニ枠などで放送される場合が多く，「NHK クロニクル」には記録されない。一方 1990 年の「映画祭」のスタートとともに，行政が発信する公式の「内からの外観」，すなわち観光資源の PR 番組も『ゆうばり発・朝までシネパラ』（1992）以外見当たらない。おそらく情報の性質上，

NHKよりも民放で，直接的に集客が期待できる北海道ローカルで専ら流されていたのであろう。

　現在のところ放送番組に関する情報については，NHKの全国放送データが「NHKアーカイブス」に集約されている以外は，網羅的に収集している機関は存在しない。しかしこのように部分的であっても，公開された情報と，地域アーカイブのデータを対照させることから「地域」の問題を相対的に考えるきっかけは，十分に生み出すことができる。

　こうした関係性は，「放送番組」に限らず，さまざまなメディア分類的な切り口からも見出すことができる。たとえば，戦前の9.5mm（パテベビー）映像はその重要なカテゴリーと言える。「青木コレクション」のなかでも，夕張本町4丁目の土木請負業・吉井義重が1930年代に撮影した映像群などが10数タイトルのまとまりをなしている。内容は家族を中心とした夕張での行事や旅行，土木建築工事の現場の工事記録などが中心。吉井は趣味も多彩で野球やテニス，スキーなどのスポーツや，美術，洋楽などに親しみ，「昭和の初めに夕張では珍しかったオートバイを駆って現場廻りをするとか，九粍半の撮影機で工事の記録をとるなど，他の同業者に例を見ない進んだ考えを持っていた」（吉井 1989：146）人物だったようだ。1941（昭和15）年に夕張町会議員選挙に立候補，その最中，43歳の若さで惜しくも逝去。戦後にフィルムは，ご子息から夕張市に寄贈された。

　この9.5mmフィルムは，1923年に初めて国内百貨店に展示され，26年に輸

図4-2　吉井義重映像（睦会婦人清水沢清遊）1936より

入業者・伴野商店（伴野文三郎）を中心に愛好会組織がつくられて，瞬く間に国内に約10万人のアマチュア・ユーザー（撮影者）が広がった。吉井もその一人である。吉井の作品は，帝国在郷軍人会夕張連合会制作の『夕張町防空大演習記念映画』（1932）とともに，石炭産業の近代化によって人口も急増し，道内屈指の発展の中，街の整備が急ピッチで進め

図 4-3　夕張町防空大演習記念映画

られていった時代，「夕張らしい生活環境」が形づくられていった過程を映し出している。同様に，全国から「発掘」されるパテベビーは，産業や交通の発展とともに人口集積が作られていった 1930 年代の社会の様相を，人びとの生活の目線で描き，伝えている（水島 2013a）。とくに約 200 タイトルのまとまった規模でデジタル保存されている小樽市総合博物館の映像からは，同時代の小樽・札幌から樺太までの北海道各地の様子を知ることができる（第 10 章参照）。夕張の映像群の意味は，これら「全国に遍在するコレクション」との比較・対照を通じて浮かび上がってくる。

　映された「内容」を手掛かりに，他のアーカイブ，コレクションされた映像との関係を見出していくこともできる。実際に「青木コレクション」には，夕張以外の炭鉱の映像が多数含まれている。大規模なビルド鉱として 1970 年代以降の合理化政策（第五次以降の石炭政策）において夕張の鏡となった三井三池鉱，三菱高島鉱などに関連した番組も録画されているほか，夕張以外の北海道の炭鉱に関わる番組，技術や労働者啓発に関わる映画などが保存されており，わが国の近代産業を支えた「石炭」をテーマとした映像アーカイブとして，今後，各地の炭鉱関係資料館とのネットワークの形成も期待できる。

　また「地域再生」を考える際にも，夕張の映像はさまざまなアジェンダのハブとなりうる。「二回のリセットボタン」によって「風景」を失った町というコンテクストは，特定の近代産業によってその基盤を維持してきた地方都市の課題を浮かび上がらせてきた——たとえばこれまで筆者は，蚕種業によって栄

えた長野県上田市や，漁業基地として栄えた宮城県石巻市，気仙沼市との映像比較を行ってきたが，そこからは，産業依存体制とグローバル経済の影響という，「特定の地域」に閉じることのない，超克しがたいわが国の近代化の課題を引き出すことができた。とりわけ東日本大震災によって，町の構造が破壊され「風景」を失った三陸地域の対比は，「その町で生活する意味」をどのように構築していくのかという「地域再生」問題の核心に我々を導いてくれる（水島 2012a）。

　このように夕張を核に，他の地域の映像コレクション，あるいはアーカイブを結びつけ，関係を見出していくさまざまな実践は，網羅性を旨とするナショナル・アーカイブの思想の対極に位置づけられる。それは，映像を見ること（アーカイブ体験）と，素材映像の発見と蓄積，さらには分析・研究を循環的に行う「運動としてのエコ・システム」というあり方を提起する。それは市民の参加によって，どのように構築・維持・運営されるべきか——地域映像アーカイブの課題は，そこに収斂していくように思われる。

第❺節　「ゆうばり」が提起する地域映像アーカイブの課題

　しかし，「運動としての地域映像アーカイブ」は，目に見える実態を伴わないだけに，極めて脆弱な存在である。なぜならそれは，その「映像群」をアーカイブと「みなし」，実践を動かしていく特定の人間の努力に依存する部分が大きいからである。本稿は最後に，その問題について考えていくことにしたい。

　そもそも「私的」に収集されたコレクションとアーカイブとを隔てるものとは何か。記録管理の連続性を唱える「レコード・コンティニュアム」の図式に従えば，アーカイブは「組織や個人の記録の総体」を指し，ドキュメント（作成）→レコード（取り込み）→アーカイブ（組織化）→アーカイブズ（多元化）に至る運動（プロセス）の「第三次元」に置かれている（Shepherd and Yeo 2003=2016）。ここにまず一つの大きな壁がある。

　一見文字資料などに較べると「とっつきやすく」「理解しやすい」ように思える「映像」だが，既に述べたように，実際は反対に，保存媒体特性に由来する「内容の把握しにくさ」「再生機器の限定」「再生時間」など，その資料価値に目が届きにくいといった物理的なハードルが，まずは対象群を集合体として扱う行為を阻害する。

　「デジタル化」は，何よりもそれを取り除く手続きといえる。青木コレクションは，とりあえず VHS という形態に統一されていた点において，作業に着手しやすい状態にはあった。しかし既に述べたようにダビングには 500 近いタイトルの再生総時間がそのまま必要となる。2008 ～ 2009 年の第一次作業は研究休暇と協力者が得られたため可能となったが，その後 2015 年に旧市立図書館から運び出された第二次資料群の調査については所在の確認から二年経っても，未だ作業のための十分な時間が得られていない。そこにこの作業時間を金銭的に解決できないもう一つの阻害要因が加わる――このコレクションが「私的に録画された番組」や「視聴用に譲渡された映像」を多く含むがゆえに存在する，権利上の壁が作業委託を阻んでいるのだ。

　こうした状況は，いわゆる「ダークアーカイブ」（保存を優先し，当面公開をしないアーカイブ）の認識を要求する。「ダークアーカイブ」は，もともと電子書籍の普及からその存在が指摘され，主に「バックアップ」としての役割が期待されてきた（植村 2014）。しかし突き詰めればそこには「アーカイブの構築主体」，すなわち「『著作物の権利保有者，あるいはそれを代理しうる者がアーカイブを成す責任がある』という考えは果たして自明のものなのか」という問いが提起されざるをえない。納本制度や，それに範をとるフランス国立視聴覚研究所（INA）等の映像アーカイブの考え方は，まずは「ナショナル・セクターが引き受け役となるべき」という原則に立つ。保存されるものが著作物であることが前提ならば，それには一定の妥当性があるだろう。しかし「映像」はその認識には回収されきれない。なぜなら「肖像権」の問題があるからだ。

　オフィシャルな映像アーカイブの実態は，まさにこのパラドックスの中にある。ナショナル・アーカイブとしての NHK アーカイブスは，2003 年以降すべ

ての全国放送番組を保存し組織化しているが，しかし公開については未だに全体の 1% にも至っていない。そこでは「著作権」よりも「肖像権」が大きな壁となっていることはよく知られている。成文法に依拠しない「肖像権」は，拒否権としての判例の積み上げによって，皮肉にもそのパーソナルな利害と放送の公共性の矛盾を浮き彫りにするに至っている。それはマスメディアの宿命であると言えばそれまでであるが，仮にそうならば，そこから切り離されたアーカイブ素材としての「映像」には，別の論理が適用される余地もあろう。

　たとえばこのパラドックスは，「利用者がアーカイブの構築主体たることの可能性」を問う道を拓きうる。そもそも「放送映像」の被写体たる個人が，制作・著作者である放送事業者（及びそのナショナルな組織体）を迂回して，自らの「肖像」の権利保全を求めねばならないというのも，回りくどい話である。元をただせば，パブリシティ権を除けば，マスメディア映像に取り込まれている姿，すなわち「肖像」において，その権利の主体的行使ができないこと自体が問題だ——「権利者」の利活用のフィールドは改めて措定しなければならない。

　その受け皿となる概念がコミュニティである。とりわけ「地域」コミュニティは，被写体の日常生活のリアルを構成する環境を成している。オギュスタン・ベルクの「風土」概念を援用し，また日本国憲法第 13 条の幸福追求権に基づき，筆者はこの請求権としての「肖像権」を「地域の肖像権」と呼ぶことを提唱してきた（水島 2011 2012a 2012b）。それは，映像と指し示すもの，認識主体と実在との手の届く時空間的距離のなかで，その「姿（イメージ）」を取り戻す実践（アクション）の根拠を示すのみならず，「地域」という集合性・組織性と，アーカイブの機能としての集合性・組織性とを重ね，意識化を促す契機となる。

　またこの権利概念は，「私的コレクション」に「アーカイブ」としての公共性を付与するという点で，地域の博物館・美術館，図書館，文書館等の施設が，資料に関する積極的な利用環境や条件を整え，「受け皿」として機能する可能性を拓く根拠ともなるだろう。「ゆうばりアーカイブ」の運動は，その目標に

向けてステップを踏んでいくためのアジェンダ提示の場に発展するはずだ。

　既に述べたようにプロジェクトの核となる映像資料群は，放送アーカイブを始め，さまざまなアーカイブとの対照関係の中にある。その理解から次の展開に踏み出すためには，「地域」と「ナショナル」との間の，あるいはアーカイブを組織する機関間のデジタル社会の公共性に関わるビジョンの共有とネットワークの構築が欠かせないだろう。おそらくそれは，「ダークアーカイブ」と公開が前提とされた（理念形としての）「ライトアーカイブ」の中間項を模索するアクションに間違いなくなっていく。それこそが，構築と研究の蓄積，そこに市民が参加していくアーカイブ実践の「循環（サーキュレーション）」が向かうべき目標となるのではないだろうか。

第5章

地域社会における近い過去の
歴史表象の意味[1]

浅岡隆裕

第①節　はじめに～問題の所在

　地域に関わる古い画像（本稿では写真といった素材を主に扱う）を目にする
機会が多くなったように思われる。目に触れる機会が増えたからといって，そ
うした画像が系統的にアーカイブされていることを意味するわけではない。む

写真 5-1

しろ特定の画像が撮影された文脈から引き離され
る形で，何かのビジュアル素材として用いられて
いる事例などがよくみられる。こうした場合に
は，当該の画像は"目を引くアイコン"として
アイキャッチ的に活用されているといえる（写真
5-1 は，展示イベントの告知チラシに個人の画像が使
用されている事例）[2]。

　そして都道府県単位の歴史系博物館，市区町村
単位で地域の歴史を展示する郷土資料館におい
て，過去その地域で撮影された写真が展示される
ことが多くなっている。近年では小学校の総合学

1）本稿でいう"近い過去"とは，その時代を生きた当事者の証言が得られるくらいの時期で，
　おおむね昭和初期から昭和30年代を想定している。
2）流山市立博物館　企画展「ちょっと昔のくらし」（平成29年開催）チラシ。写真キャプショ
　ンには，「小学1年生の女の子（昭和30年・流山町西平井にて）」という記載がある。

習の時間に「地域の生活」という単元があり，それに対応する形で，地域の公共展示施設で，昭和時代の生活資料とともに，当時，撮影された写真を展示することが多くみられる。そこでは特定地点の昔の画像が現在の姿と対比する形で提示されていたり，家庭で撮影された私的なスナップ写真が当地での生活を物語る素材として展示されている。そうした昔の写真を前にして，画像に映り込んでいる事物について年配者が子どもに語りかけたり，どこの場所で撮影されたのかをめぐって話し込んでいる大人たちを目にすることがしばしばある。

　一方，画像を収集し公的な記録として編さん・公刊したり，あるいは商業ベースで地域に関わる画像を集めた書籍や写真集が出版されるケースもある。この場合は，市区町村といった行政区域を区切りにしたものが多い。こうした刊行物の記述内容や収録されている画像自体が市区町村の公式的な「大きな歴史」として表象されることになろう。

　しかし，市区町村ほどの大きな単位ではないようなもっと狭いエリアに関わる「小さな歴史」を伝えるメディアも出現しつつある。すなわち，その地域内で撮りためられていた写真が公開されるといった事例がみられるようになってきた。こうした動きは公的な専門機関だけではなくて，さまざまな団体や個人といった主体による私的，あるいは集合的営為によっても表現やアーカイブ化が行われる事例となっている。

　本稿では，3つの具体的事例をもとにして，過去の画像をいま公開していく，その現代的な意義について検討していきたい。当事者は現代において過去の画像を提示するという行為についてどのような意義を感じているのだろうか。

第❷節　画像がもつ集合的記憶へのインパクト

（1）地域に関わる表象とアーカイブ

　当該分野についての先行研究を見ておきたい。

　地域社会における表象という点では,「地域メディア」研究の分野が存在する。おもにビジュアル,音声,文字などを単独もしくは組み合わせ,地域情報の発信を行うのが地域メディアである。これまでの地域メディア研究では,共時的なトピックの情報発信と流通に焦点が当てられることが圧倒的に多く,過去の画像に対して,正面から取り扱われることはほとんどなかったと思われる。現在についての地域メディアの表象や認識活動そのものは明らかになりつつあるものの,過去といった時間的にさかのぼる時代についての表象研究はあまり焦点化されてこなかったといえる。

　地域メディアでの生成・発信される情報の多くは,発信とともに霧散してしまう一過性のものであるという点では《フロー型》の情報提供であると分類できよう。一方,《ストック型》の代表例として,地域での画像のアーカイブが挙げられよう。地域メディア研究の領域では,この地域のアーカイブの研究については,ほぼ手付かずになっているといっても差し支えないだろう。

　地域映像アーカイブ自体の理論化と事例報告については,本書編著者である原田健一ら (2013) によるところが大きい。アーカイブは行政や国レベルといった公的領域において保存するという形からスタートしているが,米本らは,デジタルアーカイブを実施している市民団体へ聞き取り調査を行った (米本・栗原 2010：41-42)。それによれば,「市民デジタルアーカイブ」では,アーカイブ作りそのものが目的ではなく,地域情報化や地域ネットワーク形成などまちづくりに関わる活動が中心になっている。そしてアーカイブ活動は,まちづくりの新たなツールとして位置づけられ,期待されている。たとえば,歴史資料をもつ地域型コミュニティと,デジタル化の技術をもつテーマコミュニティが,古い写真を媒介に,ワークショップで協力してアーカイブ作りに取り組む可能性が指摘されている (米本・栗原 2010：41-42)。

　より具体的にこのトピックに言及している中村雅子らによれば,地域での貴重な歴史的・民俗的資料を保存,公開するなどの実践を行っている人がいるとしても,それらの実践は個々に行われており,あまり広く知られるものではない。そこで ICT の活用によって,このような相互の活動を可視化し,お互いの

コミュニケーションを増すものとしてのデジタルアーカイブの格好のツールであるとしている。さらにこうしたデジタルアーカイブの広がりは，ワークショップやイベントなどとつながり，連携できる点が強みである（中村他　2010：55）。

（2）より身近な郷土史を語る試み

アーカイブにつながるような自分たちのことを記録しておこうという動きに関連して「郷土史ブーム」という社会趨勢についても確認しておきたい。「自治体単位よりも狭い範域の歴史や民俗を公費で編纂した大字誌」について検討した高田知和によれば，こうした営みは全国でみられる事例であり，その魅力，当事者性，作る際の内的なルールについて指摘をしている（高田 2014）。

なぜ郷土史が語られるようになってきたのかについて，高田はいくつかの理由を挙げている（高田 2014：70）。まちづくり事業の一環，周年事業，周辺の地区が作っているからといった理由の他，その地区を含んでいる自治体史の中に，自分たちの地区のことがほとんど書かれていなかったからといった動機も考えられる。さらには，末本誠（2013）の指摘を受ける形で，「地域の変化」と「危機意識」を挙げている。すなわち自分たちが暮らしている地域が大きく変容してしまったという「地域の変化」と，現時点で記録を残しておかなければ次世代には残らないという「危機意識」である（高田 2014：70-71）。

しかし同時に，そもそものきっかけは，「案外気軽なものではないか」といった興味深い指摘がなされている。住民同士の何気ない会話のなかで「地域の変化」や「危機意識」が語られ，それが書物として刊行したいというところにまで発展していくのではないかという（高田 2015：71）。もちろん地域のことを記憶していこうという営み自体は現代に始まったことではない[3]。しかし近い過去について集合的な記憶との関わり合いで語られ，記述される機会が多くなっている点を確認しておきたい。

---

3) 歴史上のアーカイブ化の動向について武邑光裕（2003）に詳しい記述がある。

第❸節　写真集という媒体の事例

　次に，残存する過去の画像が，地域社会といった文脈のなかでどのように活用されているのかについて，3つの事例を引きながら考察を行う。3事例においてはいずれも地域社会についての過去の様子を伝える写真集が発刊されているが，その意味について考察を進めてみたい。

（1）群馬県桐生市：一人の写真家の作品の受容

　かつて「西の西陣，東の桐生」と呼ばれるほど織物産業で隆盛を誇った「織都・桐生」。昭和初期を一つのピークとして，高度経済成長期まで繁栄をしてきた織物産業は往時の勢いがなく，他産業も育っていないのが実状である。桐生出身者からは「桐生の人は過去の繁栄の記憶のなかで生きている」[4]との証言も聞かれる。桐生においては，昭和年代から続く遊園地・動物園，銭湯，蕎麦屋，そして操業はあまりされていないものの市内に数多く残る工場独特のフォルム「ノコギリ屋根」といったものを「昭和のレトロ」感を伝える観光資源として集客が図られている。

写真 5-2

　桐生市を訪れると，昭和年代の桐生市を撮影した画像を市内のあちらこちらで見かける。桐生出身の写真家・齋藤利江さんの作品である。写真5－2は，その最新刊の写真集「昭和30年代シリーズ1」の『おんぶの温もり』（2015）である。

　齋藤さんは写真好きの父に感化され

4）筆者の桐生出身の知人から類似の証言を複数得た。また桐生訪問時（2016年11月）に，利用したタクシードライバーから，桐生の繁栄の歴史が語られる文脈でこうした表現が聞かれた。

て写真を撮り始める。桐生市内での撮影の他，父親に同行して，茨城県大洗海岸など各地の撮影会にいった。作品のなかで代表的なアイコンになっているチャンバラごっこに興じる子どもたちの写真は，父親に同行したモデル撮影会時のものという。大人たちはカメラのレンズをモデルの女性に向けていたが，当時中学生だった齋藤さんは，撮影会の近くの岩山でチャンバラ遊びに熱中している子どもたちに興味を持ち，そちらを撮影したという[5]。

　プロの写真家を目指して入賞もしていたが，家庭事情で断念という背景もあり，撮影した画像がその当時，世に出ることはなかった。しかし齋藤さんが60歳になった時，父の遺品を整理している間に捨てられたと思っていた写真（中学・高校時代に撮りためておいたもの）のネガが見つかったことが転機になる。テレビ番組の出演をきっかけに，撮りためていた写真に関わる仕事が広がり，その活動範囲は桐生市内にとどまらずに国内で開かれた数多くの写真展や関連イベント，写真集の刊行などにつながっていた。

　齋藤さんの一連の写真作品は「昭和30年代の記憶」とうたわれており，明確な枠づけがなされている。地域のなかで，齋藤さんの写真コレクションが桐生市のかつてのようすを振り返る媒体となっているようだ。

　齋藤さんという撮影者の個人的な活動という域を超え，地域社会のなかでさまざまな賛同者の支持を得ているところにポイントがあるように思われる。すなわち，斎藤さんの活動を支援する組織として，「TOSHIE SAITO project」といった組織が2016年1月12日に形成された[6]。写真を媒介にして取り結ばれた縁で応援するサポーターが存在している。その中には，地元企業の経営者グループが存在し，そのうちの一人，地元運輸会社の社長の協力で大型コンテナ車を使用しての写真展示会も定期的に開催されている。また，齋藤さんを支える人の中には，地元では知られたデザイナーもいて，この方は齋藤さんの初期の写真集『足尾線の詩』(2001)を最初に買い求めた縁で知り合い，写真展示の構成や写真集の紹介文の作成にも関わった。そしてプロジェクトの紹介パンフ

5）2017年4月22日に行った齋藤利江さんに対する聞き取り調査より。
6）Webサイト「ギャラリー錦」https://www.gallerynishiki.com/

レット[7]も，別のデザイナーの厚意で作成されたものだという。

　市内の蕎麦屋，スパゲティ屋，パン屋，市民協働センター（公共施設のコワーキングスペース）などに，齋藤さんの写真が常設展示されている。市内のギャラリー各所でも期間限定の写真展が何度も開かれた。いずれも齋藤さんの写真にシンパシーをもち，地域で支えるというモチベーションがかいまみられる。

　その紹介パンフレットには，「昭和30年代の記憶」といったことがはっきりとうたわれており，斎藤さんの代表的な写真が「桐生っ子」「足尾線・足尾銅山」「あの頃の群馬」「あの頃の東京」といったジャンルに分け掲載されている。Webサイトでも公開されている作品を閲覧することが出来，活動の最新情報などが得られるなど，ここでは，撮りためておかれていた写真を核に，さまざまな方向への展開が見て取れる。

　TOSHIE SAITO projectの活動目標として，「齋藤利江の貴重な作品を文化振興やまちの活性に寄与することを目的とした活動」とされている。斎藤さんは桐生市で活動を続ける理由について，あるインタビューのなかで語っている。

　　「私は桐生生まれの桐生育ち。他に何もできないけど写真で恩をかえしたいと思っています。昔は道を歩けば機織りの音が賑やかで，人が活気にあふれていました。歴史ある街だからこれからも何か大きな可能性を秘めていると思うし，笑顔の溢れる活気あるまちに絶対なると信じています」（ココロ日和編集部 2017：8）。

　この文章には，齋藤さんのかつての桐生イメージが含まれており，また筆者の聞き取り調査のなかでも，桐生には「有名デパートが軒を連ね，日本の生産高の2割を占めていた時代もあった」といったような，かつて繁栄ぶりが語られていた。

　被写体になっているのは，桐生やその周辺地域（足尾線），東京などである。

---

7) TOSHIE SAITO PROJECT『昭和30年代の記憶』パンフレット

齋藤さんは，報道写真のリアリズム路線（土門拳や木村伊兵衛といった写真家）の影響を受けた結果，土門拳の写真集『筑豊のこどもたち』にならい，"桐生のこどもたち"を撮影しようと思った。桐生市内での子どもに関する写真の点数が多く，そうしたものに対する引き合いも多いという。齋藤さんの Web のコラムでは，子どもに対する見方として，「今振り返るとまさに子どもの時代だったのです」「昭和 30 年代は決して豊かではないけど，皆明るく元気でした」といった記述がみられる。

　昭和 30 年代に撮影された作品は，自身の手で「労働」「子ども」「風呂敷」「東京」といったジャンルごとに整理されており，最新刊『昭和 30 年代シリーズ 1』の『おんぶの温もり』(2015) に続く第 2 弾も考えられている。写真集として発刊する意味としては，個別の写真に対しては撮影時点のことを鮮明に覚えているが，記録しておかないといずれ忘れ去られてしまうことに対する不安があるからとのことである。

　齋藤さんの昭和 30 年代観としては，「30 年代はよい時代だった。家族の一体感があり，家族で支え合っていた。子どもが手伝いをすることは当たり前だった」（店番など親の手伝いをする子どもの写真モチーフが多い）。そして，オリンピックに向けた一体感や希望があった時代（現在はオリンピックを前にして「同じような時代状況にあるが，昭和 30 年代とは雰囲気が大きく異なる」）といったことが語られた。

　齋藤さんの写真を見た観客の反応としては，写真に映り込んでいる細部から，今では失われてしまった風景や風俗（おんぶなど）を読み取っているという。写真を見た人が「これは自分である」と名乗り出てくることがあったり，写真のなかで写っている人物が特定されることがあるといったように，撮影対象と作品の近さを物語るエピソードが聞かれた。写真を見て，実際には全く関係ないはずだが，「これはまさに自分だ」という人がいる。チャンバラに興じている子どもの写真に自身の体験を重ねあわせるといったことが，こういった発言の背後にあると思われる。

　昭和 30 年代をリアルに体験した世代，あるいは体験していない世代でもこ

うした子どもが元気に遊ぶ姿やその表情の画像を繰り返し見ることで，その受け手の集合的な記憶が形成，定着していくことにつながっていくであろうことは十分に想像される。

（2）東京都国立市：市公式写真を住民が編集。市制記念に合わせ写真集発刊

　2017 年 4 月に国立市市制施行 50 周年を記念して写真集『くにたち あの日，あの頃―写真に見る少し昔のくにたち』が刊行された。発行主体は，国立市の外郭団体である公益財団法人 くにたち文化・スポーツ財団となっている。表紙に使われている写真は，国立を代表するロケーションである国立駅を大学通りから眺めるという構図である（写真 5-3）。

　この写真集に掲載されたものは，町役場の時代から蓄積された写真で，被写体は「土木工事とか，行事，生活変動が主であり」という。それらは自治体の広報誌に掲載する目的で撮りためられていた写真という性質＝公的な記録という目的をもつがゆえに，人びとの日々の生活を記録しておこうという写真では

写真 5-3

ない。しかし，「写真の構図の片隅に残る人びとの生活の痕跡がうかがえ，今となっては時代の証人ともいえる貴重な被写体も含まれている」との評価もされている[8]。この写真集は，昭和 30 年～40 年代までの約 15 年間に絞り，この時期に生じた都市化とインフラ整備に伴い，大きく変容した国立市の歴史を伝えるものとしての意義が強調されている。巻末の年表も昭和 30 年から始まっている。

　今回詳細に取り上げている 3 事例のうちでは，これは国立市という行政区域全体をカバーする

「大きな歴史」に寄り添って展開されているといえるが，写真集の編集自体は，市民に委ねられてきたことで特異な性格をもつものである。

　写真集刊行の経緯を辿る。町役場から市役所に至る行政『広報』紙面向けに撮影された素材が市役所内に保管されていた。その扱いについて郷土資料館に相談があり，郷土資料館に移管されることとなった。資料館側では，画像をデジタル化しつつ，時代区分など大まかな整理作業を施した。枚数としては万単位で存在しており，寄託を受けた郷土資料館側でも，この活用について悩み，市民団体に整理と調査を依頼した。

　こうした写真集の成立の経緯については，編集を担当した「国立まなびあるきの会」の代表による記載かつ，巻末（「編集を終えて」）にある。興味深いのは，写真集に掲載するカットの選定基準についてであり，

　① 主な被写体以外にもなるべく多くのものが写り込んでいること，

　② 現代との乖離が著しい場所であること，

　③ 一地域の同種の写真が偏在しないこと，としている。

　補足すると，①については，先述の通り，焦点を当てた対象以外に当時の風俗が写り込んでいるカットを優先したと理解できよう。②は新旧のイメージのギャップが読み手に与えるインパクトを慮ったものであり，比較すれば同地の様相が一変してしまった例が数多くみられる。③は半ば公的な写真集ゆえの配慮といえよう。

　昭和30年代の写真が多かった理由としては，この時期に国立市のインフラが整えられといったことであり，今後は昭和45年以降の写真集編集の機会を待ちたいと結ばれている。

　この写真集について，表書きでは「日本の高度経済成長期と呼ばれる時代のくにたちを紹介している」とし，写真集の意義として「古い写真を眺めていると，過ぎ去った時代を懐かしむものを見出すことができるが，そこには私たちが得たものと失ったものが折り重なるように記録されているのではないだろうか。身近な画像媒体としての写真は，時間の経過のなかで歴史の証人となり，私たちが忘れかけたものを呼び覚ましてくれる」。これにより，「くにたちのま

ちの歴史と，一人一人のくらしを振り返る機会を得ていただければさいわいである」（くにたち文化・スポーツ財団 2017：2）としている。ここでいう「失ったもの」と「忘れかけているもの」と記述されたものは何であろうか。

　写真集のなかで失ったものとして具体的な記載があるのは，「のどかな風景」「国立スカラ座」（くにたち文化・スポーツ財団 2017：50），「昭和ノスタルジーの代表格ともいえるオート三輪。廉価でありながら悪路に強い特徴を活かし，戦後の復興に大いに活躍した」（くにたち文化・スポーツ財団 2017：61）といった写真の解説などである。しかし，結局，失ったものと忘れかけているものは提示されず，読者の想像力に委ねられるようである。

　繰り返し語られるモチーフは，「水との戦い」であり，当時の排水下水整備事情が整っていなかったせいか，降雨後の水浸しになっている画像が数多くみられる。先述の座談会でも繰り返し，「水との戦い」が取り上げられており，高度経済成長期を経て，いかにドラスティックに国立市が変化していったのかが語られた。そして公式写真でありながらも，個人商店が並ぶ市内各所の商店街の賑わいのようすも見受けられた。

　この写真集発刊に合わせるように，高度経済成長期の国立市の風景を写真で振り返る企画『くにたち　あの日　あの頃』という特別展示が 2017 年 4 月から6 月までくにたち郷土文化館で開かれた。写真の下には見比べられるようにと，現在の街の様子のほか，撮影場所の地図も展示された（朝日新聞 2017a）。

（3）東京都板橋区：かつてのまちの様子を地域住民が自費出版

　地域住民の手によって，過去の写真が編集・刊行された事例が挙げられる。板橋区赤塚新町という地域に絞っての画像記録『赤塚新町の昭和』（2017 年自費出版）である。

　赤塚新町の住民が町会の回覧紙『温故知新』のために集められた写真をもとに，編集主体であるクラブ・ジャビーの昔の写真を持ち寄ってまとめられたものである（写真 5-4）。

　クラブ・ジャビーとは，地域内にある小学校の父親の会（「ジャオクラブ」）

のOBが中心となり，40〜60代の幅広い世代の男性に加えて，女性も参加メンバーとなっているグループである。地域でのさまざまなイベントへの参加，四季折々の交流会，スポーツ・ハイキング・演奏活動など，多彩な活動領域をもつ。グループの理念としては，「これまでも，そしてこれからも子供たちの健やかな成長を願い，地域の発展のための一助になりたいと思っている」（クラブ・ジャビー

板橋区
赤塚新町の昭和
Akatsuka-Shinmachi no Showa　　成増／赤塚／［地図］田柄

写真 5-4

2017：64）としている。ジャオクラブの設立10周年を記念しての事業として，この写真集の発行が考え出され，およそ10ヵ月あまりの作業で刊行までこぎつけた。編集の実務を担当した近在のグラフィックデザイナーは，「並べる順番や写真の大きさを決めるのには悩みましたが，仕事のように編集上の制約がないので，作りたいものを楽しく作らせてもらいました」（月刊かっせ編集部 2017：5）[9] と述べている。

　写真は地域内で撮影されたものの，現在では大きく様子が異なるために，どこで撮られたのか手がかりが全くないものも含まれている。「今も面影があって場所を特定できる写真もたくさんあります。高度経済成長期の急激な変化のなかでも，穏やかな時間が流れていたこの町の雰囲気をよく表しているような気がします」（クラブ・ジャビー 2017：64）。そして期待されることとしては，「この本を手にした読者が，赤塚新町の歴史に思いを巡らせ，さらに愛着を感じられる助けになれば幸いです」（クラブ・ジャビー 2017：64）と結ばれている。

　表紙の画像は，外国車が掲げられており，かつて戦後の一時期にこの地にあった米軍の一大住宅地を背景としている。いかにもいかつい感じの外国車で

9）筆者が行ったクラブ・ジャビーの企画担当者への聞き取り調査（2017年6月3日）でも同様の話を伺った。

ある。この写真集のなかで大きな位置づけを占めるのは，巨大な米軍住宅であった「グラントハイツ」の外側に広がっていた個人商店の様子が撮影されたものである。写真集本文の記述ではないが，チラシでうたわれていることとしては，「今では見ることが出来ない懐かしい情景がいっぱい！」「戦後は米軍施設グラントハイツの玄関口として賑わった」といった説明書きがある。

　それぞれの写真ごとにタイトルはつけられているものの，何なのかといった説明書はなく，読み手が写真についてある程度の予備知識を持っていることを前提としている。写真集の後には座談会の記録も掲載されており，「町の隣にアメリカがあった」という50代から70代までの地域住民5名の座談会と，戦前の様子を70代〜80代の古老2人に聞く「さらに時間を遡って」で構成されている。とくに，このインタビューでは，グラントハイツが出来上がる前，戦時中，同地に存在した陸軍の成増飛行場から話が始まり，純農村だったこのあたりの変貌の発端が語られている。

　筆者が行ったクラブ・ジャビーのコアメンバーへの聞き取りのなかで語られたこととしては，米軍の施設というと負のイメージや記憶があることも類推されるが，グラントハイツは米軍人の家族住宅であり，また米軍関係者が当地で買い物などをして地元にはかなりの金額が落とされたようで，当該地域ではあまりマイナスの感情がなかったという。そうした背景もあり，大きな変革要因となったグラントハイツを一つの核として，こういった地域の歴史を記録にとどめておこうといったことにつながっているのではないか。

　収録されている画像の年代については，「昭和10年以前」「20年代」「30・40年代」「50年代以降」といった括りであるが，「昭和30・40年代」の箇所が手厚く，とりわけ30年代の写真が多く収録されていることが目につく。表紙の裏の導入部分の説明を読むと，戦前に光が丘に建設された陸軍成増飛行場は戦後武装解除され，跡地はいったん以前の農地に戻すことになったが，昭和22年米軍家族宿舎建設に計画変更され，その翌年グラントハイツが完成し，赤塚新町はその正面入口になった。そして「グラントハイツには米軍関係者用の1400戸を超える住宅が建ち，その自動車や電化製品に囲まれた生活は周辺

住民にとってカルチャーショックだったに違いありません。川越街道には正門付近を中心に英語の看板を掲げた店舗が林立し，近隣にも米軍関係者が住むための住宅が点在したそうです」（クラブ・ジャビー 2017：2）。こうした記述を裏づけ，補強するかのように，車や英字の看板を掲げた店舗が軒を連ねている様子が収録されている。なお，グラントハイツ内の様子は，公刊されている他の写真集やインターネットのサイトで見ることができるために，ここからは外されたといった事情がある。

　この写真集について，編集主体側は，「懐かしむだけでなく，子どもや新しい住人たちが赤塚新町の歴史を知るきっかけになれば」（朝日新聞 2017a）といった発言をしている。付言しておけば，この写真集は自費出版のかたちで印刷部数 500 部とし，採算はあまり考慮されていなかったようである。朝日新聞で取り上げられたことなどをきっかけとして，かつて住んでいた住民や，「他地区で郷土史をまとめたい」という人からの連絡などがあったという（月刊かっせ編集部 2017：6）。

第❹節　事例からの示唆とまとめ

（1）事例からの示唆

　いずれの場合にも，昭和時代の写真を一から収集したのではなく，まとまった画像が利用可能な形で手元に得られ，それを編集・公開すること自体に意義が感じられている。

　さらに共通するのは，昭和時代のなかでも，とくに昭和 30 年代という時間軸が主に採用されている点である。昭和 20 年代はほとんどなく，こうした時間軸の採用によって，昭和 30 年代といった区分が「特権的なポジション」を占めるに至るのである。

　そして編集作業は共同して行われており，公刊，流通する過程も集合的行為

によって支えられている点でも共通性が認められる。ここでは，何か目的志向的に作業が進められたというよりも，その過程自体が大変さとともに楽しみの場であったことも容易にうかがえる。

　写真集は，地域固有の物語が共有される場所となっている。それぞれの地域では，その土地にまつわる代表的なエピソードとともに，画像が取り上げられている。逆に言えば，撮影地や背景が不詳なカット，取り立てて特色のない平板なカット，そして全体のストーリーラインに載らない画像は採用されない可能性がある。

　写真集は，表現装置＝メディアと位置づけられるであろう。事例2の「くにたち」については，編集の主体と，刊行の主体が異なっている。過去に撮影された膨大な私蔵写真，あるいは何かの目的によって定点的に撮りためられているが，そのなかで所蔵の引き受け手を探し当てているケースは，ほんの一例でしかないと思われる。もっと具体的にいえば，いわゆる「団塊の世代」が鬼籍に入るようになることによって，膨大な所蔵画像が破棄されたり，日の目を見ないままお蔵入りしてしまう（そして永久に公開されないであろう）。

　アマチュア写真家が撮りためた私的画像のコレクションは，その美的な価値を認められて，何かのきっかけによって世に出ることはあろうが，こういった幸運なケースは極めてまれなことであろう。そういったケースにしても，撮影された時期が現在に非常に近い時代であることから，歴史資料的な価値が同定されるためにはしばらく時間を待つしかないことも容易に想定される。

　資料となるものを保存し，整理，文脈を与えていく行為＝アーカイブ化と定義すれば，費用面，作業負担面で考えるならば，すべてを特定の専門機関が担うということは現実的ではないと思われる。こうした構図は，現代史の展示や郷土史の出版とどこか似ているように思われる。自分たちの地域に対するかけがえのなさが実感されているなかで，資料が散逸する前に記録しておこうという動きが各地でみられ，地域の画像アーカイブ化も連動しているのではないか。市史など郷土史に匹敵するほどではないが，小さな地域社会で，地域やそこに暮らしている人びとの営みから無数のアーカイブが立ち上がっていく将来

を想定しうるだろう。

　しかしこうしたアーカイブ化や編集といった集合的営みを個人的な自発性や
熱意といったボランティア精神に依存しているだけでは，一時的な取り組みに
とどまってしまう可能性が高い（浅岡 2016）。デジタル革命の結果，比較的安
価に編集（ここでは機器的な操作に重点が置かれている），公開することがで
きるようになってきている。インターネット上の点的な動きが野火のように広
がるなかでは，これを面的にネットワーク化していくことが継続のための担保
になるのではないか。

　専門家が担っているパブリックな部分と，それをカバーしきれないところを
アマチュアがカバーする，このような相互補完的な役割分担のなかに，地域の
アーカイブが成立しうると考えられる。重要なことはこれら市民が編集・発信
したものやアーカイブは，地域メディアとしての役割を担いうる点である。地
域情報アーカイブは，サイバースペース空間の遍在化のなかで，そこにおける
新たなコモンズとしても構想しえるだろう（山崎他 2009：40）。

　デジタルアーカイブは誰を対象とするものだろうか。こうした仕組みやプ
ラットフォームを整備しさえすれば，すぐに利用者が現れて，使いこなしてく
れる…といった楽観的な見方は，一昔前の地域情報化の議論を想起させるもの
である（浅岡 2016：27-29）。

　地域社会へのまなざしは，年代によってある程度の違いがみられることが容
易に想像される。「地域の歴史，過去の出来事や生活ぶりなどについての関心
はどの程度持たれているのか」について調査した結果 [10] によれば，関心がある
人は全年代平均で 4 割弱存在する。図 5-1 から明らかなように，高齢者では
「ある程度関心がある」といった回答まで含めると半分近くとなり，中年層の
36％，若年層の 30％と，年代によって大きな差が生じている。

10）昭和時代についての認識やイメージの構造を探ることを目的に一般人（インターネット
　　パネル）の調査を実施した。調査対象者は，国勢調査に基づく人口実勢に近似させて，調
　　査対象パネルから構成された。調査期間は 2016 年 9 月であり，回収標本 1,000 サンプル。
　　2014 〜 2017 年度 科学研究費助成（基盤研究 C「現代日本における昭和ノスタルジア志向
　　の実証的研究」研究代表；浅岡隆裕）

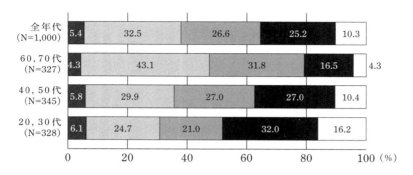

図 5-1　年代別にみた地域の歴史についての興味・関心度
出所：研究費助成を受けての浅岡らの独自調査による。報告書近刊予定

　郷土史ブームの中で，これまでみてきたようなビジュアル的な資料の収集と
公開の動きは広がると思われる。団塊の世代を始めとする高年層人口が確実に
増加しており，自分たちの生まれ育った地での懐かしい記憶に触れたいと思っ
ているからであろう。

　そして地域の歴史についての興味・関心度はかなり低いと想定していた若年
層でも３割近く関心保持者がいることに留意しておきたい。若年層はデジタル
機器に親和性が高いことを想起すれば，デジタルアーカイブが積極活用される
ことで，若年層の興味・関心を喚起する一つの手段となることは十分に考えら
れよう。

(2) 結びにかえて

　過去の画像が何かまとまりを持って表象される時には，一種の“メディア”
としてみることは十分可能であろう。本章では，写真集という媒体が地域社会
といった文脈のなかでどのように活用されているのかについて，３つの事例を
引きながら考察を行った。

　まず全体を通して，集団の営為として写真集の編集と発行が行われているこ
とに注目してきた。個々人の作業ではなくて，当該地域に縁のある主体によっ

て，そのグループや地域のなかで共有されている基準により，写真集が形作られている。極めて解釈的な行為がなされているといえ，画像を通して，共有すべきストーリーが紡がれているといっても差し支えない。

　その集団内で共有されていた編集方針の一つに，過去のことを扱いながら，「なつかしい」といった単なる回顧だけに終始しないようにするといったことが挙げられる。現代につながる過去の地域の様子を知ってもらい，新しい時代や未来を見据えるといったこと，あるいは地域の愛着や結びつきをより深めてもらう手段として写真集を活用しようとしている。

　3事例においてはいずれも地域社会についての過去の様子を伝える写真集が発刊されているが，過去といっても満遍なくというわけではなく，昭和 30 年代の写真が中心となっている。他の昭和年代よりも明らかに掲載枚数が多く，顕出性が高い。

　この背景にあると考えられるのは，それ以前の昭和 20 年代には撮影機器が普及しておらず素材そのものが少なく，機器が普及し始める昭和 30 年代以降には，撮られた写真が物理的に多く残存していることがまず考えられよう。

　さらにいえば，30 年代の写真は編集上の意図で他の年代よりも高い割合で組み込まれていることも挙げることができよう。昭和 30 年代の当該地域固有の要因と関連づけられて，写真が選択されているのである。結果的にではあるが，そうした 30 年代の要素が現在に至るまでの当該地域変容の主な要因として語り継ぐものとされており，それを記録しておこうという動機のなかで，昭和 30 年代の写真が多くなっていると考えられる。

　ところで写真集の発刊だけでは，流通面での到達範囲という点では広がりに欠くことも事実であろう。やはり私的なスナップ写真と同じで，写真集が個々の所有者に私蔵されて，あまり多くの人の目に触れられない可能性も高いからである。デジタルアーカイブとして公開し，リアルな場での展示や地域の過去をめぐるワークショップやイベントの実施などを通じて，地域社会のなかでどのように共有化できるのかが，こうした営みの今後の課題となるのではないか。

第 6 章

地域ネットワークの
集積拠点（ハブ）を構築する
——アーカイブと大学の連携活動から

板倉 史明

第**1**節 　地域連携とアーカイブ

　映像のデジタルアーカイブを構築して公開するためにはどのような作業が必要であろうか。まずはデジタル映像のコンテンツをあつめ，それらのコンテンツのメタデータを収集し，データベースに入力してカタロギング（目録化）することであろう。デジタルアーカイブのコンテンツのなかには，もともとデジタルカメラで撮影・記録された"ボーンデジタル"の映像も存在するだろうが，おそらく 2018 年の段階で集積されることになるコンテンツの多くは，もともと映画フィルムやビデオテープ等に記録されたいわゆるアナログコンテンツをデジタルデータに変換したものに違いない。したがって，デジタルアーカイブを構築するためには，アナログ時代に支配的だった映像メディアである映画フィルムや磁気テープのアーカイビング（収集・保存・調査・カタロギングなど）を充実化させることがきわめて重要である。換言すれば，アナログアーカイブとしてのフィルムアーカイブの基盤整備なしには，映像のデジタルアーカイブの充実化はないといってもよい。

　現状において，デジタルデータはアクセスや検索といった利便性の観点からアナログ資料に勝っていると多くの利用者にみなされている。しかしアーキビストたちにとって，デジタルデータは映像を長期的に保存して後世に継承してゆくメディアとしてはいまだ不十分である。アメリカのアカデミー映画芸術協

会が報告書『ザ・デジタル・ジレンマ』(2007) で指摘したように，主流となるデジタルフォーマットが数年ごとに変化してゆく現状においては，アナログ資料をデジタル化してデジタルアーカイブを構築してもなお，オリジナルのメディアとしての映画フィルムを廃棄してはいけないのである（もちろんハリウッドの映画監督ジョージ・ルーカスがドキュメンタリー映画『サイド・バイ・サイド──フィルムからデジタルシネマへ』（クリス・ケニーリー，2012 年）で発言したように，私たちがよりよいデジタル技術を求め続ければ，それは将来的に生まれるのかもしれないが）。

　本稿は，神戸市長田区に所在する神戸映画資料館 (Kobe Planet Film Archive) という民間のリージョナル・フィルムアーカイブと，研究・教育機関としての神戸大学との約 5 年 (2013 年から現在まで) にわたる連携を振り返ることによって，フィルムアーカイブと大学との協働のあり方を，双方がもつ〈資源〉の〈循環〉という観点から具体的に検討したい。結論を先取りすれば，映画フィルムおよび映画関連資料（ノンフィルム資料）を収集・保存・公開するフィルムアーカイブと，研究を推進してその成果を教育および社会へ還元することを責務とする大学の研究者は，それぞれが得意とする領域を〈資源〉として相手に提供し，たがいに補い合うことによって双方がともに発展してゆくという〈資源〉循環のサイクルを生み出すことが可能となるだろう。

　2007 年に設立された神戸映画資料館は，もともと 1970 年代から館長の安井喜雄が収集した映画フィルムとノンフィルム資料のコレクションがベースになっている[1]。2017 年 3 月時点で約 17,000 本以上のフィルム（所蔵フィルムの詳細については後述）を収蔵している日本屈指のフィルムアーカイブである。

　これまで神戸映画資料館は，国内外の主要な映画祭に所蔵フィルムを貸し出したり，国内外のフィルムアーカイブに所蔵フィルムを提供したり，国内外の研究者に所蔵フィルムや関連資料を閲覧させるなど，世界の映画界に多大な貢献をしてきた。しかしながら，神戸映画資料館の専属スタッフは館長の安井と，

---

1) 安井喜雄の経歴やコレクターとしての活動については，（安井・笹川 2013：19-106）を参照。

写真 6-1　神戸映画資料館エントランス　　写真 6-2　神戸映画資料館収蔵品倉庫

支配人の田中範子の二人のみで，神戸大学との連携をはじめた 2013 年には，所蔵フィルムの網羅的なカタロギングおよび調査活動を担当するスタッフが不足している状況であった（その後，神戸映画資料館のフィルム資料は文化庁の「美術館・歴史博物館重点分野推進支援事業」の助成を得て，2017 年 3 月の段階で，全所蔵フィルムの基礎調査が完了した）。いっぽう，神戸大学には筆者を含めて映画を研究する人材は複数いるものの，大学付属の博物館やアーカイブは大学内に存在せず，研究に必要な映画フィルムやノンフィルム資料は，外部のフィルムアーカイブや図書館・資料館などの協力をえなければ進めることはできない状況であった。つまり，映画フィルムやノンフィルム資料は収蔵しているものの，調査やカタロギングの専任スタッフが不足している神戸映画資料館と，映画の研究者はいるものの，研究するための具体的な資料を収蔵していない神戸大学という，双方のニーズが存在していたのである。

　このような状況下において試みられたのは，双方がお互いのニーズを補完しあうという枠組みの構築である。神戸大学は神戸映画資料館の資料を研究活用させてもらい，その際に資料のカタロギングや内容調査の作業を行って，その調査成果を神戸映画資料館に還元する。いっぽう神戸映画資料館は，神戸大学に対する所蔵資料の閲覧や研究活用についての体制を整備し，所蔵資料の研究活用をアシストすることによって，所蔵資料のカタロギングが進展するとともに，研究成果が広く社会的に公表されることで神戸映画資料館のプレゼンスを向上させるという，双方のニーズを満たすような“循環”の枠組みの構築を目

指したのである。

　なお，そのような循環の仕組みを制度的・経済的に支えたのは，神戸大学が地域コミュニティとの連携を深めて地域に根ざした大学作りを進める「地域連携事業」という制度である。神戸大学は 2003 年に地域連携推進室を設置し，神戸市および兵庫県の各自治体，組織，団体などとの連携を深めていった。地域連携推進室は神戸大学の教員向けの公募プロジェクト「地域連携事業」を毎年実施しており，筆者は 2013 年度以降この事業に採択され，神戸映画資料館と神戸大学との連携活動を継続・強化させている。

第❷節　アーカイブ資料を研究資源に変えること

　フィルムアーカイブに収蔵されているさまざまな資料は，はじめから研究のための〈資源〉として生まれたわけではなく，もとは別の用途で生産・流通・使用されていたものが，最終的にアーカイブに保管されたものである。映画フィルムの場合，もともと映画製作会社が利益を得るために製作し，映画館で上映されたモノであるが，その後，製作会社や配給会社が外部に売却したり，廃棄したりして，最終的にフィルムアーカイブに収蔵されることが多い。あるいはノンフィルム資料であれば，もともと映画製作のプロセスのなかで生み出され，使用されたモノ（たとえばシナリオ，セット図面，宣伝用に制作・使用されたスティル写真やポスターなど）が，最終的にアーカイブに収蔵されることが多い。

　映画フィルムの製作者（著作権者）の元を離れたフィルムを「オーファンフィルム」（孤児のフィルム）とよぶことが増えてきた。オーファンフィルムとは，狭義の意味においては，著作権者（親）が不明であるために著作権処理できず，上映や複製などの活用ができない状態の映画フィルムのことを指す。しかし映画研究者のゾーエ・デュルイックと映像作家のゲルダ・カマーによれば，アメリカのコンテクストにおいてオーファンフィルムの概念はより広義の意味で

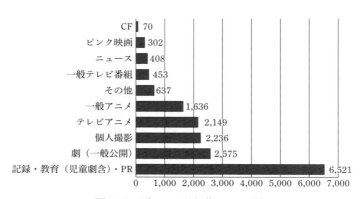

図 6-1　ジャンル別収蔵フィルム数

提供：神戸映画資料館（2017 年 3 月時点）

使われており，「メインストリームの商業システムの外側に存在するメディア
——アマチュアの，オルタナティブな，教育的な，エスノグラフィックな，実
験的な，政府製作の，産業の，インディペンデントな，医療の，非劇場用の，
訓練用の，スポンサーが付いた，小型映画フォーマットの，無声の，学生の，
時代遅れになった，未公開の，アンダーグランドの」映画をも指すという。「つ
まり，オーファンフィルムとは，破棄され，無視され，消失しそうになってき
たフィルムすべてである」[2]と定義している。

　神戸映画資料館が所蔵する多くのフィルムは，他の多くのフィルムアーカイ
ブと同様に，まさに広義のオーファンフィルムの概念に当てはまるものであ

---

2) Zoë Druick and Gerda Cammaer. Cinephemera：Archives, Ephemeral Cinema, and New
　Screen Histories in Canada. (Montreal：McGill-Queen's University Press 2014)。3-4。ゾー
　エ・デュルイックとゲルダ・カマーは，オーファンフィルムよりさらに包括的な概念とし
　て「エフェメラルシネマ（はかない映画）」という用語を使っている。美術史において「エ
　フェメラ」とは，美術作品以外の短命で消えてしまうパンフレットやチラシなどを指す。
　またオーファンフィルムを考える上での基礎文献として，フィルムアーカイブの第一線
　で活躍するアーキビストであるパオロ・ケルキ・ウザイが 1999 年にサウスカロライナ大
　学開催された「嵐の孤児シンポジウム——デジタル時代の"オーファンフィルム"救済」
　（1999 年 9 月 23 日）の場で口頭発表したものがあり，現在翻訳で読むことができる。パオ
　ロ・ケルキ・ウザイ（石原香絵訳）「オーファンフィルムとは何か」（NPO 法人映画保存協
　会ホームページ：http://filmpres.org/preservation/translation06/。アクセス日：2018 年 1
　月 8 日）。

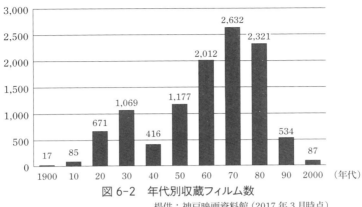

図 6-2　年代別収蔵フィルム数

提供：神戸映画資料館 (2017 年 3 月時点)

る。神戸映画資料館が 2017 年 3 月の段階で公開した所蔵フィルムの概要を見てみよう (図 6-1，図 6-2)。ジャンル別では，記録映画・教育映画が 6,521 本と最も大きな割合を占めており，続いて劇映画 (2,575 本)，アマチュア映画などを含む個人映像 (2,236 本)，テレビアニメーション (2,149 本)，一般アニメーション (1,636 本) となっている[3]。たとえば 6,521 本を数える記録映画・教育映画のなかには，戦後に膨大に製作された教育映画や視聴覚教材用の短篇映画，企業を紹介する産業映画や PR 映画などが数多く含まれている。また，アマチュアが撮影した映像作品やホームムービー，そして大手映画会社の外側で製作・配給・興行が行われてきた成人向けピンク映画のフィルムなども，神戸映画資料館の重要なコレクションを形作っている。それらのオーファンフィルムは，従来の一般的な日本映画史のなかでは積極的に取り扱われてこなかったジャンルばかりであり，これまで研究対象として認識されることもあまりなかった。

　このようなオーファンフィルムたちが集まる神戸映画資料館と神戸大学との連携において試みられたのは，これまで周縁化され研究対象として認識されて

---

3) そのほか，「一般テレビ番組」(453 本)，ニュース映画 (408 本)，ピンク映画 (302 本)，コマーシャルフィルム (70 本)，その他 (637 本) となっている。これらのデータは 2017 年 3 月時点のデータで，神戸映画資料館から提供してもらった。

こなかったオーファンでローカルな資料の価値を積極的に見出すことであった。オーファンフィルムに研究資源としての意味と価値を見出し，それらの価値を研究論文や研究発表という形で公開することは，同時にそれらの資料を収蔵している神戸映画資料館のプレゼンスを広く社会に示すことにもつながる。たとえば，これまで研究対象として取り上げることが困難であった戦後の学校向け教育映画について，地元神戸のプロダクションが製作していた作品に着目したり，あるいはロケ地や物語の舞台に神戸が選ばれている作品に着目したりすれば，「神戸」というローカルで郷土史的な観点からそれらの教育映画作品に新たな価値を付与することが可能となる。あるいは，プロフェッショナルな映画の歴史から排除されてきたアマチュア映画作品やホームムービーのフィルムは，これまで無名の映画制作者による技術的に稚拙な映像として，研究的価値のないものとして捉えられることが多かったが，近年ではそれらの映像にローカルな歴史資料としての価値を見出して再評価することも増えてきた。それらは，たとえば既に失われてしまったローカルな風景や建造物として，そして祭りや式典といった地域のさまざまな記憶が刻み込まれたものとして，独自の価値が認められるようになってきたのである。

　筆者および共同研究者たちが神戸映画資料館との連携のなかで重視していたもう一つの点は，研究者が神戸映画資料館の資料にアクセスして研究を進める場合に，できるだけ調査成果を神戸映画資料館に還流させるという点である。オーファンでエフェメラルな（短命ではかない）フィルムのなかには，連携プロジェクトを開始した2013年の段階において，詳細な作品データが作成されていないものが多かった。研究者はそれらを研究活用する前段階として，フィルムの整理・分類・目録の作成を可能な限り実施し，フィルム調査終了後にはメタデータを付与した目録を神戸映画資料館に提供することを目標とした。そうすることによって，神戸映画資料館は今後それらのフィルムを活用する際，容易にフィルム情報を検索することができる。ここにアーカイブと研究者が保持する（得意とする）〈資源〉を提供し合うという〈循環〉の枠組みが構築されたといえる。

　以下本稿では，筆者が神戸映画資料館と実施してきた 2 つのプロジェクトを
解説することによって，今後のアーカイブと大学の連携の可能性を検討すると
ともに，今後のデジタルアーカイブを構築するための方向性を提案したい。

第❸節　ローカルな映画史から浮かび上がる新たなナショナル映画史

　これまで日本各地で活動してきた郷土映画史家たちによって，緻密な郷土映
画史が記述され，蓄積されてきた。著名な映画書籍のコレクターであった辻
恭平が日本各地の映画関連書籍を網羅した『事典　映画の図書』を紐解けば，
彼が「地方史」と分類した映画書籍群を確認することができる（辻 1989：157-
161）。そこには東京の郷土映画史に特化した書籍も含めると，計 54 冊の書籍が
リストアップされている。映画産業の中心であった東京の郷土映画史書籍を除
いた場合でも，北海道，山形，岩手，秋田，宮城，福島，石川，福井，神奈川，
岐阜，静岡，愛知，三重，大阪，兵庫，京都，岡山，徳島，福岡，熊本の各
都道府県に特化した郷土映画史が刊行されてきた。なお，『事典　映画の図書』
は 1989 年に刊行された書籍であり，それ以降も多くの郷土映画史本が刊行さ
れている。

　神戸映画資料館と神戸大学が試みたのは，神戸映画史というローカルな映画
史のさらなる開拓である。さらにいえば，神戸というローカルな映画史に微細
に着目することを通じて，最終的に従来のナショナルな映画史では捉えられな
かった新たな知見に到達することが目指された。

　国際港湾都市として多文化的な特色を有する神戸は，エジソンの覗き見式映
画であるキネトスコープが日本ではじめて公開された都市であるとともに，新
開地というかつて日本有数の興行街だったエリアが存在する都市でもあり，さ
らには映画批評家・淀川長治を生み出した都市としても知られる。これまで神
戸映画史については，『神戸新開地物語』（のじぎく文庫 1973）や，『神戸とシネ

マの一世紀』（神戸新聞総合出版センター 1998）などの，研究が蓄積されているが，神戸映画史はまだまだ開拓できる領域がたくさん存在する。

　神戸大学と神戸映画資料館の共同プロジェクトにおいては，神戸映画資料館が所蔵する映画フィルムやノンフィルム資料を「神戸」という観点から捉え直し，研究資源としての新たな価値を付していった。たとえば神戸映画資料館が所蔵する膨大な映画館プログラムのなかから神戸の映画館が作成したものをピックアップし，研究者に資料整理と研究活用をお願いしたり，あるいは，神戸の風景や史跡などが記録された記録映画やホームムービーを調査して，撮影場所や撮影時期などを特定する作業などを実施した。

　このプロジェクトが円滑に展開した背景には，神戸映画資料館が 2007 年の開館時から構築・蓄積していた地域との人的ネットワークが存在した。2009年から神戸映画資料館を会場にして実施されてきた「神戸ドキュメンタリー映画祭」（2017 年から「神戸発掘映画祭」に発展）の実行委員会に筆者が参加することによって，神戸市および長田区の地域コミュニティとの密接な連携が可能となった。また，地域の情報が集積されているローカル新聞『神戸新聞』の記者の協力を得ることで，神戸映画史の研究成果が記事になったり，記者自身が神戸映画史の新たな側面を開拓する連載記事「キネマコウベ」（2015 年から 2016年まで月一回）へと展開した。さらには，神戸市がこれまで集積してきた写真資料を管理しデジタル公開している「神戸アーカイブ写真館」の協力を得ながら，映画学者や歴史学者などとともに神戸映画史の調査を進め，毎年，神戸映画史や地域映像に関するイベントを実施して，研究成果を広く社会に還元した[4]。つまり神戸映画資料館が，大学と地域とを結びつけるハブ（集積拠点）として機能しているのである[5]。

---

4) それらの活動の詳細は，神戸ドキュメンタリー映画祭（現在は神戸映像アーカイブ実行委員会）のホームページを参照されたい（http://kobe-eiga.net/kdff/ アクセス日：2018 年 1 月9 日）。
5) 2013 年に神戸の郷土新聞である『神戸又新日報』（1884 年～ 1939 年）のマイクロフィルムが神戸大学大学院人文学研究科と神戸市立中央図書館の共同プロジェクトでデジタル公開されたことも，神戸映画史の調査をこれまでよりスピーディーに進めることができた大きな理由である。

　神戸映画史の開拓を進めることで見えてきたのは，ローカルな映画史の細部に分け入る作業を進めることによって，ナショナルな映画史のなかで従来解明されてこなかった映画史の領域に，新たな光を当てることが可能となるという点である。ローカルな映画史研究を進める際のメリットの一つは，地方新聞や各地域の資料館・文書館などに蓄積されている地域の豊富な一次資料を活用することができる点である。したがって，全国規模で発行されていた大手映画雑誌や大手新聞には掲載されていない各地域の具体的な情報にアクセスできるというメリットが生まれる。そのことを最も強く感じたのは，2017 年 3 月に神戸大学と神戸ドキュメンタリー映画祭実行委員会の共催で実施した神戸映画史研究イベント「神戸映画史・外伝」のなかで，吉原大志（歴史資料ネットワーク事務局長）が，「1930 年代前半における神戸および関西の弁士争議」という研究発表を行ったときであった。吉原の発表は，戦前の神戸における最大の興行街であった「新開地」において，サイレント映画からトーキー映画へ移行してゆく 1930 年代前半に発生した活動弁士や楽士たちの争議に関する歴史学的な研究であった。吉原は，神戸映画資料館所蔵の映画館プログラム，『神戸新聞』や『神戸又新日報』などの地方新聞，そして法政大学大原社会問題研究所が所蔵する当時の関西における労働争議の一次資料などを駆使して，これまで全国レベルの弁士争議の記述からほとんど見えてこなかった映画館経営と労働争議の実情について，神戸の新開地というローカルな興行街に特化すること通じてはじめて具体的に解明することに成功した。とくに映画館における組織編成や役割分担，そして徒弟制を採っていた弁士たちの関係などは，ローカルな映画史の細部に分け入ることによってはじめて浮かび上がってくる映画史の断面であるといえよう。

　今後の展開の可能性としては，各地域で生み出された（あるいはこれから生み出される）郷土映画史の成果を統合してゆく作業である。先述したように，これまで各地域で郷土映画史が刊行されてきたが，残念ながらそれらの郷土映画史のあいだの有機的な関係性が見えてこなかった。いうまでもなく大手映画製作会社は大都市から地方都市にまで全国に映画館を建設して興行のネット

ワークを構築していたのであり，一つの都市の映画興行は，近隣都市との興行ネットワークのなかで俯瞰的に考察する必要がある。たとえば京都・大阪・兵庫は同じ関西圏の興行ネットワークとしてとらえ，産業的・人的・物的なつながりのなかで考察すべきであろう。

　近年ようやく映画界における産業的な側面に注目した研究が生まれつつあるが（谷川 2016），全国規模の配給・興行ネットワークを解明するには，各郷土映画史の成果を統合させる必要がある。今後，映画研究者は各地域の郷土史家や歴史学者との領域横断的な連携が必要になってくるだろう。

第❹節　アマチュア映画と地域映像

　神戸映画資料館と神戸大学との5年間の連携活動において最も大規模に展開したプロジェクトは，アマチュア映像を積極的に活用した地域映像とそのアーカイビングに関する研究である。アマチュア映画およびホームムービー研究は，1990年代に映画誕生100周年を迎えたころから英語圏の映画学の分野において活性化したが，日本においては映画学の分野だけでなく，地域映像の発掘やアーカイビング活動，さらにはメディア論的なコンテクストから近年多くの研究が生まれている（那田 1992-2002，西村 2006，冨田 2012：100-118，水島 2015：15-49，松谷 2013：45-57，後藤 2014：109-137，原田・石井 2013）。神戸映画資料館には，アマチュア映画文化が本格的にはじまった1920年代後半から1980年代までのアマチュア映画フィルム（8mm，9.5mm，16mm）を約2000本所蔵している。アマチュア映画のなかには「作品」として編集されたものだけでなく，家庭の様子を収めたホームムービー（多くは未編集）もたくさんあるが，神戸大学との連携がはじまって以降，それらの本格的な整理作業と研究活用がはじまった。

　神戸映画資料館には，戦前の関西アマチュア映画界の重鎮であった森紅の9.5mm（パテベビー）フィルムが20作品以上残されており，2013年以降，松

谷容作を中心にフィルム調査・カタロギング・研究活動が進められた（第 11 章参照）。

　森紅は前衛的な抽象映画，劇映画，記録映画，アニメーションなど，多様なジャンルの作品を製作して国内外のコンクールで受賞した作家である（松谷 2014：12-14）。日本で 1920 年代末から 1940 年代前半にかけておもに使用された 9.5mm フィルムは，現在フィルムを安全に映写することのできる映写機がなかなか調達できないため，映像を動画として確認することができない。そのため，神戸大学の地域連携事業の予算を活用してフィルムのテレシネ（デジタル化）を行い，フィルムの内容調査を実施した。その成果は毎年度末に公開研究会を神戸映画資料館で実施して披露したほか，デジタル化したアマチュア映像の上映会も実施することで，調査・研究成果を広く社会に還元・共有することができた。研究会と上映会のあと，東京国立近代美術館フィルムセンターが神戸映画資料館所蔵の森紅のフィルムについて，オリジナルの 9.5mm フィルムから 35mm フィルムに拡大焼付（ブローアップ）した複製物を収集することになり，さらに森紅のフィルムはフィルムセンターを窓口にして 2015 年のオーバーハウゼン国際短編映画祭に出品され，日本のアマチュア映画作家のパイオニアと称される荻野茂二とともに，その作品は神戸から広く海外にまで紹介されることになった。リージョナルなアーカイブのフィルムが，大学との研究プロジェクトを通じてナショナルな領域へ，さらにはインターナショナルな領域にまで展開していった例である。

　いっぽう地域の歴史が記録されたアマチュア映像やホームムービーに関する研究は，国内のさまざまな研究者と共同で進められている。とくに本書に執筆されている原田健一，水島久光，松谷容作との協力のもとで，2014 年から毎年 3 月に公開研究会を神戸映画資料館で実施しており，外部の研究者やアーキビストを招聘して地域映像のアーカイビングやアマチュア映画についての活発な議論を行っている（以下は実施日とイベント名）。

　（1）2014 年 3 月 1 日・2 日：大学・地域・連携シンポジウム ── 映像，ア

　　　　マチュア，アーカイヴ

（2）2015 年 3 月 21 日：イメージのサーキュレーションとアーカイブ

（3）2016 年 3 月 26 日・27 日：映像アーカイブと地域連携

（4）2017 年 3 月 20 日：デジタル・アーカイブス——地域映像サミット[6]

　特に 2017 年のシンポジウムは，各地域で活動する映像アーキビストの方々に報告をしてもらい，議論を行ったほか，日本とアメリカのアマチュア映画研究の成果を融合させる試みも行うことで，アマチュア映像と地域映像の研究が，日本国内から世界の映像文化のコンテクストへと展開しつつある。また興味深いアプローチとして，水島久光は，アマチュア映画のホームムービーのなかに「映像作家」としての映像表現のスタイルの特徴——たとえばカメラを固定させて対象をじっくりと記録しようとしているのか，あるいはカメラを常に振り回して自身の周辺の全体を視野に収めようとしているのか——を抽出し，そこから撮影者が特定されていないフィルムの作者を推測するという分析を行った（水島 2014）。

　アマチュア映像の調査・研究のプロセスのなかでとくに重視されたのは，モノとしての映画フィルムの調査方法や，フィルムが入っている紙箱やメモなどの周辺資料の分析方法を洗練させることであった。とくにプライベートな目的で撮影されたホームムービーのフィルムの多くは，いつ，どこで，誰が撮影したのかという情報が映像から判読できないことがほとんどである。そのため，フィルムがいつ製造されたのか，どのカメラで撮影されたのかといったフィルムの物理的特徴の分析が重要になる。また，フィルムが入っていた紙箱に手書きされた撮影者によるメモ書きの調査を通じて，アマチュア映像の内容に関する情報を収集してゆくことも必須の作業である。その調査には，現在実際に映画フィルムを取り扱っている現像所・IMAGICA ウェストの郷田真理子に協力

6）これらのイベントの詳細は以下の神戸映画資料館のホームページを参照されたい（http://kobe-eiga.net/program/2017/03/2869/　アクセス日：2018 年 1 月 9 日）。

を得ることができた[7]。今後は，郷土史家や歴史学者の協力を得ながらそれらの地域映像の内容について分析してゆく必要がある。

第❺節　おわりに
——地域のハブとして機能するアーカイブと大学

　　博物館を単にモノの貯蔵庫や一方的な表象の装置としてではなく，そこに立場を異にするさまざまな人びと，さまざまな機関が集い，相互の交流と啓発を重ねるなかで，過去の文化を創造的に継承し，新たな文化と社会を構築する装置として活用すること。いわば，博物館をめぐる人と機関のネットワークを通じて，新たな世界を作り上げること（吉田 2014：220）。

　上記の引用は，文化人類学者の吉田憲司が，今後あるべきミュージアムの姿について記した言葉だが，神戸映画資料館という場は，まさに「さまざまな機関が［神戸映画資料館に］集い」，「過去の文化［映画フィルムやノンフィルム資料］を創造的に継承し…活用する」ことによって「新たな世界を作り上げる」場として機能している点において，世界でも稀有なフィルムアーカイブであるといえよう。そして神戸映画資料館と神戸大学との 5 年に渡る連携活動が結果的に目指してきたのは，地域のネットワークと知をつなぎあわせ，そしてそこで生みだされたものを発信する中継地点（ハブ）を構築することだったのかもしれない。アーカイブと大学が，互いに必要な資源を提供し合い，それらの資源が循環することによって，新たな経験と知が生み出され，それがさらに他のアーカイブや研究者へと広がってゆく。本稿では一つの具体例として神戸の例をあげたが，全国あるいは世界各地でこのような枠組みの連携活動は実践可能であろう。

7）アマチュア映画やホームムービーのフィルム調査については，（郷田 2013：95-109）

　冒頭で述べたように，今後映像の研究や活用を行うための素材は，アナログ的なフィルムではなく，デジタル映像である場合が多くなることは間違いない。実際，9.5mm フィルムに記録されたアマチュア映画の研究を進めるためには，フィルム映像のデジタル化が必須の作業である。ただし同時に，映像のメタデータを蓄積するためには，スクリーンやモニターに映し出された映像コンテンツの調査・分析だけでなく，その映像が物理的に記録されているモノとしてのフィルムそのものの分析や，フィルムが入れられていたフィルム缶や紙箱といった，アナログ的な基礎調査も必須の作業である。その意味において，やはりデジタルアーカイブを構築・活用するための前提として，アナログメディアの充実したアーカイビング作業が必要不可欠であり，この部分こそ，大学や研究者がリージョナルなフィルムアーカイブに対して貢献できる重要な役割であるといえるだろう。本稿がフィルムアーカイブと大学との間に構築される〈資源の循環〉の促進につながるヒントになれば幸いである。

第 7 章

エフェメラメディアを凝視する
—— 萬年社アーカイブ・CMデータベースの事例から

石田佐恵子

第❶節　はじめに

　筆者が「映像アーカイブ」構築に携わるようになって 10 年ほど経つ。自身はメディア研究を専門にしているが，映像アーカイブ構築への志向性は「資料主義」という研究トレンドと深く結びついている。この間，デジタルアーカイブ学が一つの専門領域として立ち上がり，著作権など検討課題の複雑性も増し，一方ならぬ困難を感じ続けてきた。そこで本章では，筆者自身が構築に係わってきた「萬年社アーカイブ・CM データベース」を事例に，映像アーカイブ構築における困難と，それを踏まえての研究上の可能性とを論じたい。

　最初に，ここで言及する「萬年社アーカイブ」の全体像について概説する。本書はさまざまな「映像アーカイブ」を扱うことを共通目的としているから，萬年社アーカイブのなかでもとくに「ビデオテープ類」に焦点を当ててデータベース構築の次第を詳述する。その上で，萬年社アーカイブ・CM データベースの研究利用上の価値について，他の CM データベースとの対照チェックを試みながら論じてみたい。最後に，本来エフェメラメディアである CM 映像をデータベース化した時に生じる，映像資料とそれを見る側との関係の質的変化についても考えていきたい。映像資料とそれを見る側との関係は，社会の中に蓄積されていく映像のありようが変容していくなかで必然的に問題化されるものであり，あらゆる映像アーカイブ構築が同種の問題を潜在的に抱えているものと思われる。

第❷節　萬年社アーカイブ（萬年社コレクション）とは

　萬年社とは，1890（明治 23）年に，高木貞衛（1857 〜 1940）が大阪で創業した広告代理店である。『大阪毎日』『大阪朝日』の二大紙と特約を結び，両紙が全国紙に成長するとともに取扱高を増加させ，大正期に急速に拡大した。また，大阪の売薬，化粧品などの企業との取引を中心に，全国の地方紙にも業務を拡大して全国的企業に成長し，電通，博報堂と並んで日本を代表する広告代理店として長く有力企業であり続けた。同社は創業時から広告研究に熱心で，広告主に意匠，文案，マーケティングなどを幅広く提案するサービス業としての「広告代理店」スタイルを確立していく先駆けとなった。第二次世界大戦後は，ラジオ CM，テレビ CM や企業 PR 活動にも多く展開してきたが，新聞広告から新時代の広告への移行に苦しみ（川戸 2012），業界の東京一極集中がますます進んで行く中，1999 年に，自己破産によって約 110 年にわたる歴史を閉じた。

　「萬年社アーカイブ」とは，萬年社旧蔵の広告資料群のうち「大阪本社内に不作為に残された資料」を指している。倒産の際に，同社が所有していた内外の広告資料・文献・ビデオテープ類等，膨大な資料群の「全体」は明らかではない[1) が，その「一部」が大阪経済界の有志によって買い上げられ，大阪新美術館建設準備室（旧：大阪市立近代美術館建設準備室）に寄贈された。それ以降，それらの旧蔵品は，1）図書類，2）引札類，3）紙・印刷資料，4）ビデオテープ類，という 4 つの資料群に区分されて扱われてきた。

　萬年社倒産から 10 年後の 2009 年，大阪市立大学文学研究科を中心とした研究チームが同資料群の調査研究プロジェクトを開始，上記の 4 分類のうち，3）紙・印刷資料，4）ビデオテープ類を調査・整理し，約 5 年間かけて目録を

---

1) 現在の萬年社アーカイブはすべて，倒産時に大阪本社内にあった収蔵品である。萬年社コレクション調査研究プロジェクト報告会の際の聞き取りによると，東京支社にあった多くの資料は行方知れずであり，110 年の歴史のなかでもとくに重要な意味をもつ第二次世界大戦中の資料は，敗戦時に焼却処分されたという。今後，元社員や縁の者が保管している資料が追加で発見される可能性も高いと思われる。

表 7-1　萬年社アーカイブ（萬年社コレクション*）

	大分類	中分類	箱数（資料点数）
1)	図書類	大阪新美術館建設準備室が管理	
2)	引き札類	大阪新美術館建設準備室が管理	
3)*	萬年社の収集物	大型古資料	152 箱（9,954 点）
	内部資料	社　史	21 箱（610 点）
	実務資料	企業別ファイル	24 箱（204 冊）
		イベント資料	11 箱（312 点）
		広告作品	2 箱（57 点）
		営業活動	13 箱（376 点）
	ポスター類	古ポスター	169 点
		1990 年代ポスター	266 種
4)*	ビデオテープ類	映像・音（CM）	204 箱（8,636 点）

＊大阪市立大学 萬年社コレクション調査研究プロジェクトでは，3）と 4）を「萬
年社コレクション」と呼び，Web データベースを構築している。

筆者作成

完成させた。「萬年社アーカイブ」には，明治期から 20 世紀末までの長期間に
及ぶ実に多彩な多数の資料群が含まれているが，大阪市立大学文学研究科「萬
年社コレクション Web データベース」では，3）紙・印刷資料を 8 つの下位目
録に分け，4）ビデオテープ類の目録とともに掲載している[2]。

　「萬年社コレクション」の目録分類と概数は表 7-1 の通りである。上述のよ
うに，「萬年社アーカイブ」全体には，「萬年社コレクション」の目録に加えて，
1）図書類，2）引札類の目録が追加される予定だが，それらの目録は Web 上に
はまだ公開されていない（2017 年 8 月現在）。大阪新美術館が開館する 2021 年
度（予定）以降は，同館のアーカイブ資料の柱の一つとして，4 つに分類した
資料群をまとめて検索できる仕組み「萬年社アーカイブ[3]」を構築し，検索可

[2]　萬年社コレクション・ホームページ　http://ucrc.lit.osaka-cu.ac.jp/mannensha/　開始当初
　　のプロジェクト・リーダーは，土屋礼子（当時：大阪市立大学文学研究科教授，現：早稲
　　田大学政治経済研究院教授）。メンバーは，竹内幸絵（当時：大阪メディア文化史研究会，
　　現：同志社大学社会学部教授），菅谷富夫（当時：大阪市立近代美術館建設準備室，現：大
　　阪新美術館建設準備室），石田佐恵子（筆者）。
[3]　「萬年社アーカイブ」とは，その資料を所有する大阪新美術館建設準備室による「アーカイ
　　ブ事業」の一部としての呼称。これに先行する，大阪市立大学大学院文学研究科による調査
　　研究プロジェクト（2009 年〜）では，これらの資料を「萬年社コレクション」と呼称してき
　　たが，全体を包括的に捉える名称として，ここでは「萬年社アーカイブ」と呼んでいる。

能な仕組みと共に管理・公開する予定となっている。

第❸節　萬年社コレクション VT 類目録の作成

　以下では，表 7-1 の 4)「ビデオテープ類（以下，VT 類）」目録について詳述する。2009 年に萬年社コレクション調査研究プロジェクトが開始された当初，萬年社収蔵保管物のうち，VT 類として分類可能な箱は 203 箱であった。すべてのカセット類を 1 点 1 点確認しながら，同時に，カセット 1 点を一つの資料として扱い本体に番号を振り，エクセルファイルにデータ入力していった（図 7-1）。データ入力した項目は，カセットの種類，表書き（カセット本体にメモ書き等で記されている文字情報），添付されているさまざまな文書の文字情報，写真などの追加情報である。

　この際，オリジナルの資料箱に入っていた内容物をフィルムやテープの種類別に入れ替えて再整理することは行わず，雑多な種類の VT 類が混在している箱についてもそのままとした。また，データ入力作業が完了した順に番号を振り，VT1 から VT203 まで，箱本体に貼られた番号とデータベースにおける番号とが一致するように入力を行った。2010 年にデータベースが仮完成したのちに，新たに小さな資料箱 2 つが発見されたため，それを一つにまとめて

写真 7-1　VT 類整理作業の様子

VT204 とした。この VT1 〜 204 の資料番号は，そのまま Web データベースで検索可能な数字となっている。

　VT 類に含まれるカセット数は次のような内訳である。まず，204 箱の中に入っていた資料総数は 8,645 点である。そのうち，(a) 映像用テープやフィルム類は 4,218 点，(b) 音源や音楽テープ，カセット類は 4,219 点，(c) その

表7-2 萬年社コレクション ビデオテープ類 概要

資料分類	資料小分類	カセット点数	小 計
(a) 映像資料	16mm フィルム	1,935	4,218
	35mm フィルム	56	
	1インチ VTR	1,243	
	βカム	24	
	VHS テープ	365	
	ベータテープ	25	
	U マチック	444	
	その他	126	
(b) 音資料	6mm オープンリール	3,743	4,219
	カセットテープ	212	
	ドーナツ盤	264	
(c) その他	写真など	208	208
合 計		8,645	8,645

筆者作成

他／写真など 208 点であった。それぞれのカセットの種類別内訳は，表 7-2
の通り。(a) 映像資料／映像用 16mm フィルム（1,935 点），映像用 35mm フィ
ルム（56 点），1 インチ VTR（1,243 点），β カム（24 点），VHS テープ（365 点），ベー
タテープ（25 点），U マチック（444 点），その他（8mm フィルム，D2-VTR など）（126
点），(b) 音資料／音楽用 6mm オープンリールテープ（3,743 点），カセットテー
プ（212 点），市販品・サンプルなどのドーナツ盤レコード（264 点）である。

　こうして，8,645 点すべての資料について，その表書きと種類等の詳細情報
をデータ入力し，「大阪広告史データベース 萬年社コレクション ビデオテープ
類目録」として 2010 年 2 月に Web 上に公開した。その後，同時並行して作業
を進めていた「大型古資料」「社史目録」など他の分類資料の目録を完成させ，
Web 上の統合検索が可能になるよう構築し，データ修正を繰り返して，最終
的に 2015 年 3 月にすべてのデータベースを完成，公開した。

第❹節　デジタル化作業，CM データベースの構築

　萬年社コレクション VT 類目録を Web 公開した後，デジタルアーカイブの作成を目指して，VT 類のデジタル化作業を順次開始した。フィルムやテープのデジタル化には膨大な予算が必要であるため，デジタルアーカイブ構築を考える際に，デジタル化の優先順位や分量を確定する判断をしなければならない。広告代理店・萬年社の保有資料であるから，当然，VT 類の内容物の大半は「テレビ CM」や「ラジオ CM」であろうと推測された。個々のカセットの表書きにも，商品名やメーカー名などが記されているものが多数含まれていたからである。萬年社コレクション VT 類は，表 7-2 のように「映像資料」と「音資料」に分類可能なので，映像資料をデジタル化したものを「テレビ CM データベース」，音資料については「ラジオ CM データベース」として整理を始めた。

　2010 年代前半に筆者がこのデジタル化作業に取り組もうとした時，既に仮完成していた先例に，京都精華大学「放送初期 CM データベース[4]」がある。当時，筆者は京都精華大学テレビ CM 研究会に所属し，招聘研究員として同データベースにアクセス可能な環境にあった。将来的には複数の CM データベースを横断的に検索可能なシステムとして展開できるように，「萬年社テレビ CM データベース」は「放送初期 CM データベース」の設計に倣って構築した。図 7-2 は，市販ソフトのファイルメーカー（ファイルメーカー社）を用いて作成した検索画面である。検索結果を一覧表にする機能や，映像をクリック一つで再生する仕組みが備わっている。

　図 7-2 に表示されている内容を細かく記述していくと，スポンサー／セー

---

4) 3 つのプロダクション（TCJ，さがスタジオ，ハイスピリット）の制作 CM，約 10,000 件のデータベース。京都精華大学全学研究センター（旧表現研究機構）が中心となって資料をデジタル化し，データベース化した。データベース制作責任者は，高野光平（茨城大学）。2007 〜 2008 年度に開催された「テレビ CM 研究会」の内部研究資料。教育・研究利用に限定で運用されている。その成果は高野・難波編（2010）を参照のこと。

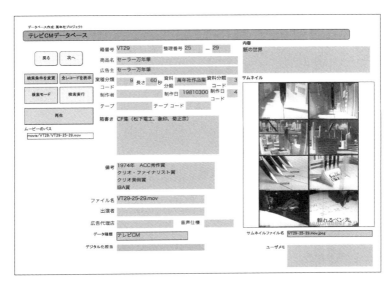

図 7-1　萬年社　テレビ CM データベース　検索画面

筆者作成

ラー万年筆，商品名／セーラー万年筆，1974 年制作[5] の 60 秒 CM である。媒体／U マチック，資料箱番号／VT29，整理番号／ 25-29。これはすなわち，29 番箱に収蔵されていたカセット「25」をデジタル化したところ，多くの CM が含まれていたため，CM 毎に切り分けてデータベースに収録した，その 29 番目という意味である。なお「25」は 1 〜 48 まで整理番号が振られているので，デジタル化ののち 48 件の CM に切り分けされたことがわかる。備考欄／ 1974 年 ACC 秀作賞，クリオファイナリスト賞などとあるが，これは添付リストの文字情報を入力したものである。また，表書きには「萬年社作品集」と表記されている。この例のように，表書きによって内容物が明確にわかるカセットを優先的にデジタル化していったため，当初は「テレビ CM データベース」「ラジオ CM データベース」という分類に矛盾はなかった。

5）制作日欄には 19810300（1981 年 3 月）とあるが，これは，この作品集が編集されて制作された日付けであり，個々の CM 制作年は備考欄に記されている。

　しかし，デジタル化作業が進むうち，VT 類に含まれている映像が必ずしもテレビ放送された CM だけではないことがはっきりしてきた。図 7-1 の「データ種類」という項目には「テレビ CM ／ラジオ CM ／番組その他」という 3 つのプルダウンメニューを用意し分類していったが，「番組その他」に含まれる映像が多くなるにつれて，それらを「テレビ CM データベース」とは別のデータベースとして独立させた方がよいのか，「その他」について，番組／商品 PR ／企業 PR などのように，さらに細分化して分類すべきか，との判断が必要になった。「その他」に含まれる映像としては，5 〜 30 分間ほどの店頭デモテープ，イベント用映像，商品説明映像や，1930 年代の企業紹介映像，1960 年代のテレビ番組シリーズ，といったものがある。また，「ラジオ CM データベース」として整理を始めた音資料の中にも，CM のアフレコ部分や効果音など，テレビ CM 制作にかかわるものも含まれていることが判明し始めた。

　最終的に，萬年社コレクション CM データベースは，放送された CM だけではなく，すべての資料を選別することなく網羅的に保存することを目指してデジタル化の方針を進めていったのだが，その結果分類方法の再考を迫られることになった。どのような分類方法が望ましいか，データベースの設計はそれを利用する研究主題に密接にかかわるものである。後半の節では，研究主題と CM データベースのありようの関係に焦点を当てて考えを進めてみよう。

第❺節　CM の著作権・保存主体

　CM データベースのありように考えを進める前に，CM の著作権問題と保存主体について現状を簡単に確認しておこう。

　そもそも放送を終えた CM フィルムの原版は原則的に 2 年間制作会社が保存する義務があるといわれているが，実際には長期に渡って保存してきたところも多いようである。その一方，複製を作成した後に原版は廃棄されることも多かったという。CM の二次利用が活発になるにつれて，著作権処理の問題が複

雑化し，1992 年の ACC[6] 著作権委員会の声明によって一通りの合意に達した とされる。その声明によると，CM フィルムの著作権に関しては，広告主／制 作会社／広告代理店の 3 者が権利主体であり，これらの 3 者が協議して決定す るという "慣例" となっている。しかしながら，現行の著作権法には，劇場用 の映画を想定して作られた「映画の著作権」しか規定がないため，コマーシャ ルフィルムを「映画」として捉えることが可能なのかについても不明であり， 曖昧な部分が多いという（高野他 2007，生田・中所 2013）。二次利用の著作権処 理は，1992 年の合意を受けて 1994 年に設置された ACC・CM 情報センターが 一括窓口となっている。

　フィルムアーカイブの世界では，著作権管理が曖昧な映像群を指して「オー ファン（＝孤児の）フィルム」と表現する。パオロ・ケルキ・ウザイによると， 「オーファン」の定義は，①制作会社が倒産したり監督が死亡したりして「孤 児」になった映画，②著作権者は存在するが，関係者自身にも関係性がわか らなくなっているような映画，③そもそも著作権者が誰なのか全くわからな いような映画，の 3 つが「オーファン」の主要例として挙げられている（Cherchi Usai 1999=2009）（第 6 章を参照）。CM の場合にも，制作会社の倒産，萬年社の ような広告代理店の倒産，そして，広告主の倒産もあり，「オーファン」となっ た CM 映像が多数存在すると思われる。「オーファン」としての CM とは，典 型的にはケルキ・ウザイの述べる①や③のケースだろう。それだけではなく， ②のような場合が存在するのは，そもそも商業利用のために制作された「モ ノ」としてのフィルムには，非常に多数の複製物があるという性質に由来する。

　では，「モノ」としての CM フィルムやその複製物はどのように動いていく のか。一般的に，CM フィルムは制作会社から放送前に代理店に納入され，代 理店がテレビ局に納品する。1980 年代以前は 1 本 1 本が「フィルム」で納入 されていたが，技術革新により 1980 年代以降は「ビデオ」納入に変わって行っ た。CM 放送後は，代理店に戻り，CM 完成品が広告主に寄贈される。したがっ

6)　一般社団法人　全日本シーエム放送連盟（All Japan Radio & Television Commercial Confederation　通称　ACC）CM 関係事業者団体。

て，CM フィルムは，著作権者，すなわち，広告主／制作会社／広告代理店の
3 者がそれぞれ原版や複製物[7] を保管していることが多い。現在国内で展開さ
れている CM データベースは，この 3 者の著作権者が保管していたフィルムや
ビデオに由来するものがほとんどであり，それぞれに特徴がある。

第❻節　CM データベースの 4 類型

　ここでは，萬年社アーカイブ・CM データベースの資料価値を考えるための
参照資料として，他の機関が作成した CM データベースについて，閲覧可能性
も考慮し，その特徴を類型化してみよう。なお，番号が（0）から始まるのは，
著作権者 3 者に（1）～（3）を充てているからである。

（0）公共性の高い閲覧施設

　国内で CM が閲覧できる施設としては，まず，放送ライブラリー（横浜市）
があげられる。放送法に基づく唯一の放送番組専門ライブラリーで，2000 年
に開館した。テレビ・ラジオ番組が中心だが，約 34,000 本の公開資料には，
テレビ CM7,444 本，ラジオ CM3,348 本が含まれている（2017 年現在）。また，
限定利用ではあるが，2003 年には，国際日本文化研究センター（京都市）内
に 4,411 本の「テレビコマーシャル動画像データベース[8]」が構築されている。
　このような施設に集められている CM 類は，そのすべてが業界団体の選別する
優秀賞や秀作などの受賞作である。その意味で，これらの施設にある CM データ
ベースは，選択的資料を収集する「ミュージアム・ポリシー」に基づくといえる。

---

7) CM は複数回に渡ってさまざまなテレビ局で放送されるため，「複製物」を作成すること
　が利益につながり，元の制作会社以外の第三者による「複製物」の作成がトラブルになる
　ことがあるようである（生田・中所 2013）。さまざまな機関による CM データベースの構
　築における一つの問題は，この業界団体における“慣例”に関わっており，研究利用の原
　則についての合意が強く望まれるところである。
8) 1961 ～ 1997 年の ACC 賞受賞テレビコマーシャルをデータベース化したもの。現在は研
　究施設内の利用に限定されている。この共同研究の成果として，山田編（2007）がある。

（1）広告主（企業系ミュージアム）の CM 展示

　パナソニックミュージアムや UCC コーヒーミュージアム，資生堂企業資料館など，古くから広告宣伝活動に力を注いできた有力スポンサー企業では，企業ミュージアム内で CM を展示している。社史の編纂物に CM 作品集を添付している企業[9]や，HP に CM 集を掲載している例[10]も少なくない。これらの施設や資料では，自社企業の CM については体系的・網羅的にアクセスすることが可能であるが，テレビ放送されて一般視聴者に届けられた CM とは若干性質が異なっていることに留意が必要だろう。テレビ CM では 15 〜 30 秒といった短いものが中心だが，展示や HP では比較的長い CM も多く，企業 PR ビデオとの区別も難しい。いずれにせよ，展示する CM の選択は当該企業に委ねられているため，公開については選択的であり，「ミュージアム・ポリシー」に基づいているといえる。

（2）CM 制作会社に由来する CM データベース

　第 3 節で述べたように，京都精華大学「放送初期 CM データベース」は TCJ ほか 2 社の制作会社がフィルム原版や複製物を大学などの研究機関に委託・寄贈して構築されたものである。委託・寄贈の経緯はそれぞれ異なっているが，放送初期の CM フィルムの保管と管理には多額の費用が必要であり，文化・資料的価値を有する CM が散逸するのを惜しんで，という共通の背景がある（高野他 2007）。これらの CM データベースは，制作会社が携わって来た CM 作品を網羅的・体系的に整理してあり，受賞とは無縁の平凡作や試写用作品，バリエーションの異なる連作なども含まれている。また，大学や研究機関など第三者によって構築されており，データベース化する CM を選別しない，という意

---

9) たとえば，日清食品（1992）『食足世平：日清食品社史』，資生堂（2009）『資生堂の CM』
　　1 〜 2 巻（DVD）など。
10) たとえば，桃屋 CM ギャラリー https://www.momoya.co.jp/gallery/norihei/CM/，
　　キリンチャンネル　http://www.kirin.co.jp/entertainment/CM/index.html など（2017 年 8 月
　　31 日最終アクセス）。

味で「アーカイブ・ポリシー」に基づいているといえる。

　現在までに展開されている類型（2）のデータベースは、資料散逸の懸念が強かった1950〜70年代のフィルム時代に制作されたCMが主であり、その意味でも希少価値が高く、今後、（0）や（1）のデータベースと補完的な資料検索が可能となれば、より総合的なCMアーカイブとなることが期待されよう。

（3）広告代理店に由来する CM データベース

　2002年に、電通が運営するアド・ミュージアム東京（港区）内に、AdDAS（広告作品デジタルアーカイブ）が公開された。AdDASには、映像以外の各種紙資料類もデジタル化され約20万点が収録され公開されている[11]。電通情報開発部部長の丸茂によると、2005年の数字として、16mmフィルム（18,000点）、電通制作のテレビCM（67,511本）、電通以外の制作テレビCM（38,476本）、海外のテレビCM（29,624本）、紙資料類（106,669件）であるという（高野他2007）。

　萬年社アーカイブ・CMデータベースもこの類型（3）に属する。だが、電通AdDASは自社内資料を用い運営主体をも兼ねているのに対して、萬年社アーカイブは資料元が既に存在せず、大学や美術館など第三者によって構築されているところが異なっている。資料件数の数字を単純に比較することは難しい側面もあるが、萬年社アーカイブ（表7-1・7-2，表7-4を参照）の資料規模は、電通内部資料のほぼ10分の1程度であることがわかる。また、内部資料として保管されている種類についても「自社制作に限らず他社制作のCMも含まれる」「海外CMが含まれる」「イベント、プロモーション資料が含まれる」などの点で類似性がある。

　広告代理店に由来するCMデータベースの特徴としては、CM原版というより試写用素材や複製物が多く含まれること、社員研修や企画立案のために編集された映像、社内資料が多く含まれること、といった要素がある。それらを含むデータベースは、完成品としてのCM作品のみを研究対象とする場合にはノ

11）アド・ミュージアム東京は、2017年前半期はリニューアルのため休館中。2017年12月にAdDASも含めて大きな改変が予定されている。

表 7-3　テレビ CM データベースの 4 類型

類型	名　称	CM 点数	主な年代	公開範囲	収集ポリシー
(0)	放送ライブラリー	約 11,000	1960- 現在	一　般	選択的
(0)	日文研 テレビコマーシャル 動画像データベース	4,411	1960–1990	利用者 限定	選択的
(1)	企業系ミュージアム	施設によって 異なる	設立年によって異なる	一　般	網羅的 自社のみ
(2)	京都精華大学 放送初期 CM データベース	約 10,000	1950–1960	利用者 限定	網羅的 制作会社別
(3)	アド・ミュージアム東京	約 100,000	1960- 現在	一　般	網羅的
(3)	萬年社アーカイブ・ CM データベース	約 10,000	1960–1990	利用者 限定	網羅的

筆者作成

イズの多いものかもしれないが，広告代理店の現場に置かれた諸資料の全体像をつかむにはきわめて有益なものとなるであろう。

　表 7-3 は，CM データベースの 4 類型の特徴をまとめたものである。(0) 公共性の高い CM 閲覧施設は，一般公開されているが，資料点数は相対的に少なく，受賞作品などに限られている。(1) 広告主による CM 展示は，一社 CM に限り網羅的だが，公開の基準はそれぞれの社によって異なる。(2) 制作会社に由来するデータベースは，年代的にきわめて貴重であるが，研究利用のルールが確立されなければ一般公開が難しい。(3) 広告代理店に由来するデータベースは，電通アーカイブが資料数も圧倒的であり，幅広い研究主題に対応し広告史全体の歴史を振り返るといった，より大きな研究目的のためにさらに一般に開かれることが期待されている。

第 7 節　萬年社アーカイブ・CM データベースの資料価値

　第 5 節での考察をふまえて，他のデータベースとの比較を行いつつ，萬年社

表 7-4　萬年社アーカイブ・テレビ CM データベース　概要

資料分類	資料小分類	カセット点数	デジタル化映像数
(a) 映像資料	16mm フィルム	1,935	2,505
	35mm フィルム	56	455
	1 インチ VTR	1,243	990
	βカム	24	23
	VHS テープ	365	3,954
	ベータテープ	25	417
	U マチック	444	1,705
	その他	126	107
合　計		4,218	10,156

筆者作成

アーカイブ・CM データベースの資料価値について考えてみよう。

　2011 年度以降，約 5 年間かけて 4,218 点の映像資料のうち 4 分の 3 程度までデジタル化が進み，CM（映像）毎に切り分けてデータベース化作業を続けてきた。2016 年度におけるデジタル映像総数は 10,156 件。表 7-4 は，カセット分類別の数字である[12]。

　ここで，カセット分類別に集計したのは，映像資料が録画されている媒体によって，おおまかな年代や用途が特定できるからである。16mm フィルムの多くは 1980 年代以前の資料であろう。16mm フィルム 1 本に対して一つの CM のみが録画されているものは，テレビ局に納品された放送素材であると推察される。1 インチ VTR は，1980 年代を中心に使用された放送素材であり，一つのカセットに 1 本ずつ CM が収められ，全く同じ CM のカセットが多数存在しているという特徴がある。

　対照的に，単一のカセットに相当数の CM が連続的に録画編集されているものもあり，これらは放送素材ではなく，社内研修や受賞作品の配付などの用途

---

12) 2016 年度末までにデータベース入力が終わった映像資料は全体の 4 分の 3 程度（推計）。残りの映像資料をデジタル化する研究予算が確保できれば，すべての VT 類をデジタル化することができるが，現在のところは，完成年次は未定である。

と思われる。この形態は，16mm や，U マチック，VHS テープ，ベータテープ
など，多様なカセット種類にまたがっている。映像そのものを吟味することに
加えて，旧萬年社の関係者への聞き取り調査（たとえば，萬年社コレクション調
査研究プロジェクト 2011）と照らし合わせれば，より明確な年代や用途が確定
できるであろう。

　このように，萬年社コレクション VT 類の「モノとしての側面」に着目する
と，CM データベースの分類項目は，社内の用途についても入力可能となり，
それらに関連するような研究主題を展開することも可能となる。

表 7-5　放送ライブラリーにて閲覧可能な萬年社制作 CM リスト

商品名・タイトル▼▲	広告主▼▲	制作年▼△
石油ストーブ「のり平シリーズ」	シャープ	1963
象印トップチャー「おばあちゃん」	象印マホービン	1967
Vロート「アイ・カメラ」	ロート製薬	1972
万年筆「紙の世界・対話」	セーラー万年筆	1974
ナショナルホーム電気バリカン「ホーム床屋」	松下電工	1975
万年筆「心の世界」	セーラー万年筆	1976
企業「海のうた」	クボタ	1977
ナショナル収納ベッド「チンパンジー」	松下電工	1978
ナショナルライトアップ 62「フクロウ」	松下電工	1978
ベルスコッチウイスキー「大人のベル」	日本酒類販売	1978
象印リップポット「昼さがりの詩」	象印マホービン	1978
ナショナル・リーラーペンダント「ペーパーふくろう」	松下電工	1979
ナショナル・天井用はしごユニット「チンパンジー」	松下電工	1979
グンゼ・シアベーヌ「なわとび」	グンゼ	1979
久保田門扉「シルエット」	クボタ	1980
パナブライト「ごあいさつ」	松下電工	1981
ランチジャー・ほか弁「植木屋」	象印マホービン	1982
パンシロン胃腸内服液「田代まさし　ラベルが高い」	ロート製薬	1988
パンシロン胃腸内服液「セロリーマン」	ロート製薬	1989
あさひ豆腐「ぜいたく」	旭松食品	1989
麻薬・覚醒剤撲滅キャンペーン「末路」	総理府	1990
パンシロン胃腸内服液「ビョーキ」	ロート製薬	1990
ガンバレ肝太郎「イヨッシャ」	ロート製薬	1991
英会話「ならばやっぱり」	ECC 外語学院	1995

出所：放送ライブラリー「番組検索」より筆者作成。「番組検索」HP　http://www.bpcj.or.jp/search/
　　　（2017 年 8 月 31 日最終アクセス）

　個別の CM 作品についても考えてみよう。放送ライブラリーでは，閲覧可能な番組や CM を Web 検索できるので，キーワード「萬年社」で検索すると，テレビ CM24 件，ラジオ CM19 件がヒットする。この，テレビ CM の検索結果を一覧にしたのが表 7-5 である。

　表 7-5 に並んだ 24 件のテレビ CM は，制作年代は 1960 〜 90 年代に分散しているが，すべて ACC 賞の受賞作品となっている。図 7-2 で詳述した「セーラー万年筆（1974 年）」の CM は，このリストに含まれており，また，同社の CM は 76 年にも受賞作となっているため，放送ライブラリーでは 2 件の「セーラー万年筆」CM が公開されていることがわかる。これを比較対象として，萬年社アーカイブ・CM データベースから同社 CM を検索すると，武田鉄矢，伴淳三郎，手塚治虫などが出演したさまざまなヴァリエーションの CM15 件がヒットする。この例のように，受賞作や有名作は既に他の CM データベースにおいても数点は公開されているのだが，それ以外の貴重な資料[13] が萬年社アーカイブ・CM データベースには含まれていることが理解されるのである。

　だが逆に，表 7-5 にはリストされているが，萬年社 CM データベースには見当たらない CM もあり，他の CM データベースとの対照チェックは本データベースの欠落をも顕わにするであろう。

　『萬年社広告 100 年史』の巻末には，1962 〜 90 年までに萬年社が制作した代表的 CM72 件のサムネールが掲載されている。また，ACC 賞受賞作（40 件）のリスト，カンヌ国際広告映画祭などの著名な国際賞受賞リストや，ローカル紙の広告賞受賞作一覧（全数百件）も掲載されている（萬年社広告 100 年史編纂委員会編，1990）。残念ながら，これらすべての CM 映像が萬年社アーカイブ・CM データベースに残されているわけではないが，社史に記された作品リストを参考データベースとして入力していけば，対照して「見つからない CM」がどれであるかも明確になる。

　既に見たように，電通が運営する AdDAS（広告作品デジタルアーカイブ）に

---

13) セーラー万年筆（株）広報に問い合わせてみたところ，会社としても古い時代のテレビ CM は全く保管されていないとのことであった。

比べれば，萬年社 CM データベースの質量は相対的に少なく，欠落も多いかもしれない。しかしながら，CM 研究が単に「作品」としての CM 表現研究にとどまらず，広く歴史・文化・社会との関連主題において展開されるのであれば，電通アーカイブの一極集中に風穴を開け，別の視点からの CM 史を加えるという意味でも，萬年社アーカイブ・CM データベースは極めて貴重なものであろう。また，現状では，CM データベースの多くが業界内で囲い込まれており，批判的研究を展開することは難しい。その意味でも，業界外部に構築された公共性の高いアーカイブこそ必要なのだと思われる。

　他の CM データベースとの対照チェックのほか，たとえば，脚本データベース[14]において検索してみたところ，生 CM 時代の萬年社制作の台本等を発掘することが出来た（石田 2010）。このように，他の関連データベースと連携・接続することによって，萬年社アーカイブ・CM データベースの研究資料としての価値は飛躍的に大きくなる可能性を秘めているのである。

第8節　エフェメラメディアを凝視する
——映像アーカイブによる研究主題の可能性

　放送初期の 1950 〜 60 年代には，テレビ CM に関する研究はマーケティング的観点からなされた紹介研究が主であった。CM が社会に大きな影響を与えるようになった 1970 年代，社会批評の対象として盛んに論じられるようになり，フェミニストによる批判（高木ほか編 2015），社会心理学的研究，映像研究など多彩な担い手がそれらを展開してきた。1980 年代にはいわゆる「広告ブーム」が起こり，テレビ CM 表現そのものも大きく転換，CM 制作者たちは時代

14）脚本データベース・ホームページ　http://db.nkac.or.jp（2017 年 8 月 31 日アクセス）日本脚本アーカイブズ推進コンソーシアムによる Web データベース。主にテレビ・ラジオの放送脚本を収集・保存・管理して公的機関にて公開する活動を行っている。2012 年に文化庁の支援を受けて Web データベースを公開。2016 年までに 65,000 件の資料を収集。

の寵児ともてはやされ，記号論を応用した CM 研究等も大きな注目を集めた。その時期，家庭用テレビ録画機器の一般普及に伴って，番組と連続的に放送される CM も録画されるようになり，細かい表現などを批評や論説の対象とすることが可能になったことも無関係ではないだろう。しかし，それらはあくまで個人が録画保存した資料にすぎず，社内アーカイブに直接アクセスできる CM 制作者を除けば，一般の研究者にとって網羅的で体系的な CM 資料にアクセスすることは難しい時期が続いた。個々の CM 作品についての印象批評や論旨に都合のよい恣意的な資料選択の問題は，他のメディア研究同様，CM 研究の場合にも克服すべき課題として残り続けている。

　エフェメラ（ephemera）とは，蜻蛉（かげろう）を意味するギリシャ語で，「極めて短命なもの」「はかないもの」「すぐ役に立たなくなるもの」の意である。転じて，エフェメラメディアとは，図書館情報学では「ビラ・ポスター・チケットなど，常に散逸に晒されているメディア」の意だが，デジタル化時代には電子媒体もまたエフェメラメディアの最たるものといわれている（中谷 2010）。本章で CM をエフェメラメディアと呼ぶのは，放送される期間が短期であり，無数に作られるが体系的に収集されることはほとんどなく，また，見る側にとっても番組の合間に目の端を流れ去っていくような経験としてあるからである。

　かつて，テレビ番組そのものが長期的・体系的にアーカイブされることなく流れ去っていく，典型的な「フロー」の文化として扱われてきた。現在では，タイムシフト視聴が重視されるようになり，テレビ番組のアーカイブ化の気運は高まっている。テレビ CM 群は番組にも増して「はかない」ものであり，一般的なテレビ視聴者にとっては，映像や音楽，キャッチコピーの断片的な記憶としてのみ残るものであっただろう。しかし，映像が作りあげる集合的記憶の力は，とくに 20 世紀後半にそれらを経験した人びとにとっては極めて大きなものがある（萩原編 2013）。記憶の底に沈み普段の日常生活では全く想い出すことのない遠い出来事が，短い CM 映像を視聴することによって鮮やかに蘇ることがあるのは，多くの人が経験するところであろう。

　ここで最後に考えたいのは，CM データベースが構築されることで研究主題はどのように変わり，新たな可能性が拡がるのか，という問いである。さらに，本来エフェメラメディアである CM 映像をデータベース化した時に，映像資料とそれを見る側との関係はどのように変化していくのだろうか。

　第 6 節で検討したように，現在誰にでも閲覧可能な CM データベースはそのすべてが優秀作，受賞作のみを集めたものであり，データベースのありようそのものが研究主題を表現主義的な傾向に限定しがちである。それはすなわち，CM を「作品」と見なし賞揚すべき芸術・文化として扱う傾向がある，ということである。1980 年代の広告ブーム以降，天才的 CM クリエーターの作品を集めた書物や展覧会などが注目を集めてきた。有名 CM クリエーターの名において編まれた「作品集」は比較的手に入りやすく，研究関心も集めやすい。その一方，権利処理の煩わしさからか，受賞作ですらデータベースやライブラリーに残りにくい CM もある。これまで問われることがなかった研究関心に応えるためには，CM データベースの設計そのものを再考する必要がある。その設計を少し変えるだけで，CM を無前提に「作品＝完成品」と見るのではなく，組織レベル，営業レベル，地域レベルで制作の過程を捉え直すこと，視聴者の日常生活空間に埋め込まれた断片的な CM 視聴経験をも視野に入れた研究主題の展開が可能となるであろう。

　一つ確実にいえることは，過去のある時期・ある地域だけに放送されていた CM がいつでもどこでも見られるデジタルアーカイブを介して視聴されるようになると，それは，ある特定の時間軸や地域感覚，時代感覚から切り離された意味をもつようになることである。

　インターネット動画共有サイトや企業 CM 動画サイトなどの例から容易にイメージできるように，今日では，社会のなかに大量に蓄積されている映像に思いがけないタイミングで出会うことが一般的経験になりつつある。アーカイブ化時代以前には，映像作品（映画，テレビ番組，CM）はリリースされるタイミングが重要であり，「新鮮であること＝新作，ニュース価値」が何より重要なものだった。映像アーカイブ構築に際して，その映像が「本来置かれていた」

文脈についてのメタデータが仮に詳細に入力されたとしても，見る側との関係において個々の映像の意味は必然的に変容していくことになる。

　CM とそれらを見る側との関係は，アーカイブ化されることによって，受動的で断片的な繰り返し視聴から，選択的に視聴され凝視されるものに変わって行く。従来通り断片的なものとして見られる CM ももちろん多いだろうが，映画や番組のように専念視聴され批評的な吟味にさらされることも増えていくだろう。そのとき，CM 映像の「本来の文脈」にその意味を固定することは不可能になっていく。CM データベースや映像アーカイブを利用してエフェメラメディアを凝視するとき，それらの映像が「本来置かれていた」文脈や意味の再構築も重要な課題ではあるが，新しい文脈に置かれて新しく付与された意味をめぐる別の研究主題を見出すことも可能となる。それには，未来の研究主体と未来の社会的文脈が到来するまでの時間を待たねばならない。

　未来の豊かな研究主題の展開可能性のためにも，デジタル CM アーカイブの構築は網羅的な「アーカイブ・ポリシー」に基づいて展開されていく必要がある。そして，それらは広く社会に開かれた形態となる必要があることは，何度でも強調しておいてよいであろう。現行の法制度のなかでは，萬年社アーカイブ・CM データベースを一般に公開するには研究利用のためのルール整備が不可欠であり，その道程はいまだ遠い。デジタルアーカイブの統一的な理念と運用ルールの共有によって諸問題が解決されるとき，エフェメラはより長い命を得て，数世代先にも 20 世紀の人びとの生活様式や暮らしの細部を届けることだろう。

第 8 章

教育と研究における
アニメ中間素材のアーカイブ化

キム・ジュニアン，石田美紀

第**1**節　はじめに　アニメーション研究の現況

　2016年4月，新潟大学においてアニメ・アーカイブ研究センター（代表：キム・ジュニアン，副代表：石田美紀）が発足した。その主要な契機は，アニメ業界のベテラン演出家であり現在は湘南工科大学で教える渡部英雄から数多くのアニメ中間素材の管理を一任されたことにある。アニメ中間素材のアーカイビング研究の推進を目指す同センターは，アニメ制作会社であるガイナックス社との協力をも進めている。本稿では，アニメ中間素材に関する研究の事例や学術的意義を検討しつつ，同センターで模索している研究・教育の方向性およびその実践の一部を紹介したい。

　しかしその前に，アニメーション研究そのものが未だに草創期にあること，ゆえに研究の方法論も定着していないことを明らかにしておきたい。そういった状況のなかで，実写映画研究の分野で進展してきた理論を応用しようとすると，制作技法や素材の違いが指摘されるなど，メディアの特殊性という壁も存在してきた。しかしデジタル以前の，少なくともセル・アニメーションについてならば，制作過程に関するある程度の知識はさまざまな書物や制作者側から公開されるメイキング映像などを通して一般に知られ，セル・アニメーションという手法そのものを対象にした研究成果はある程度蓄積されてきた。とくに実写映画を中心に進んできた装置論というアプローチをセル・アニメーションの制作メカニズムに応用したクリスティン・トンプソン（Thompson 1980）や

トーマス・ラマール（Lamarre 2009）は注目に値する。最近のアニメーション研究の動向は，物語分析や作家論にとどまらず，メディア・アルケオロジーという概念の台頭に刺激され，19世紀にまで遡る「もの」としての映像装置に新たな光を当てつつある一方，生産・流通・受容といったより幅の広い視座で，アニメーションを含むメディア環境の物質的な側面にフォーカスを絞り議論する傾向が著しくなっている。とくに後者のアプローチは1960年代以来，海外各地で受容されてきた日本のアニメにも向けられ，マーク・スタインバーグの『なぜ日本は〈メディアミックスする国〉なのか』（Steinberg 2012＝2015）が脚光を浴びたのは記憶に新しい。

　スタインバーグの同書が刊行された2012年，アニメやマンガなど日本の現代メディア文化を学術的に議論する場としてアレクサンダー・ザルテン（Alexander Zahlten）が主催する第3回メカデミア大会がソウルで開催された。スタインバーグも研究発表のため参加していたこの大会には，世界中から何十人もの研究者が集まる中，最終日にはアニメ業界の中核的スタッフとしておよそ20年間のキャリアをもつ渡部英雄を招いての講演が行われた。渡部は『わが青春のアルカディア 無限軌道SSX』（1982）『北斗の拳2』（1987）で演出を，『機動戦士Zガンダム』（1985）『銀河英雄伝説』（1991）で絵コンテを担当するなど数多くのアニメ作品の制作現場で活躍しており，講演の際には制作現場からの数々の資料を披露した。それらに対する場内の研究者たちの関心は非常に高く，講演終了後には壇上に近づいて実物の素材を間近で見る，触れるという機会も提供されたため，会場は熱気に溢れることになった。

第❷節　渡部コレクション
——アニメーション研究における中間素材の意味

　近年，映像資料のアーカイブ化についての関心は，フィルムプリントが近代遺産として重要文化財に指定されるなど確実に高まっている。日本のアニメに

関しても同様の動きが，たとえば東京国立近代美術館フィルムセンターの活動から見てとれる。しかし現状は依然として厳しい。というのも，アニメーションの場合，作品そのものが記録されているフィルムプリントやビデオリールのような素材だけでなく，その制作過程で作成・使用された脚本，キャラクター設定，絵コンテ，原画，動画など膨大な量の中間素材にも早急な対応が求められているからである。植野淳子によると，2000 年代に入り制作現場では，中間素材を制作者側のみの責務とするのは事実上不可能という認識が広がっている。アニメ業界のある関係者は「このままでは日本のアニメは産業，文化，なにより人材育成の資源として後世に残したくても残せません。失ってからでは取り返しがつきません」（植野 2014：181）と述べている。

　アニメ制作のプロセスを示す重要な手がかりであり，その美学的意味生産のメカニズムの中枢を実証的に研究できる（これについては後述する）貴重な一次資料である中間素材は，その一部が絵コンテ集など市販品として出されたりするものの，生の状態のアーカイブ資料に研究者がアクセスできるような正式の窓口は未だに存在しない。一方，アニメ制作のデジタル化の進展もあり，制作現場では紙やセルロイド等のアナログ的な資料の保管に苦渋しており，それらの中間素材は散逸や破棄の危機に晒されているのである。このような状況では，海外流出の可能性も杞憂ではない。事実，実写映画を中心にした日本映画の貴重な資料体である牧野守コレクションは，日本国内では引き受け手が見つからないまま，2006 年に米コロンビア大学によって買収され，2016 年 2 月に同大学の東アジア映画研究アーカイブ関連の HP 上でその整理が完了したことが報告されている（Masuda 2016）。

（1）渡部コレクションの概要

　上記のメカデミア大会で披露された渡部所蔵の中間素材（以下，渡部コレクション）の話に戻る。現在，渡部コレクションの保存と整理は新潟大学内のアニメ・アーカイブ研究センターに任されている。資料点数はかなりのものであるため，渡部コレクションの全貌を把握するのはまだ先のことになるが，以下

の３つの特徴が存在する。

　１つ目は，資料の年代が，アニメ制作現場で渡部が活動していた 1970 年代〜 1990 年代に及んでいるところである。第２次および第３次アニメブームというアニメ史上の重要な時期と重なっていることから，産業的，美学的側面におけるアニメ研究への貴重な手がかりになると期待される。

　２つ目は，撮影から原画，絵コンテ，演出，編集，会社経営に至る渡部の多彩なキャリアによる特徴と思われるが，中間素材の種類が，キャラクター別・エピソード別のデザイン設定から，エピソード別の絵コンテ，原画・動画・セル画・背景画，脚本，アフレコ台本，さらにスタッフ個々人による手書きのメモに至るまで，アニメ制作のさまざまな段階と局面に属していることである。さらに，渡部はアメリカからの受注作品や韓国への発注作品の制作にも関わっていたため，英語や韓国語の指示事項などが書き込まれている素材も含まれている。このようなコレクションの多様性には渡部自らの意図が反映された結果と考えられる。

　というのは，３つ目のポイントになるが，渡部が 1970 年代に日本大学芸術学部映画学科を卒業後，アニメーション映画の監督を目指す過程において意識的に収集してきた資料こそが今日のコレクションになったからである。最初のキャリアが撮影から始まったのも，在学中に師事した池田宏監督（代表作として東映動画（現在は東映アニメーション）制作の長編アニメーション『空飛ぶゆうれいせん』(1969) などがある）から，アニメーション映画の演出家になるにはまず撮影からという教えがあったからだと渡部[1] は述べている。コレクションについてスーザン・ステュアート (Stewart 1984：162) はコレクター自身のアイデンティティを示すと指摘しているが，渡部コレクションはその収集動機に鑑みると，渡部個人というよりはアニメ業界における監督というポジションのアイデンティティはどのようなものなのかという理解につながる可能性を含んでいるといえよう。

---

1) 渡部英雄 (2017) 電子メールによるコミュニケーション，2017 年 5 月 11 日。

　以上が，渡部コレクションが研究資料として持ち得る全般的な意味だが，3点にまとめたが，しかしアニメーションの中間素材に実際どのような方法でアプローチするかについては，研究機関なり研究者個人なりでいくらでも変わることだろう。

(2)　アニメーションの中間素材に基づいた研究の事例とあり方

　アニメーションのアーカイブ化された中間素材を用いての学術的な研究成果としては，何よりも6千5百万点という膨大な数の素材を所蔵しているディズニー社のアーカイブ（現在 Disney Animation Research Library）にアクセスできたロビン・アラン（Robin Allan）の *Walt Disney and Europe : European Influences on the Animated Feature Films of Walt Disney*（1999）が挙げられる。この著作は，書名通りディズニー社のアニメーション映画におけるヨーロッパ美術の影響を図像学的（イコノグラフィー）な調査と制作関係者への広範なインタビューに基づいて明らかにしたものである。フランスではブリュノ・ジルヴォ（Bruno Girveau）が 2002 年からオルセー美術館をはじめ世界各地で「Il était une fois Walt Disney：Aux sources de l'art des studios Disney」展を企画・開催し，さらに同名の書籍の出版やドキュメンタリーの制作・公開[2]も実現された。一方，ディズニー社のアーカイブは，美術館で有名なゲティ財団のゲティ保存研究所（Getty Conservation Institute）と協力し，セル画の保存・管理を兼ねた工学的なアプローチから素材の化学的解析などを行う研究プロジェクトを 2014 年に開始している（McCormick and Schilling 2014）。

　しかしながら，こういった特定のスタジオと結びついた研究については，当該スタジオの意向から自由な研究は難しくならざるを得ないという点を指摘したい。というのも，サードパーティによる研究の出版物に対し「Disney」という言葉を書名に使うことさえ許さないディズニー社において（Bell, Haas and Sell 1995：1），そのアーカイブにアクセスできるということそのものが既に特権であ

---

2) このドキュメンタリーは 2009 年ディズニー社によって日本でも DVD で発売されている。

り，研究課題を設定する出発点からのさまざまな制限が予想されるからである。

（3）大学という研究機関におけるアニメ中間素材へのアプローチ

　新潟大学のアニメ・アーカイブ研究センターが考えているのは，より客観的な立場からの中間素材へのアクセスを研究者らに提供し，自由な発想による研究をサポートできる環境作りであるが，もちろん著作権者の諸権利を遵守・尊重することも非常に重要な課題である。こういった認識から2017年2月4日には中間素材やそのアーカイブの公的な，つまりは社会的な意味を議論するために，同研究センター主催で「アニメ中間素材のアーカイビングとその活用」というタイトルのシンポジウムを開催した。渡部コレクションの当事者である渡部英雄をはじめ，アニメ業界の現役プロデューサーである野口光一，イギリスのロンドン大学バークベック・カレッジの講師であるダリオ・ロッリ（Dario Lolli），そして研究センターを代表してキム・ジュニアンが発表を行った。野口はデジタル制作環境における最新作の制作工程，アニメ中間素材の現状，アーカイブ化の課題などを紹介し，一方，ロッリはメディア・アルケオロジーという概念を用いながらアニメをメディアと位置づけ，中間素材アーカイブの有効性を強調した。

　そして我々の発表は，渡部コレクションの概要と共に，その中間素材をアーカイビングしながら見つかった発見と研究，さらに教育現場への導入実践を紹介した。その際に我々は，アニメーション映像を遂行行為（performance）として議論するドナルド・クラフトン（Donald Crafton）や，エスノグラフィックな写真や映像のアーカイブを中心に社会学的分析と解釈を行う原田健一を参照し，中間素材を完成状態のアニメ作品における表象と意味生産のメカニズムを示すものと位置づけて考察，分析するアプローチを採った。クラフトン（Crafton 2013）は，アニメーションにおいて描かれるキャラクターの遂行行為，つまり演技を，アニメーションを作るアニメーターの遂行行為に接続させることで，映像体験を取り巻く作り手と受け手との共同体の存在と，その役割を浮彫りにする。一方，原田（2013：16-18）は，映像メディアのシステムはグローバルな

レベルの共同体を生じさせうるが，その意味生産はローカルなネットワークの
なかで行われると指摘する。

　以上の議論に照らし合わせると，アニメの中間素材は，制作現場のネット
ワークにおける意味生産システムの物質的根幹であると同時に，それによって
実際どのような意味生産のコミュニケーションが成し遂げられたのかを示して
くれる記録として位置づけられる。事実，現場のスタッフによる手書きのさま
ざまな指示などが数多く残されていることから，渡部コレクションの諸素材か
らは，絵コンテやデザイン設定といった「制度」のみならず，その制度に関わっ
ていたスタッフ個々人の「遂行行為」を具体的に覗うことができるのである。
それでは，渡部コレクションに含まれている東映動画（現東映アニメーション）
社のテレビアニメシリーズ『SF 西遊記スタージンガー』(1978) の絵コンテを
一例として取り上げ，どのようなことがわかってきたのかを考察する。

(4)『SF 西遊記スタージンガー』の絵コンテ分析結果

　本稿で取り上げられる『SF 西遊記スター
ジンガー』は，題名から推測できるとおり，
宇宙空間を舞台として古典小説の「西遊記」
を SF タッチでアレンジしたテレビシリーズ
である。

　渡部コレクションの中には，綴じられた状
態でおよそ 6 話分の絵コンテが含まれてお
り，ここではその一部である第 39 話「美し
い雪は永遠に」の絵コンテ（図 8-1）にフォー
カスを当てる。ほかの絵コンテと同様に当
該の絵コンテも，専用の用紙にシーンおよ
びカット単位（絵コンテ上ではそれぞれローマ
字の S と C と表示されている）で作成されてお
り，各頁の右側にはさまざまな演出の指示が

図 8-1　『SF 西遊記スタージンガー』
の第 39 話の絵コンテ
出所：新潟大学アニメ・アーカイブ研究セ
ンター（渡部コレクション）

記されている。なかでも，とくに筆者の興味を引いたのは以下の 3 つの指示（図 8-2）である。

S4/C34　スターウォーズ　トップシーンの感じ

S5/C20　フルスピードのオートバイでハンドルを一気に一杯にひねったのと
　　　　同じ

S5/C39　このあたりでくるくるまわる（ジェット機の空中戦のパターン）

　上記の指示内容は，どれも宇宙空間を移動する機体の動きに関するものである。なかでも S4/C34 の指示は，『SF 西遊記スタージンガー』の主人公たちが乗る大型宇宙船のクィーンコスモス号が画面の上方から進入し，画面の奥行へ移動していく場面のために記されているが，『スターウォーズ』という特定の映画に言及しているところが興味深い。『SF 西遊記スタージンガー』は，『スターウォーズ：エピソード 4』（1977；日本公開は 1978 年半ば）と『スターウォーズ：エピソード 5』（1980）に挟まれる 1978 年から 1979 年にかけ放送されたがゆえに，上記の S4/C34 の指示は第 1 作目の『スターウォーズ：エピソード 4』における冒頭シーンを指し示すものであると考えられる。その冒頭シーンは，敵側のスター・デストロイヤーと呼ばれる宇宙戦艦が画面の上方から進入

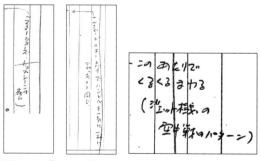

図 8-2　『SF 西遊記スタージンガー』の第 39 話の
　　　　絵コンテ上の演出指示

出所：新潟大学アニメ・アーカイブ研究センター（渡部コレクション）

し，広大な宇宙空間の奥行へゆっくり移動していく場面である。この構図は，『SF 西遊記スタージンガー』の S4/C34 に描かれている絵の構図とほぼ一致する。

　この絵コンテ上の当該指示は非常に重要な事実を示している。というのは，巷でよくいわれがちなハリウッ

ド映画の模倣ではなく，それどころか，アニメーション映像作りにおける重層化された共通言語の存在が証明できるからである。形だけではなく動きを伴う動画メディアのなかでも，形と動きが離散的に構築されるアニメーションの場合，アニメーターは現実で体験できるものからスクリーン上で見られるものまでさまざまな身体の動きを準拠 (reference) とし，それを再演 (re-performance) するとされる (Crafton 2013：32-33)。『SF 西遊記スタージンガー』では，キャラクターのみならず，機械に対しても動きの再演がなされているわけであるが，次から次へと変容していく動きは文字による記録が難しいとラムとワトソン (Lamb and Watson 1979：5-6) が示唆するように，現実に存在しない 2 次元上の宇宙船の動きをイメージしスタッフ同士で共有するための言語として「スターウォーズ　トップシーン」という言葉が駆使されたことに映像言語の重層性が見出されうるのである。

　それは，S5/C20 と S5/C39 における指示内容を見ても同様なことがわかる。「フルスピードのオートバイでハンドルを一気に一杯にひねった」動きも「ジェット機の空中戦のパターン」も「スターウォーズ　トップシーンの感じ」のように，宇宙空間を移動する機体の動きをイメージし共同体内で共有できるボキャブラリーといえる。さらに S5/C39 の指示では，「くるくるまわる」という擬態語が使われているものの，それだけでは十分ではなかったのか，指示を出した絵コンテ作成者が実写映画かテレビかで見ていたであろう現実の乗り物の動きが参照されたところが一層興味深い。作り手は『SF 西遊記スタージンガー』という SF 的な世界の中にしか存在しない機体だけを創造していたわけではない。それにどのような動きを描き重ねるかという課題を設定しており，なおかつ，その重層化された「動きの感覚」（キネステティック＝キネ＋エステティック）が読み取れる受け手をも含む共同体のグローバルな成立が前提となっていたことが，絵コンテからわかってくるのである（そうした受容が，日本国内の非都市部や海外に住む視聴者においても，同様に成し遂げられたとは，一概にはいえないのはもちろんのことであるが）。

第❸節　中間素材の活用とアニメ制作者
──『王立宇宙軍　オネアミスの翼』の事例

　次に一旦，渡部コレクションから離れて，現在我々がアニメ制作会社と進めている共同作業について報告し，現在のアニメ制作現場にとっての中間素材のアーカイビングとその公開の意義について述べる。

　2017 年 4 月 15 ～ 16 日，新潟市内において，山賀博之監督『王立宇宙軍　オネアミスの翼』(1987，GAINAX) のイメージボード展が開催された。同展においては，監督の山賀が本作のアイデアと構想を書き留めた各種文字資料と，山賀が美術大学に学ぶ学生であった貞本義行，庵野秀明，前田真宏たちに描かせた中間素材が展示された。展示物にはオリジナルに加えて，アニメ・アーカイブ研究センターがスキャニングによって作成した画像データを紙媒体に印刷した複製と，画像データの投影が含まれており，この展覧会は，アニメ・アーカイブ研究センターにとって，アニメ制作会社との記念すべき最初の共同作業となった。イメージボード展の後，翌日の 4 月 17 日には同展の意図について山賀[3]とプロデューサーの斎藤友子[4]に新潟大学でインタビューを行い，現在アニメ制作者が中間素材の活用をどのように捉えているのかを調査した。ここでは，そのインタビューを踏まえ，このイメージボード展が提案し実践する，中間素材の公開方法について述べる。

(1) アニメ史における『王立宇宙軍　オネアミスの翼』

　まずは，劇場作『王立宇宙軍　オネアミスの翼』(以下，『王立宇宙軍』と表記) の概要を押さえておきたい。この映画は，異世界に存在するオネアミス王国を舞台に，宇宙飛行士に選ばれた平凡な青年シロツグの屈託と夢を，緻密な描写によって語る。世界観の構築，物語の叙述方法，作画と美術等のあらゆ

---

3) 山賀博之 (2017) インタビュー，2017 年 4 月 17 日。
4) 斎藤友子 (2017) インタビュー，2017 年 4 月 17 日。

る側面において傑出したこの映画を，監督の山賀をはじめ当時 20 代の若者たちが制作した事実は，80 年代後半の日本においてアニメがもはや子どもだけのものに収まらずに青年文化の一翼を占めていたことを示している。それゆえ『王立宇宙軍』は宮崎駿監督『風の谷のナウシカ』(1984) などの劇場作，あるいは『超時空要塞マクロス』(1982) などのテレビアニメとともに，つづく 90 年代から 2000 年代にかけて国内外でアニメが注目を集める過程を考えるうえでも無視できない作品なのである。

　『王立宇宙軍』は，毎週の放映のために最低限の日程と予算で制作されるテレビアニメ，そしてテレビアニメよりは余裕をもって制作される劇場作の基準に照らしても，破格の過程を経て制作された。その事実を示すのは，中間素材の点数の多さである。本展においては約 4 冊分の構想メモや脚本準備稿等の文字資料，そして 98 点の中間素材が展示されたが，それらは全体の数分の一にすぎない。膨大な点数の，多種多様な素材から構成される『王立宇宙軍』の中間素材のなかでもここでは「イメージボード」に注目し，それらをアーカイビングし，展示公開する意義を考察する。

(2) イメージボードの役割

　イメージボードとはどのような素材であり，そこには何が描かれているのか。同展で展示されたイメージボードの内容を列挙すると，まずはキャラクター，そしてキャラクターが息づく世界の光景，さらにはキャラクターが乗るバイクや車，電車といった乗り物，そして，この物語の大団円に登場するロケットと打ち上げ装置等の関連施設である。これらはプロットの主軸を構成するものである。しかし，描かれているのはそれだけに限られない。キャラクターが身にまとう衣服や携える小物類，あるいは電話やラジオといった通信機器，食器や筆記具をはじめとする日用品，さらには文字や紋章まで，『王立宇宙軍』の世界を成立させる要素が，大きなものから小さなものまで描かれている。

　ガイナックス社はイメージボードを次のように説明している。

　イメージボードは，所謂≪完成された絵≫ではありません。この世のなかではない新しい世界を生み出し，構築していくために，監督の指示のもとに描かれたイメージの《現れ》です。これが，作品の世界観を作るための，最初の過程となります（〈『王立宇宙軍　オネアミスの翼』イメージボード展〉，キャプションより抜粋）。

　つまりイメージボードとは『王立宇宙軍』を成立させる基盤を作り上げていく際に必要とされる素材の塊である。とはいえ，テレビアニメの制作工程ではイメージボードが作成されないことも多く，また作成されても数が限られていることがほとんどである（プロダクション・アイジー 2017：15-16）。その意味において破格である『王立宇宙軍』には，キャラクターが生きている異世界を，我々が生きる現実と同じ密度で成立させようとする意志が貫かれている。

　もちろん，膨大な数を誇る中間素材は，ひとりの人間によって描かれているわけではない。たとえば，同作においてキャラクターデザインと作画監督を務めた貞本はキャラクターのほかに航空機を，作画監督を務めた庵野は航空機やロケットといったメカを中心に，また前田は風景や小物，衣服等を描いている。

　山賀はイメージボードを含むこれらの中間素材について次のように述べる。

　イメージボードは，制御せずに描いてもらうというブレイン・ストーミングの段階にあるものです。だから分量が必要なんですね。全部は使えないんです。もしかしたら一つも使えないかもしれないぐらいの勢いでやらないと，ゼロはゼロのままなので。ゼロを1にする方法というのは，もう当たろうが外れようが，ある方向についてやっていくしかない。ただ，ある方向というのが明示されて誰にでも伝わるということもまだないわけです（山賀2017）。

　監督の仕事は「設計図をもとに主観的に立ち入りながらスタッフと関わっていくこと」であると考える山賀（2017）にとって，複数のスタッフに多くのイ

メージボードを描かせる行為そのものが，スタッフとともに方向を探りながら，細部を詰めていくこととなる。そのためイメージボードは「完成された絵」ではない。

(3) 展示方法

本展の展示方法は，アニメ制作におけるイメージボードの役割を重視して決定された。テーマごとに平均15枚程度のイメージボードを密集させ，ときには重ね合わせて，一つの塊として展示している（図8-3）。

複数の描き手から持ち寄られた，さまざまな質とタイプ――同じキャラクターでも描き手が異なれば佇まいも違う――のイメージボードを前にして監督をはじめスタッフが議論する現場の雰囲気を，来場者にもくみ取ってもらいたい。そのように考えていた斎藤は，次のように述べている。

図8-3　『王立宇宙軍』イメージボード展
　　　　展示風景（2017年4月16日）
Ⓒ BANDAI VISUAL/GAINAX

　今回の展示では，ラフなイメージボードから，イメージが出てくるラインというか，流れを見せたかったので，これまでにない展示方法に挑戦するつもりで，密度の高いものと低いものを並べました。賛否両論だと思いますが，額縁にも入れずに貼ったわけです。一枚の絵としてよいのかどうかは，イメージボードでは重要ではないことを伝えたかったからです（斎藤　2017）。

たしかに，イメージボードを従来の絵画のように一点，一点額装して展示するのなら，共同作業によって作品の世界観と方向性を探るというイメージボードの役割は見えなくなってしまう。そうではなく，イメージボードによって触発される共同作業における創造性を伝えることを優先させるこの方法は，作品

の完成に必要とされつつも，完成後に顧みられることがほとんどない中間素材をどのように活用していくのかという問いについて，新しい可能性の一つを提示している。

（4）スタジオジブリという前例

　これまで中間素材はどのように活用されてきたのだろうか。それを考えるためには，スタジオジブリについて述べなければならない。宮崎駿と高畑勲を擁しアニメを牽引してきたスタジオジブリは，早い時期から中間素材の活用を行ってきた。「スタジオジブリ・レイアウト展」（2008 〜）「ジブリの立体建造物展」（2014 〜）「ジブリの大博覧会」（2015 〜）等の巡回展において中間素材を積極的に公開していることに加え，2001 年に開館した三鷹の森ジブリ美術館（以下，ジブリ美術館）では，中間素材を用いた常設展示をも行っている。そのためスタジオジブリの実践は無視することができない前例である。

　結論から述べると，スタジオジブリの展示は，イメージボードが必要とされた文脈を重視する『王立宇宙軍』展の展示方法とは対極にある。たとえば，ジブリ美術館の常設展示「映画の生まれる場所（ところ）」の一室は，イラストやスケッチが所狭しと並べられ，だれかのアトリエという体裁で設えられている。同美術館のホームページは，この展示室について以下の説明を行っている。

　　常設展示室「映画の生まれる場所（ところ）」は，5 つの小部屋で構成されています。さっきまで，この机で誰かが何かを描いていたかのような雰囲気です。

　　部屋の中には，本やガラス玉やたくさんのがらくたたちが転がり，壁には，イラストやスケッチが，隙間もないほどたくさん貼られています。部屋の天井からは，飛行機の模型やプテラノドンが吊り下げられています。

　　ここは，部屋の主の好きなものが集められているところなのです。イメージの元となるものがあふれたこの部屋。

　　机の上の描きかけの絵や，転がっている鉛筆から，まさに一本の映画の制

作が始まろうとしているのです（三鷹の森ジブリ美術館ホームページ）[5]。

　この説明によると，作品のすべてはこの「部屋の主」から生まれ出るということになるのだが，すぐさま，同美術館の館主である宮崎駿その人が想起される。アニメという新しい表現媒体が質的向上を遂げるために宮崎が果たした貢献の大きさについていまさら問う余地などない。とはいえ，ジブリ美術館が展示によって作り上げる，作品のすべてを一人で生み出すアニメーター像には問題がないわけではない。というのも，そこではアニメ制作を遂行するに必要な集団的創造性が考慮されていないからである。監督とスタッフ，そしてスタッフ同士が互いに触発しあい探り合いながら，方向性が探られ，定められ，作品世界は奥行きをもつ。いっぽう，ジブリ美術館の展示が呈示するアニメーター像は，西洋近代特有の芸術観が生み出した，作品のすべてを引き受ける「作者」という概念に近い（佐々木 1991：36）。

（5）中間素材が示すアニメ制作の多様性

　固有名の下に中間素材のすべてを帰属させて活用する方法に関しては，中間素材に見出される商品的価値についても考えるべきである。山賀は，中間素材がその商品的価値を認められるときにのみ公開されていることに対して，懸念を感じている。

　　宮崎さんの絵コンテは，背景も一コマ一コマ美しく描かれているし，説明もきちんと書かれているので，一般読者がマンガとしても読むことができます。ですが，ジブリの人気が出る数年前のヒット作である『機動戦士ガンダム』を手掛けた富野由悠季さんの絵コンテはそうではなく，マルとチョンだけで描かれているんです。とはいえ制作現場のスタッフは，それで仕事ができるので，絵コンテとしての役割を十分に果たしているものです。でも，一

5）三鷹の森ジブリ美術館「館内のご案内」『三鷹の森ジブリ美術館公式ホームページ』
　http://www.ghibli-museum.jp/welcome/（2017 年 5 月確認）

一般読者が読めるものではないので，人気作であっても商品化はされていません。それに対し，一般の読者が美しいと思う宮崎さんのものは，絵コンテに限らず，デザイン画であれ，イメージボードであれ，商品化されています。そこで困るのは，若い人が宮崎さんの絵コンテだけを勉強して，アニメ制作はこうあるべきと思いこんでしまうことです。実際，ここ 10 年，20 年で，ジブリ方式が日本のアニメの取るべき最上位スタイルだと思われてきているのです。でも，あのスタイルは宮崎駿という天才がいて，彼を支援するためのものなので，ほとんどの場合はそぐわない。日本のアニメを形づくってきたのは，強いて二分するなら，富野さんのスタイルであり，そちらのほうが圧倒的にアニメのスタイルなんです（山賀 2017）。

山賀はジブリ方式とは異なる中間素材の公開を行う必要があるとも考えている。

　アニメ制作には，いろんなやり方があるんだよと若い人に伝えること，教えることが必要です。そのためには中間素材の公開がわかりやすい。80 年代，90 年代のアニメのなにが魅力的であったのかというと，多様性です。作られる作品もそうだし，作り方もそうだし，集まってきた人もいろんな人がいたんです。その後徐々に均質化してきて，僕らの世代のいま 50 代の人間がいなくなったあとには何も残らない，ってことになりそうです。絶滅からアニメを救うためにも中間素材を公開し，その多様性を伝えることが効果的です（山賀 2017）。

そして受け手についても，「完成度の高い中間生成物にしか意味を感じなくなっている一種の中毒症状が起きている」と，山賀（2017）は危惧する。中間素材の商品化，というよりも商品として成立する中間素材のみを流通させる現状が，アニメ制作の多様性と可能性を削いでしまっている。中間素材は単体で鑑賞するために制作されるものでも，商品化を目的とするものでもない。イ

メージボードは，山賀の表現を借りると「うまい下手は問題ではなく，そこにどれだけイメージが込められているか」(2017) こそが重要であり，その意味において制作現場で価値をもつものなのである。

(6) 公開すべき中間素材とは

　今回の『王立宇宙軍』イメージボード展では，これまで未公開であった山賀のメモが多く展示された。大阪在住時に関西の百貨店のチラシに書いたメモから脚本の準備稿まで，『王立宇宙軍』に関するさまざまな段階と局面が公衆の目に呈示されたわけであるが，それはまさにある人間の数年の記録といってもよいものである。もちろん，それらを執筆していた当時，山賀はその 30 数年後にこのようなかたちで公開されるなどとは考えてもいなかったはずである。それについて，山賀は次のように述べている。

　　公開する価値をもつ中間素材は，「こうなんですよ」と表向きに化粧して作ったものではないと思います。そんなものは現場において価値はないし，外の人たちが見て勉強する価値があるとも思えないのです (山賀 2017)。

　意識的であれ，無意識的であれ，商品化を目論見ながら作成される中間素材は，もはや中間素材とはいえないのではないのか。このような疑念が生まれると同時に，商品的価値の追求から距離を取ることができる機関，たとえば大学等の研究機関による中間素材のアーカイビングとその公開の意義もまた浮かびあがってくるだろう。

　『王立宇宙軍』イメージボード展への協力とその後のインタビューから私たち学んだことは，現在のアニメ制作の場とアーカイブされた中間素材に存在する生き生きとした関係である。アーカイブという語から私たちは，歴史的過去になってしまった素材を扱っていると錯覚しがちである。しかし，実際はそうではなく，構想メモも，イメージボードも，現在，そして未来においても使用される価値を備えているのだ。それは，アニメ制作を志す若い世代にとっては

アニメ制作の多様性を学ぶ教育的素材であり，そしてなによりも次作『蒼きウル』を準備中の山賀にとっては新しいイメージが沸き上がる泉としてある。アニメ制作の多様性を提示することを目的とした『王立宇宙軍』イメージボード展の実践は，商品的価値に収斂しがちであった従来の中間素材の公開方法に対して一石を投じ，今後のアーカイブ活動の可能性にとって多くの示唆を与えるものであった。

第❹節　教育現場におけるアニメ中間素材の活用，そして将来に向けて

　最後に，アニメ・アーカイブ研究センターの実践のなかで，アニメ中間素材を学部課程の授業に導入・活用したことについて紹介し，アニメ制作の中心であり，メディアの集積地である首都圏ではなく，新潟という場所でアニメ中間素材をアーカイブする意義に言及したい。

　新潟大学では，教育における渡部コレクションの活用を目指し，表現プロジェクト演習という実習型講義を2016年度より開講している。人文学部，教育学部，経済学部，工学部の学生が受講し，文献や記録映像に加え渡部の講義を通してアニメ業界における制作過程の概要を学んだ後に班に分かれ，中間素材のタイトルや公開年度など基礎情報の調査とスキャニング作業に従事しながら，研究テーマを見出し，発表する。制作現場で作成・使用された素材ということで受講生は，真剣な態度で臨みながらも，見覚えのあるキャラクターの設定資料に率直な反応を見せるなど活気に溢れる様子であった。

　ここでは研究発表の一つを紹介する。テレビシリーズ『Gu-Guガンモ』(1984)の第9話の絵コンテを調査した班（小林万純，笹川日奈子，竹内知葉，松崎野乃）は，細野不二彦の同名原作漫画と比較しながら，以下の発見を得た。

　1.　絵コンテ上のタイトルが，原作とも完成版とも異なっている点

2.　漫画ではキャラクターのドラマチックな感情を代弁する言葉として「再起不能」という文字が，そのキャラクターに紐付けされた空中の風船の表面上に書かれているが，絵コンテでは，「再起不能」と並んで「失意，挫折，どん底などのイルミネーションいれかわりに点滅する」という指示からアニメーションならではの表現が用いられている点

　発見1は，絵コンテでしか確認できないものであり，タイトルが原作とも完成版とも異なっている点は，より丁寧な考察を要すると思われる。一方，発見2（図8-4）は，漫画原作と完成版との比較だけでも確認できるかもしれないが，ここで重要なのは，原作と異なるアニメならではの演出が制作現場で意図的になされており，さらにそれが個人の記憶ではなく文字の形で残されているところである。

　このような中間素材から得た学びは，アニメという表現がどのような制作システムから生まれるのかについての理解を促進させるものであり，ひいてはアニメ文化を継承していく基盤となるものである。実際，学生たちは主体的かつ能動的にアニメ文化に参画する機会を得て，ファンや消費者というそれまでの自己認識を脱したように見受けられた。

　今後の課題は，学生たちが中間素材から得た成果をいかに継続させ，発展さ

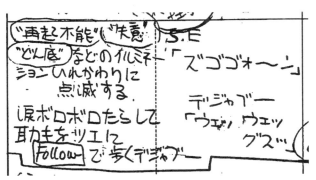

図 8-4　『Gu-Gu ガンモ』の第 9 話の絵コンテ上の演出指示
出所：新潟大学アニメ・アーカイブ研究センター（渡部コレクション）

せていくのかである。可能性のある方向としては，本講義を法律や経済，さらには工学や化学などの他の領域と接合させていくことが挙げられる。契約等の法律問題に通じた人材は，アニメ業界をはじめコンテンツビジネス業界が最も欲している人材である。またデータベースの構築や，セル画等の資料保存には，情報工学や化学の知識が必要である。より学術的でありつつも，より実践的なカリキュラムの整備によって，アニメ・アーカイブの果たす役割は複合的となり，いっそう重要なものになるだろう。

　そして最後に，新潟大学アニメ・アーカイブ研究センターが新潟市域に存在することの利点を述べたい。現在，地方において広く認識されている中央メディアとの関係は，首都圏から発信された情報を地方が受信するという，一方向の関係である。アニメもまたしかりであるが，それと同時に制作会社が首都圏においてアニメ中間素材を収蔵・管理するアーカイブを維持することが経営上非常に困難であるため，アーカイブの意義は広く認識されながらもアーカイブ構築に着手できる制作会社は限られている。つまり，首都圏は情報の保存場所としては必ずしもふさわしいといえないのである。いっぽう，新潟市域には，中間素材の受け入れの余地が存在し，首都圏からもさほど遠くない。アニメ制作会社との関係構築や著作権の問題等，これからの課題は山積しているが，それと同時に，中間素材の収蔵・管理を核とするアニメ文化の保存および継承の場所としての，さらにはアニメ文化の情報発信地としての可能性もまた存在しているのである。

　謝辞：本稿における渡部コレクションに関する研究は，JSPS 科研費 JP17K02356 の助成を受けたものです。

第9章

「村の肖像」制作の現場から
──福島県大沼郡金山町における映像アーカイブ構築

榎本千賀子

第**1**節　はじめに

　福島県大沼郡金山町は，「奥会津」と呼ばれる地域に位置する人口約2,000人の町である。周辺は日本有数の豪雪地帯で，冬季の積雪は2mを超える。山々の間を流れる只見川とその支流沿いの僅かな平地に展開する集落には，会津地域伝統の中門造りを伝える古民家が今も多く残る。計5ヵ所の水力発電所が運転する金山町は，高度成長を支えた「電源の町」でもある[1]。金山町が今見るような姿となったのは，ダムによる影響が大きい。ダムが広げた川幅は，一部の集落や田畑を水没させた。ダム建設に伴い増加した公共事業は，農業・林業を中心とする地域の生活を大きく変えた。町を貫く只見線もまた，ダム建設のための資材運搬線を，旅客用に転換したものである[2]。

　私は2016年10月より，この金山町を対象とした映像資料調査，およびそれに基づいたデジタル映像アーカイブの構築事業に取り組んでいる。家々に眠る写真とそれにまつわる人びとの記憶によって，20世紀の町の暮らしを振り

---

1) 只見川の電源開発は，後には福島県・新潟県を首都圏に対する2大電源供給地とし，原発を集中的に建設してゆく足がかりになったとも言われている「原発危機　双頭の電源地　新潟・福島　背負った宿命」『新潟日報』2012年1月29日〜2月3日。
2) 会津若松と新潟の小出を結ぶJR只見線は，2011年の新潟・福島豪雨災害で大きな被害を受け，長らく会津川口−只見間で代行バスによる運行が続いてきた。これについて，県が線路や駅などの施設を保有・管理し，JRが運行を担うという上下分離方式により，2020年の全線復旧を目指すことが2017年に発表された。これは，全国各地のローカル線の存続問題とも関わるモデルケースとして全国的にも注目されている。

返り，村々の姿を描き出すことはできないか。そう考えて私は，この事業を「村の肖像」プロジェクトと名付けた[3]。プロジェクトでは現在，地域の人びとに映像資料の提供を呼びかけ，集まった資料を皆で閲覧する茶話会形式のワークショップを中心に，映像資料の調査・収集・デジタル化に取り組んでいる。なお，本プロジェクトでは，町が大きな水害に襲われた 1969 年までの写真を中心に調査を行い，2018 年度をひとつの区切りと考えて，デジタルアーカイブの公開を計画している。

　豪雪地・山間地にはよくあることだが，金山町は現在，人口減と少子高齢化をはじめとした数多くの困難な課題に直面している[4]。人びとは，しばしば自分たちの暮らす町が「なくなっちまう」と不安を口にする。共通の課題を多く抱える金山町を含む会津地域の住民からは，個別の問題に対する対症療法的な対策の前に，そもそも問題に取り組むに当たっての前提となる価値観を，地域の基層文化から問い直すことが必要なのではないかという声があがりはじめている[5]。こうした現状において「村の肖像」プロジェクトは，町の現代史を振り返ることで，まちづくりの基礎となることを目指している。

　もちろんこれまでの金山町でも，『金山町史』(1976) および『金山の民俗』(1985) の編纂・刊行をはじめ，歴史・文化関連事業は行われてきた。さらに，奥会津地域全域へと視野を広げれば，近年では奥会津研究会が，従来の歴史・民俗記述からこぼれ落ちてきた奥会津の人びとの暮らしを掘り起こす，地道な活動を続けている。なかでも，只見川電源流域振興協議会編『奥会津　聞き書き百選〜一枚の写真から〜じいちゃんありがとう』(2009 〜，9 巻まで既刊) は，映像資料を手がかりに生活の記憶にアプローチする点，聞き書きという取り組

3) このプロジェクト名は，私が金山町に関わる直接のきっかけとなった角田勝之助の写真展に原田健一が付したタイトル「村の肖像」新潟大学旭町学術資料館，砂丘館 (2013 年，2014 年，2015 年) をそのまま引き継いだものでもある。
4) 金山町の 65 歳以上の割合は 58.1 ％（平成 28 年 1 月 1 日現在）と全国でも 1 位 2 位を争う高さである。福島県金山町『金山町町勢要覧 2016 年資料編』2016 年 3 月参照。
5) 著者も県民意見発表者として参加した県総合計画「ふくしま新生プラン」に関する会津地域「地域懇談会」(2017 年 7 月 3 日，会津若松合同庁舎) では，県総合計画が経済成長を是とする価値観に基づくものだと指摘し，「都市部の価値観に擦り寄る必要はないのでは」等の意見が県民より提出された。「県や地域の課題へ意見」『福島民友』2017 年 7 月 6 日。

みが調査者自身にもたらす作用に注目し[6]，次世代を担うこどもたちを主体としている点で，当プロジェクトにとっても重要な先行事例である。

　しかし，これまで金山町では，町内の映像に特化した網羅的な調査およびその活用の試みは行われてこなかった。これを踏まえて「村の肖像」では，映像資料を改めて町の文化遺産として位置づけ直し，その整理・活用にあたることとした。

第❷節 「村の肖像」プロジェクトの現場

　金山町に暮らす人びとは，そのほとんどが互いに顔見知りである。町に暮らす人びとは，たとえ初対面同士であったとしても，互いの関係性を手繰ってみれば，どこかで共通の知り合いがひとりは見つかるような，濃密な関係性の中に生きている。日々の生活のなかで私は「ここらでは見ねえ顔だな。どこに泊まってんだ（＝借家して住んでるんだ）。」との質問をしばしば受ける。「Kさんの家の隣にいます」と答えると，「Kあんにゃ（＝目上の男性に対する敬称）のところか。あの人は面倒見がいいからなぁ。良かったなあ。」と自らの知る世界に私を位置づけることに成功した相手が，安心した表情を浮かべ，一段打ち解けた様子になるのをよく目にする。

　こうした町で調査を行っていると，アーキビストという役割を超えた「私」個人としてのあり方が，プロジェクト全体に対して及ぼす影響を日々実感せざるを得ない。もちろん，そうした調査者の問題は，映像調査に限らず，対象との濃密な相互関係のなかで行われるフィールドワーク調査一般に共通するものである。だがしかし，「村の肖像」プロジェクトの問題点や限界を広く検討可能なものとするためには，その活動の詳細を，一度は率直に記録しておくことが必要であろう。

6）赤坂憲雄・菅家博昭・遠藤由美子「特別座談会　会津から拓く学びの庭：聞き書きを基盤として」（2005）『会津学』創刊号，pp.8-23 参照。

　そこで，いささか個人的な事項に踏み込むこととなるが，まずは「村の肖像」の発端とその調査の一場面を記しておきたい。なお，ここに記すことの多くは，私がしばしば投げかけられる「なぜあなたはこの金山町に暮らし，このような取り組みをしているのか」という当然ともいえる質問・疑問に対し，私が相手と場に応じて答える内容をまとめたものでもある。

　そもそも私が金山町に関わり始めたのは，2013年の春のことであった。金山町の玉梨行政区湯ノ上には，ここに生まれ育ち，1951年から現在まで，玉梨を中心とした近隣の人びととその暮らしを60年以上に渡って映像に撮影し続けてきた角田勝之助さん（1928年生）が暮らしている。元新潟大学教員の舩城俊太郎先生が，この勝之助さんの実践を同大の地域映像アーカイブ研究センターに紹介してくれたことが，私が金山町に関わる最初のきっかけとなったのだった。

　ほどなく，私は勝之助さんがカメラを手にして間もない50年代から60年代に撮影した写真に心惹かれるようになった。被写体と撮影者の間に築かれた深い信頼と，その関係性に根ざす自信に満ちた人びとの眼差しに，すっかり魅了されてしまったのである（写真9-1）。そして，その魅力に導かれるままに私は，金山町に通い，勝之助さんに関わる映像資料の調査・整理に携わるようになったのだった。

　勝之助さんほか多くの玉梨の人びとにお話を伺いながら資料の整理を続けるうちに，いつしか私は，自分が見慣れぬ宇宙の淵に立っていることに気づかされていた。ある人は郵便局員として仕事する傍ら，玉梨のみならず隣の昭和村の講堂をも満員にした地元の人気バンド・玉梨ヴァイオレットのバンドマスターをつとめていた。ある人は

写真 9-1　「玉梨のひと」（1950年代前半）
撮影：角田勝之助〔玉梨〕，（新潟大学地域映像
　　　アーカイブ　TK-P-001-016-05）

玉梨の人びとが一時は「ほとんど全員」といってもよいほど働いていた土木建設会社・谷ケ城建設を小さな製材所から立ち上げた社長であった。ある人は赴任した玉梨に下宿しながら，不慣れな田植にも泥だらけになって参加するなど地域に溶け込んだ小学校教師であった。勝之助さんの写真に登場する人びとは皆，他の誰とも交換不可能な個性をもつ個人であり，同時に血縁・婚姻・労働等のさまざまな関係によって結び合う社会の一員として，それぞれが具体的なエピソードと共に記憶されている。暮らしの舞台となる玉梨の土地もまた，そこに暮らす人びと自身が計画・開削し，その後も修繕・改修・清掃に苦労しながら代々維持管理してきた暗渠である「洞門」，若い青年団男女が，混浴温泉入浴の順番を待ちつつ交際を育んだ吊橋，水害によって流された家というように，そこここに忘れがたい記憶を宿している。

　玉梨の人びとが生活を共にするなかで取り結んできた濃密な人間関係と，豊かで過酷な自然との絶え間ない交渉は，その関係の網目の細やかさと長い時間の積み重ねによって，「客観的」にはごく小さな山村であるはずの玉梨のうちに，驚くべき広がりと凝集力をもたらしている。勝之助さんの映像実践は，人びとのありようと出来事が玉梨宇宙に刻むその細やかな襞を，カメラによって内側から照らし出しては押し広げ，活気づけてきたのだった[7]。

　こうした活動を続けていた2015年の秋，私は生まれて初めて全身麻酔による手術を受けた。このことは私に，自らの生き物としての有限性を生々しく感じさせるとともに，若者が減り，60代，70代を迎えた人びとが「若手」と呼ばれる玉梨や湯ノ上の将来を改めて考えさせる契機となった。そして手術の後，ベッドを取り囲むカーテンの襞を眺めながら私は，来年は金山町に住もうと決めた。たまたま関わり合った宇宙，戦後しばらく続いた安定を否応なしに解きかけている玉梨宇宙に身を浸し，自らの体験を通じてその世界を知りた

---

7) 新潟大学では2013年より毎年，整理を終えた勝之助の写真を写真展の形で公表してきたが，展示の度に筆者は，写真を前にした玉梨の人びとが思い出話に興じ，その華やぐ人びとの姿を，再び勝之助が撮影するという，映像を梃子にした玉梨宇宙の拡大再生産の様子を目の当たりにしていた。

い。そう願ったのだった。

　結局のところ，適当な空き家がなかったために，玉梨に住むことは叶わなかった。金山町には現在，約300軒の空き家がある。だが，実際に他所者が住むことのできる家は少ない。町には不動産屋はなく，先祖の位牌が安置された仏壇や盆や正月に帰省する主人のために，あるいは他所者が小さな集落の秩序を乱すことのないように，さらには単に荒れ果ててしまったがために，家々は長いうつろの時を過ごしている。しかし私は幸いにして，教育委員会のおかげもあって，大志行政区に，築70年余りの一軒家を借りることができた。大家さんは「ここにずっと住む決意ができたらいつでも言ってください。その時には家賃はもう要りません。この家は差し上げます。」と言った。

　下見の時に聞かされていた「野菜は買うことねぇからな」という大家さんのご親戚の言葉通り，家には，近所の人びとが自ら育てた野菜や，近くの山で採れた山菜・きのこが度々届けられた。また，見知らぬ土地に一人で暮らして寂しくはないかと「お茶飲み」や夕食に誘われることも多く，それは私にとって，大志と金山町を知る最良の機会となった。一晩に50cmを超える積雪も珍しくない冬には，雪国暮らしを知らない私を気遣い，お隣さんが家の前まで毎朝除雪機をかけてくれた。体調を崩した際には，診療所まで送ってくれた人がいた。「返そうなんて思うなよ」と釘を刺されつつ，私はひたすら人びとの親切に支えられて暮らしていた。

　当初，私は金山町での暮らしを約1年と予定していた。また，この「村の肖像」プロジェクトの計画が，あらかじめあったわけではなかった。だが，金山町に暮らすなかで，私が写真や映像を研究していることを知った人びとが，自宅の写真を見に来るようにと誘ってくれるようになった。その誘いに応じるうちに，角田勝之助さんの写真を通じて知った玉梨とはまた違う金山町の姿が見え始めた。

　写真を見せてくれる人びとの多くは，戦前生まれの高齢者である。彼／彼女たちは，戦前・戦後の金山町の変化を実体験とともに記憶しており，この変化が今後も続くことを覚悟している。そして，多くの町出身者が進学や就職を機

に長期間故郷を離れて暮らし，生活や仕事を通じて町の暮らしをじっくり学ぶ機会が少なくなった現在，このまま何もしなければ，言葉や風習をはじめとする町独自の暮らしはいずれ失われてしまう，それどころか，この町独自の暮らしが存在していたことさえ忘れ去られてしまうだろうと危惧している。たとえ行政単位としての町は残るとしても，人びとが世代を超えて生み出した暮らしのありようを失えば，現在の金山町を金山町たらしめている根幹の一つが確実に失われてゆく。「役立ててくんつぇ（＝ください）」という寛大な言葉とともに人びとが私に写真を見せ，さまざまな話を聞かせてくれるのは，私自身の興味関心に応えての行動であるとともに，こうした危機感に基づいてのことであった。人びとの写真と言葉が教える金山町の姿に魅了され，そうした人びとの危機感を知って，私はここでの映像調査を計画し始めた。

　高齢化をはじめとした町の課題と合致したことや，多くの人びとの後押しがあって，「村の肖像」は現在，公式に金山町の公民館事業と位置づけられている。しかしながらこの事業は，金山町に住むという個人的経験のなかから生まれたのであった。そして今も調査現場には，「個」としての私のありようが時折思いがけず響く。私は「私」の取り扱いに戸惑いながら，そうした状況で，活動にあたっている。

　たとえば，大日本紡績一宮工場に働く若い女性工員たちの集合写真（写真9-2）をめぐる，中丸ハナ子（大志・1923 年生）さんの話。ハナ子さんは高等小学校を卒業して数年後の 1941 年頃，同年代の大志の女性数名とともに当初 1 年の予定でこの工場に働いた。1 年の寄宿労働期間中は見習い扱いとされて，給料は小遣い程度しか支給されることがなかったが，寮費・食費等の生活費は不要で，仕事の合間には映画上映や旅行などの娯楽もあり，土曜日には工場敷地内の教室で作文や園芸などを学ぶ機会があるなど，福利厚生が充実していたとハナ子さんは思い出す。

　細井和喜蔵の『女工哀史』(1925) をはじめ，紡績業で働く女性たちは過酷な労働環境のもと厳しい管理を受けていたと一般に認識されている。だが，昭和10 年代の大志の女性たちの間では，一宮工場での労働は，むしろ見聞を広め

教養を身につける花嫁修業の一種として人気があった。ハナ子さんはまず，戦中の金山町の若い女性たちが義務教育後に辿った，労働と教育の結びついたライフコースのひとつを教えてくれる。

　しかし，その語りは次第にこうした写真をめぐる一般的な説明を外れ，より個人的な思い出へと踏み込んでゆく。彼女には，実家の跡継ぎとなる弟と，同じ大志内に嫁いだ姉がいた。この二人が居れば実家については心配いらないだろうと考えたハナ子さんは，将来的には大志を離れて家庭を持ちたいと希望していた。工場の仕事も気に入ったため，ハナ子さんは予定を変更し，見習い期間終了後も工員として工場に勤めることにした。一緒に一宮へ来た同郷の友人たちは，皆予定通り1年で大志へ帰っていった。

　折しも当時の一宮工場では，戦場の兵隊たちに慰問袋を送る奉仕活動が行われていた。そして，この慰問袋をきっかけとして，若い兵士たちと女性工員たちの間では文通交際が盛んとなっていた。ハナ子さんもまた，ある兵士と手紙を交わし始めた。そして，この兵士が戦場で負傷して日本に戻ってきた時には，彼女はわざわざ遠方まで見舞いに行くほどに，この兵士と親しくなっていた。

　ところが1944年，出征していた弟が戦死する。跡継ぎの一人息子を亡くした実家は，独身のハナ子さんを大志へと呼び戻す。そして結局，大阪で国鉄に勤めていた親戚の寅吉さんを婿に迎え，中丸家を継ぐことになる。これは彼にとっても，志を持って勤めていた国鉄を辞め，恋人と別れて親や親戚の意向に従うという辛い決定であった。ハナ子さんは，結婚してからもしばらくの間，夜になると寅吉さんが一人家の外でハーモニカを吹いていたと切なく振り返る。また，かつての夫の恋人が，別の男性と結婚して子どもをもうけた後になってなお慕って大志を訪れ，妻であるハナ子さんにも心を尽くしたお土産を持参してくれたことを印象深く覚えているという。ハナ子さんと寅吉さんは協力してよく働き，毎晩連れ立って近所の温泉に通う睦まじい夫婦となった。しかし，2人は子を授かることはなかった。ハナ子さんは穏やかに微笑んで「いろいろあんのな」と話を締めくくる。この話は，当時の金山町には珍しくなかったライフコースが，戦争に翻弄されながら，いかに「中丸ハナ子」という

一人の女性に経験されたのかを，極めて具体的に示してくれる。

しかし，こうした話がアーキビストに対する情報提供であるのか，それとも立場を超えた私的な会話であるのかは，微妙な問題である。もちろん，私はこの聞き取りが公開を念頭においた写真の「調査」であることを明言していた。そしてハナ子さんはそれを了承した上で，メモ

写真 9-2　大日本紡績一宮工場の女性工員たち（1941 頃）

提供：中丸ハナ子〔大志〕

を取る私に向かい話を聞かせてくれたのだった。しかし，それでもなお割り切れない部分が残る。

ハナ子さんは「調査」の間，私に対してさまざまな質問を投げかけていた。そして，それに答えて私は，自分の両親が離婚して別々に暮らしていることや，前述の病気のことなど，訊かれない限りはあえて話すこともない，ごくプライベートなことがらを話したのだった。そうした経緯を踏まえてみると，ハナ子さんが写真を前に語って聞かせてくれた話は，割り切ることのできない人生上の「いろいろ」に今まさに翻弄されながら生きる年下の「私」に対する，彼女の年長者としての贈与だったのではないかとも思われるのである。

ハナ子さんは私の隣人であり，町内でもとくに筆者と強い関係性で結び合う人である。しかしここまで個人的内容が絡む例は稀だが，やりとりにおいて公私を切り分けることが難しい場面は少なくない。私はアーキビストとして，可能な限り相手の意向を確認するよう努めながらも，曖昧な部分を多々含む関係性のなかで悩みつつ，映像のみならず見聞きした何をどこまでアーカイブに反映させるのか，個別の判断を下すしかないのである。

第❸節 「村の肖像」プロジェクトの実現に向けて

　このように「村の肖像」の根底には，調査員・アーキビストと情報提供者の間の深い関係性がある。しかし一方で，プロジェクトの限られた資源を有効に用い，一つひとつのミクロな関係に基づいて寄せられた人びとの協力を十分に活用するためには，マクロな視点に立った戦略的なプロジェクトの運営が不可欠となる[8]。

　小規模自治体である金山町にとって，映像デジタル・データベースを，単独で新たに一から設計・構築・公開することは，財政的にも人的にも困難なことである。そのため「村の肖像」では，地域社会をテーマとした映像データベースをすでにオンラインで公開している新潟大学人文学部地域映像アーカイブ研究センターと連携し，同センターが運営する「にいがた MALUI 地域連携データベース」[9]に相乗りする形でデータベースを構築・公開することを計画している。南魚沼市や十日町市，津南町など，豪雪地域・山間地域に強みをもつ新潟大学のデータベースと，金山町を対象とした「村の肖像」プロジェクトの連携は，単にデータベース構築を効率化するだけでなく，豪雪地・山間地の映像の地域横断的検索をより充実したものとする。また，只見川・阿賀野川によって結ばれ，経済的・文化的なつながりの深い奥会津地域から新潟港までの広域圏の映像を，連続的に辿ることを可能にする。実現すれば，映像研究，地域研究などの学術分野のみならず，歴史教育や文化活動，まちづくりなどのさまざまな分野に，新たに有益な資料を提供するものとなるだろう。また，町の映像を広域的な文脈の中に置くことは，町の情報発信の一環としても評価できる。

---

8) デジタルアーカイブの連携に関する関係省庁等連絡会・実務者協議会『我が国におけるデジタルアーカイブ推進の方向性』2017 年 4 月においても，地方には単独ではデジタルアーカイブ構築が難しい機関の多いことが指摘されている。協議会はこの課題に対し，メタデータの標準化や各アーカイブ機関の連携を担う「つなぎ役」への支援，国の分野横断統合ポータル「ジャパンサーチ（仮称）」の構築等を通じて取り組むことを示している。
9) にいがた MALUI 連携地域・統合型データベース http://arc.human.niigata-u.ac.jp/malui/

　さらに，一対一の個人的な関係を超え，広くプロジェクトに対する理解と協力を得て，アーカイブを充実したものとするためには，調査の途中経過を随時町内外に公開し，できるだけ多くの人びとを巻き込みながら，成果を積極的に活用してゆくことが欠かせない[10]。地域の生活のなかで生み出されるヴァナキュラーな映像に焦点を据えた小映像アーカイブの活動は，2000 年代から各地で活発になってきている。しかし，文化資源としてのコンセンサスが広く浸透している文書や図書，民俗資料等に比べれば，有名人や著名な歴史的出来事を記録したものではない身近な映像資料の価値は，今なお一般に認識されているとは言いがたい。そうした状況においては，アーカイブの活動をその初期段階から広く知ってもらうことが，生活に根付いたアーカイブ構築を行うためには欠かせないのである。

　こうした認識の下に，「村の肖像」ではまず，各ワークショップそれ自体を調査報告の重要な場と位置づけ，来場者とこれまでに収集した資料や情報を共有するべく努めている。また，来場者のプロジェクトへの参加を促すために，会場には解説文の訂正・加筆のための筆記用具を備え，若い来場者には来場した高齢者の方からの聞き取りを依頼するなど，工夫を重ねている[11]。さらに，ワークショップの終了後には，会場で得られた成果をファイルにまとめ，金山町中央公民館図書室において順次公開している。若者世代や町外に向けては，町が Facebook[12] および YouTube[13] で行っている情報発信事業「金山町ふるさと発信事業」でも，活動報告を順次行っている。

　また，資料の活用に関しては，2017 年度の 1 年間を試験運用期間と位置づ

---

10) 国が策定したアーカイブの指針においても，公開・活用の取り組みの重要性は強調されている。前掲『我が国におけるデジタルアーカイブ推進の方向性』p.12 参照。
11) 来場者をアーカイブ活動に参加するよう促す方法については，せんだいメディアテーク「3 がつ 11 にちをわすれないためにセンター」と情報交換を行いながら，金山町に適した方法とするため試行錯誤を行っているところである。
12) 金山町公式 Facebook ページ（https://www.facebook.com/town.kaneyama.fukushima 2018 年 1 月 3 日最終アクセス）
13) 金山町公式 YouTube チャンネル（https://www.youtube.com/channel/UCxPs9uXyo3BnPiPv4yq0Q-g　2018 年 1 月 3 日最終アクセス）

けて，映像資料に対する町内のニーズと，撮影当時には公開を前提としていなかったプライベートな資料を活用してゆくために必要とされる配慮の双方とを，実践を通じて探っている。試験運用中にも，町内団体の要請に応じ，当プロジェクトおよび「にいがた地域映像アーカイブ」が所蔵する金山町関連資料についての情報提供を実施するとともに，可能な場合には資料データの提供も行っている。ただし現時点では，新潟大学所蔵の「角田勝之助関連資料」をはじめとする一部資料を除いて，所蔵者から第三者への貸与等に関する許諾は得ていない。そのため，資料の使用希望があった場合には，その都度許諾を取ることとしている。手間はかかるが，新潟大学でこれまでノウハウを積み上げてきた教育・研究・文化に加えて，観光・農業分野を中心とした商用分野での利用も重要になると予想される金山町において，適切かつ必要なルールを慎重に検討したいと考えての措置である。

　プロジェクトは始まったばかりであり，実際の活用事例はまだ多くない。それでも 2018 年 1 月末までに，「村の肖像Ⅳ」展（新潟市および金山町，2017 年 11 月 17 日〜 2018 年 1 月 14 日）をはじめ町内外での写真展示，町特産物を紹介するパンフレット[14]，地域おこし協力隊募集イベントにおける町紹介展示，金山町広報誌「広報かねやま」[15] 等で写真の利用があった。プロジェクトによる公開・活用の取り組みを目にしたことが，資料を提供するきっかけ・動機となったと聞くこともあった。さらには，活用・公開をきっかけとしたマスコミ取材もこれまでに多数みられた[16]。これまでのところ，利用に関する問題はとくに起こっておらず，利用事例への反応も概ね良好であると言えるだろう。

　しかし，長期的に見ると不安要素も多い。金山町には，プロジェクト終了後にアーキビストが常駐する予定が今のところない。また，文化資源管理の専門

---

14)（奥会津 2017：5, 10）『かねやま BRAND BOOK』における，ヒメマス，温泉紹介記事への写真提供。
15)「広報かねやま」631 号，2017 年 7 月，pp.2-5（http://www.town.kaneyama.fukushima. jp/uploaded/life/5798_37562_misc.pdf　2018 年 1 月 3 日最終アクセス）
16) 福島テレビ「FTV みんなのニュース」2016 年 12 月 9 日。『日本経済新聞』「とうほく地方創生　気になる現場」東北版，2017 年 2 月 16 日。『福島民友』「"金山の肖像"づくり」2017 年 7 月 25 日など。

家である学芸員も，現時点では町には不在である。こうした条件のなかで，いかにプロジェクトの成果を守り，活かしていくのかは大きな課題である。根本的な解決策は簡単には見つからないが，状況に即したルールづくりを目指すことはもちろん，プロジェクトに関わり，その価値を知る人びとをプロジェクト完了までに町内に増やしておくこと，新潟大学のような町外組織の力をうまく活用することが，鍵となるのではないだろうか。

第❹節 「村の肖像」が描き出す金山町の姿

さて，これまで述べてきたような背景のなかで進む「村の肖像」プロジェクトは，具体的にはどのような金山町の姿を描き出すことになるのだろうか。最後に，実際に集まりつつある映像から見える金山町の姿を紹介して，本章の締めくくりとしたい。

(1) かけがえのない「村々」の集合としての金山町

いかなる資料がどのように「村の肖像」へと集まってくるのかということが，すでに金山町について多くのことを教えてくれる。金山町は，大きくは 1955 年の合併以前の 4 村を単位とした沼沢・川口・本名・横田の 4 つの地区に分かれており，さらにその 4 地区がほぼ近世以来の「村」に相当する合計 30 の行政区に分かれている。2017 年 7 月までに「村の肖像」では，沼沢・中央・本名の計 3 地区の公民館と，4 行政区の集会所，そして町全域を対象とする老人福祉センターを会場として全 8 回のワークショップを開催した。なお，各ワークショップの告知にあたっては，原則的には町内全域を対象とし，地区外・行政区外・町外からの参加も可能であることを明示してきた。しかしこれまでのワークショップの参加者をみると，そのおよそ半数以上が開催行政区の住人であった。そして，資料を会場へと持参する人びととなると，さらにその割合は

上がってゆく[17]。

　こうした人びとの行動の背景には，一つには高齢化した多くの住人にとって，行政区を超えた移動が困難であるという理由がある。しかし，これまで観察されたワークショップの参加状況は，それに加えて，現在金山町に暮らす人びとが実際にどのような生活圏に暮らし，いかなる帰属意識を持っているのかを反映していると考えられる。

　山や川，そして冬には雪に隔てられ，過去には物理的にも独立性が高かった金山の各行政区≒村の多くは，道路や橋で結ばれ，除雪によって年間を通じて容易に行き来できるようになった今なお，各地区の個別事情に合わせた高度な自治を行っている。祭礼や講をはじめとした各種宗教民俗行事の開催，堰普請や道普請をはじめとした村中での共同作業や水利権の分配，道路整備や除雪などの村中のインフラ整備に関する町への陳情取りまとめなど，生活に直結した地域運営は，金山町では多くの場合，現在も各行政区を基本単位としている[18]。また，同じ金山町内に住んでいても，自分の暮らす行政区を超えた他行政区の活動の詳細は，普段の生活のなかではほとんど知ることができない。東京出身の私には聞き分けることはできないが，行政区ごとに話される言葉も違うのだという[19]。ワークショップの参加状況は，こうした行政区の状況を反映しているのである。

　そして，実際に集まってくる資料にも，行政区ごとに豊かなまとまりと特色が感じられる。たとえば水沼行政区では，川や橋に関するもの（写真9-3）や，

---

17) 各開催地における参加者は以下の通り。第1回福祉センターゆうゆう館17名（地区外5名），第2回本名公民館20名（地区外7名），第3回中央公民館24名（地区外13名），第4回沼沢公民館34名（地区外17名），第5回下大牧集会所10名（地区外なし。下大牧は8世帯からなる小行政区のため，行政区より広報を関係の深い近隣行政区のみにしてほしいとの要請があった。），第6回山入集会所28名（地区外10名。ただし地区外参加者には旧山入地区から他地区へと集団移転した者が多い），第7回大志集会所30名（地区外9名），第8回八町集会所20名（地区外5名）。

18) ただし世帯数の多い行政区では，より小さな地域単位である「組」が行事等を行うにあたっての単位となる。たとえば，約70戸からなる玉梨行政区における村と組の関係は，（原田2015）に詳しい。

19) 東京女子大学篠崎晃一研究室（2015）『かねやまのことば』第9版には，金山で採集された方言が，使用地区も含めて辞書形式でまとめられている。

他地区ではあまり寄せられることのない比較的近年のものを含む民俗行事関連の写真が多く寄せられた。これは，渡し船の時代から只見川の両岸を結ぶ交通の要衝であった水沼行政区≒村の地政学的な特徴，そして他行政区に比べて今でも民俗行事が多く残っているとされる行政区の現状を反映していると考えられる。

写真9-3　初代水沼橋の流出後使われていた「岡田式」渡し船（1913-1925頃）
提供：五ノ井忠一郎〔水沼〕

　また川口行政区では，派出所や裁判所などの公的施設や，自動車関連の写真（写真9-4）が多数集まるとともに，緬羊飼育や狸養殖やホップ栽培など，戦前から戦後にかけて次々に試みられた新たな事業に関する写真が多く寄せられた。これは，1955年の金山村の誕生以前より，周辺地域の行政・商業・交通の拠点となってきた川口行政区≒村の姿をよく表している。川口では，古くから物流に従事していた人が多く，他行政区に先駆けて自動車の導入が進んでおり，さらには農業・畜産業についても耕地面積の狭さを克服するための先駆的試みが次々となされてきたのである。

　大志行政区では，行政区内に営業する2つの事業所，新潟への杉材の販売で成長した大竹製材所と，桐下駄の生産を行ってきた水井桐材店に関わる写真が多く集まった（写真9-5）。只見川に面した30戸あまりからなる大志は，

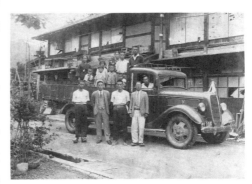

写真 9-4　川口で営業していた山内運輸部の車・越尾商店前（1935頃）
提供：越尾吉男〔川口〕

写真9-5　二階建ての屋根を超えて乾燥中の
　　　　下駄材が積み上がる水井桐材店
　　　　（1935頃）

提供：水井昇司〔大志〕

金山町では中規模の行政区≒村といえるが，町内でもとりわけ平坦な土地が少なく，戦後の耕地改良までは，大八車も通ることができないような急斜面につくられた棚田や畑を人力で耕してきたところである。大志は農業を営むには厳しい村であり，平坦な土地の多い近隣の村々からは，かつては娘が苦労するからと「大志には嫁をやるな」とさえいわれていた。大志に集まる写真からは，こうした厳しい条件に暮らす人びとが，大正期以降，周辺地域の豊富な森林資源を活用して，次第に大志を製材・木工業の村として発展させてきた様子が見えてくる。

　このように，各会場に集まる写真は，金山町の各行政区≒村が地理をはじめとした条件に合わせつつ，それぞれに個性豊かな生活を営んできた歴史と，その「村々」が今も人びとに大きな意味をもつことを教えてくれるのである。

（2）村々を主体とした映像実践

　さらに，資料の収集状況は，金山町における映像実践の歴史的な特徴についても教えてくれる。これまで「にいがた地域映像アーカイブ」では，とくに戦前までの映像資料については，早い時期から映像資料の分厚い蓄積を行ってきた地主をはじめとする富裕層の「家」を中心的な単位として調査・資料整理に取り組んできた。たとえば，同アーカイブの南魚沼市における戦前の主な写真コレクションとしては，今成家湿板写真コレクション，高橋家・梅沢家・片桐家乾板写真コレクションが挙げられるが，これらの4軒はすべて大地主ないしは醸造業，金融業等を営んでいた富裕な家であり，それぞれのコレクションに

は，家業と撮影者個人の関心が反映されているのである[20]。

　しかし，こうした地域における映像実践のパイオニア的な「家」を単位とした調査および整理というのは，少なくとも映像制作が全国的に広く身近となり，個人的な動機に基づいた映像制作が容易になる 1950 年代後半までの金山町には馴染まない。山に囲まれ，耕地面積の狭い金山町では，新潟でしばしば見られるような 50 町歩を超える大地主は存在したことがなかった。もちろん，かつての金山町の家々にも経済格差がないわけではないが，たとえば 1888 年の時点では，現在の金山町全域をみても，土地所有規模が 10 町を超える地主はいなかった。戦後の農地解放に際しても，横田地区の 18 町歩の地主が最大規模という状況であった[21]。膨大な資金をつぎ込んだ大規模な映像実践を可能にする，突出した富を蓄積した家は，戦前の金山町にはほとんど存在してこなかったのである。

　こうした町の経済を反映するように，1950 年代後半までの金山町では，特定の家から大量のまとまりある映像資料が寄せられるということは少ない。名主をつとめた家や商売をしていた家からは，たしかに他に比べて早い時期の写真実践が見つかるが，それも比較的小規模なコレクションにとどまる（写真9-6）。代わりに金山町では，数枚からアルバム数冊程度の小規模な写真資料が，しばしば断片化したかたちで，地域の複数の家々から平均的に寄せられてくるのである。その内容についても，新潟の大地主によく見られるようなアルバム制作者自身の撮影による写真が主体となることは少なく，祭礼や，橋や道路，水路などのインフラストラクチャー整備や，学校・役場等などの公共セクション，事業所や商店の活動に関連した，写真館の出張撮影による集合写真・記念写真に類するものが大半を占めている。しかもそうした写真が，同じ行政区≒村のなかで，複数の家に重複して分かち持たれていることも多い。その結果，金山町で集まる 1950 年代までの写真資料は，それぞれの「家」ごとのまとま

20）新潟大学地域映像アーカイブ研究センター（2015）『光の記憶：南うおぬま地域映像アーカイブ』南魚沼市・新潟大学ミュージアム連携ネットワーク。
21）金山町（1976）『金山町史』下巻，pp.449-450，p.593。

写真9-6　大志のひとびと
※大竹製材所の次男坊であった大竹佐蔵は，1935年ごろ
　大型カメラを手に入れ，大志の人びとをモデルにパーソナ
　ルな肖像撮影を行った。佐蔵は1945年に戦死。
　　　撮影：大竹佐蔵〔大志〕，提供：大竹信吉〔大志〕

りがないわけではないものの，む
しろ「家」の違いを超えた行政区
≒村のまとまりと，行政区≒村を
主体とした映像実践のありようを
強く感じさせることが多いのであ
る[22]。新潟でも，地主層から調査
範囲を広げれば同様の状況が観察
できるのではないかと予想される
が，これまで「にいがた地域映像
アーカイブ」が調査を進めてきた
「家」を主体とした映像実践とは，
対照的な姿である。

　その後，全国的にカメラブー
ムが起こる戦後1950年代半ば頃からは，金山町でも映像実践の中心は個人を
主体としたものとなる。しかしそうした変化の後も，先に紹介した玉梨の角田
勝之助さんをはじめ，宮崎行政区の変遷を追った目黒重郎さんとその息子・謙
さん，上横田行政区で労働組合副委員長として横田鉱山の写真をまとめた渡部
勝男さん，1980年に廃村となった三条村（本名行政区）で，そこに生まれ育つ
最後の世代となるかもしれない甥・姪たちを撮影した栗田政行さんなど，多く
の人びとが自身の暮らす行政区≒村を重要な実践の場として選び取り，興味深
い仕事を残している。

　プロジェクトを開始して間もないころ私は，金山「町」を対象とするなら
ば，プロジェクトの名称は本来「町の肖像」とすべきではないかと考えたこと
がある。しかし，あえてこれを「村の肖像」とそのままにした。それは，金山

---

22)「家」ごとのまとまりが薄くしか感じられないのには，別の理由もある。金山では大部
　分の写真が剥がされたアルバムをよく目にする。この多くは，親戚をはじめとする関係者
　に，写真を分け与えた跡であるという。こうした行為が繰り返されることによって，金山
　町に残るアルバムの「家」としてのまとまりは，しばしば事前に薄められてきたのである。

町においては行政区≒村が映像実践の主体として大きな役割を果たしてきた期間が長く，しかも個人による映像実践が中心となった現在もなお，行政区≒村が重要な映像実践の場となっていることが次第に明らかになってきたからである。そして，これを踏まえて「村の肖像」では，資料の整理に際しても，新潟で採用している家を単位とした資料整理の代わりに，行政区を一つの基本単位とした整理を採用すべく，資料番号の付与ルール等について現在調整を行っている。連携先となる新潟のアーカイブとの整合性を保ちつつも，金山町のかけがえのない「村々」の姿をより良くアーカイブに反映できるよう，慎重に検討を重ねたい。

（3）金山町における映像の利用

　さらに「村の肖像」の活動からは，金山町の人びと自身がこれまでにも，過去を咀嚼し，未来を作り出すために，「村」や個人の状況に合わせて，さまざまな工夫を凝らしながら映像メディアを活用してきた姿が見えてくる。

　まず，本章で幾度も触れてきた角田勝之助さんの活動の一側面。その活動は，玉梨行政区≒村のアーキビストと呼ぶべき面を有している。勝之助さんは，自身の撮影した写真ネガのみならず，義弟・義兄をはじめとする親しい人びとの撮影した写真ネガ，1977年に金山小学校に統合された玉梨小学校の卒業生たちの生年月日をはじめとした種々の統計記録など，玉梨行政区≒村の活動から生まれる多彩な資料を自宅で保管してきた。そしてこれらの資料を，周囲の人びとから必要とされたとき，あるいは勝之助さん自身が有益であると判断したときに，あるいは写真を焼き増しし，あるいは統計記録を整理するなどして，適宜玉梨行政区および金山町の生活に役立ててきた。

　たとえば，玉梨行政区内の4組（湯ノ上，西中井，上中井，東中井）が年に1度合同で開催する山岳信仰の飯豊講を長らく重要な撮影機会とし，さらには講の参加者名等，この行事に関連する統計情報を記録し続けてきた。そして後に勝之助さんは，町の民俗誌『金山の民俗』への参考図版として自身の撮影した写真を提供している。さらには，講元の負担軽減のため，会場を講元の家か

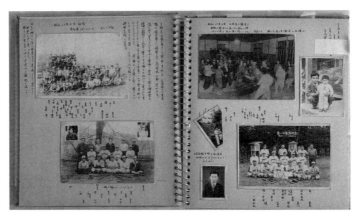

写真9-7　アルバム

提供：渡部章榮〔川口〕

　ら旅館へと大きく変更することとなった玉梨の飯豊講の節目の年には，それまでに整理してきた過去の講参加者の統計を再集計し，講への参加回数を順位付けて，参加回数上位者を表彰して皆で楽しんだのだという。

　また，写真を並べ，言葉を添えてアルバムを編集するという身近な行為を，長く過去の出来事を咀嚼するための方法としてきた川口行政区の渡部章榮さん（1925年生）の営みも，我々がいかに資料を活かすことができるか，大きなヒントをくれる。現在私たちが目にすることのできる章榮さんのアルバムは，そのどれもが，几帳面に頁に並べた写真一枚一枚に，丁寧に撮影年月日や撮影地，詩やテキストを付した端正な佇まいをもつ，ひと目で作り手の想いを感じさせるものとなっている（写真9-7）。だが，さらに興味深く，私たちの胸を打つのは，そうした章榮さんのアルバムが，最初から現在の姿で完成したのではなく，長い時間をかけて生み出されてきたものであるということである。

　実は，章榮さんのアルバムに貼られた写真の多くは，以前別のアルバムに貼られていたことを示す剥がし跡や，現在付されているものとは大きく異なるテキストをその裏に留めている。たとえば，戦後の川口青年団の賑やかな集会を写した1枚の写真。アルバムで写真の横に付された文章には「戦後の痛手か

ら這い上がりはじめた頃／ニゴリの酒で足が宙に浮いています。手前では“聞け万国の労働者”の合唱が」と出来事が簡潔に記されるのみである。だが，撮影直後のものと思われる写真裏の書き込みには，「酒故に興ずるこの姿……／それが果たして民主国家として発達した文化村の姿であろうか（中略）見方に依っては実に悲惨な１シーンである……（後略）」と，社会の変化に戸惑う心情が吐露されている。章榮さんは，太平洋戦争中海軍に従軍し，戦後は海上自衛隊に勤めた。戦後は，かつての敵国・アメリカの軍艦に乗ったこともあるのだという。アルバムと写真の裏のテキストは，そうした経験をもつ章榮さんが，幾度も一枚の写真をアルバムに編み直し，その都度テキストを書き換えながら，敗戦という自身にとって極めて大きな過去の出来事と対峙してきた，長い道程を指し示しているのである。

　地域に密着して過去の映像を収集し，それを現在と未来に活かすことを目指す小規模映像アーカイブは，いまだ浅い歴史と経験しか持たない。そうした生まれたばかりの活動にとって，村の生活の細やかな実情に即した私的映像アーカイブを運営してきた勝之助さんや，アルバムという素朴なメディアを，過去に向き合う一つの思索の場として深めてきた章榮さんの実践は，貴重な先行事例といえるだろう。私は現在「村の肖像」に取り組みながら，このプロジェクトが今後地に足のついた活動としてこの町に根を下ろしてゆけるか否かは，調査を通じて出会うこれらの事例や資料から，どれだけ多くのことを学ぶことができるかにかかっているのだと考えている。

第10章

「コミュニティ」の映像
──地域・メディア・研究をつなぎ直す

原田健一

第❶節　研究における問題の所在

　新潟大学における地域映像アーカイブの試みは，2008 年に南魚沼市の六日町の今成家，高橋家，平賀家の映像を発見したことに始まる。幕末から 1930年代まで継続した映像から，一つの地域の日常生活を見たとき，それまでとは違った世界があることを実感することになった。そして，また，六日町といういわゆる中山間地域と呼ばれる地域からこれだけの堆積した映像群が発掘されたという事実は，それまでの映像，あるいは映像メディアというものが都市化と不可分のものであるという先験的な前提を修正する必要があると考えられた。

　その後，新潟県の観光課に所属しながら，あるいは所属することで県内の各地を 16mm フィルムの動画と写真とを同時並行的に撮影し続けた中俣正義，さらには金山町の村で村びとを約 70 年にわたって写真と動画で撮り続けている角田勝之助などの映像から，マス・コミュニケーションとパーソナル・コミュニケーションの間の中間的コミュニケーションの層の厚さということに目を向ける必要があることに思いいたった（原田 2015）。

　発掘された映像群は，これまで映像学においてもメディア研究においてもほとんど問題にされていない領域であると同時に，当事者である住民においても必ずしも重要視されていない，長期的に使われたり保存されることを意図していないエフェメラなものとして考えられていた。つまり，行政組織とっては観

光や広報のためのものであり，あるいは住民にとっては行事や個人の記念といったものにすぎず，日常生活の必要に応じて写されたものであり，必ずしも町や村の共同体の記録として，正式に，たとえば村の取り決めが残された文書などと同じような扱いをしてきたものではなかったのだ。

　こうした映像は膨大に蓄積され人知れず残り，そして消去される，こうしたことは現在も果断なく持続している。重要なのは，こうした過程が現実社会のなかで起きていることを自覚することである。この現実は誰もが気づくことができるにもかかわらず，気づこうとしない不可視の領域としてあるだけでなく，研究的にも暗黒の領域として手つかずのまま残されている。ここでは，メディア研究の観点から，これまで地域とメディアの研究において，何を見落としていたのか，何が問題だったのかを批判的に検討してみる。

第❷節　地域とメディアの研究における 2 つの「コミュニティ」

　1970 年代以降，日本における地域メディア研究を牽引してきた田村紀雄は，地域メディアの研究はメディア産業の側からではなく，その主体である地域の住民の側から問題にすべきであるとした（田村 2003）。その研究枠組みとして援用されたのが奥田道大のコミュニティ・モデル，通称「奥田モデル」である。奥田モデルは，ローカル・メディアの問題を「地域社会なり地域性を，全体社会の大きな流れである都市化，近代化の過程から」捉えるべきだとし，これまでの地域社会であるムラ共同体がこうした都市化と対峙した位置づけにあることから，「都市化の論理と対峙しない地域社会の概念」として「コミュニティ」を想定すべきだとした（奥田 1968：126-129）。奥田は 1969 ～ 1970 年にかけて行われた東京都八王子市の調査をもとに，この「コミュニティ」概念を明確にすべく行動体系における主体化‐客体化と，意識体系における普遍化‐特殊化を設定しこの 2 つの軸を交差させ 4 象限に図式化している。4 つの象限は，それぞれ①「地域共同体」モデル，②「伝統型アノミー」モデル，③「個

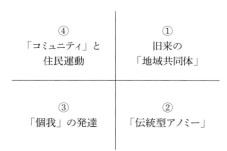

④ 「コミュニティ」と 住民運動	① 旧来の 「地域共同体」
③ 「個我」の発達	② 「伝統型アノミー」

図 10-1　奥田都市モデル
出所：（奥田 1971：139）

我」モデル，④「コミュニティ」モデルをとした。（図 10-1）各モデルが想定するものは，①「地域共同体」では村落の旧部落や都市の旧町内などの伝統型地域社会，②「伝統型アノミー」では都市，農村部にみられる解体化地域で，かつてあった結びつきが弱体化した地域社会であり，③「個我」では都市化における過程において起こるさまざまな問題を住民一人ひとりが処理，解決しようとする社会であり，④「コミュニティ」では「個我」モデルを前提にしつつ，さらにそこから自らコミュニティ形成を行おうとする社会となる。このモデルは，伝統的な「地域共同体」から「伝統型アノミー」へ，さらに「個我」を経て「コミュニティ」へと止揚される過程を前提としたものであり，とくに④「コミュニティ」は住民運動などを意識した運動的なものであった（奥田 1971：138-142）。

　この奥田モデルに対して，船津衛はこのモデルが大都市ならびにその近郊を念頭にしているものであり，地方都市を考慮においたものではないこと，また，住民運動論と「コミュニティ」形成論とがイコールにされていることなどを批判し，福岡市などの地方都市をもとにした実証的な議論をしている（船津1978）。しかし，この奥田モデルは，それまでの社会学の理論を踏まえていたこと，また，コミュニティの意識の展開過程を理解しやすいモデルであり，当時の日本の地域社会の変化・変動に見合っていたこともあり，メディア研究において受けいれられることになった。

　地域メディア研究において，林進は 1976 年の甲府市の調査をもとに，「戦後日本社会で，テレビを中心とするマス・コミュニケーションと電話に代表されるパーソナル・コミュニケーションが，社会的コミュニケーションのそれぞれの領域で大きく発展したのであるが，その中間的領域では特定のメディアに代表されるような，めざましい発展はなかった。しかし，昭和 40 年代以降，

多様な中間領域のメディア−中間メディア（intermediate media）の発展があった。ローカル新聞，コミュニティ・ペーパー，フリーペーパーなどの地域新聞，各種の行政広報メディアや集会施設，企業の PR 誌や組織の機関紙・誌，有線放送や CATV，サークル誌やタウン誌，住民運動の機関誌などのいわゆるミニコミ・メディア等，各種各レベルのメディアが増大し，開発されてきた」（林 1978：12-13）と，新たな「コミュニティ」をつなぐものとしての中間的コミュニケーションの重要性を問題にしている。

　こうした議論は 1980 年代以降の地域情報化政策の展開のなかで，行政主導のコミュニティ形成に対して，住民運動を踏まえた「参加型コミュニティ」論が議論され，そうした期待を担う中間的コミュニケーションのメディアとして，双方向性を重視する CATV やコミュニティ FM などが注目されることになった。今日，地域メディア研究において，「コミュニティ」という言葉はこうした文脈のなかで語られる。本書における浅岡隆裕がアーカイブ活動の場として期待する「コミュニティ」はこうした範疇に入るものといってよい。それに対して，榎本千賀子（第 9 章）は金山町の写真から村落の「コミュニティ」がもつ多様性を再発見しようと試みているが，そこでの「コミュニティ」は伝統的な村落の共同体の範疇にあるといってよい。ところで，奥田は八王子の調査において，「『地域共同体』モデルの典型として分析された農村部・由木が」，自由民権運動の研究をもとにした「歴史学者・色川大吉による『農民の反権力的姿勢と，自由と創意にとむエネルギーが内蔵していた原点的地域』との指摘」（奥田 1971：177）を受け，「村落共同体」から「コミュニティ」に通底するものとは何かを問うが，実際にこうした問いを調査し検証することはなかった。つまり，伝統的ムラ社会の底に何があるのか，あるいはこうした伝統的なムラ社会とメディアとの関係について問われることはなかった。都市社会学が，あるいは，地域メディア研究が応えることのなかったこの課題は，良くも悪くも地域の映像を発掘するデジタル・アーカイブ研究において応えるべきものとしてある。2 つの「コミュニティ」はどう架橋されるべきか，一つの課題といえる。

第❸節　「地域共同体」とメディア

　ここで，奥田の枠組みを援用しながら，「地域共同体」の範疇の映像を実際にみてみよう。一つ目の事例は一般財団法人・宮本記念財団にある宮本馨太郎9.5mmコレクションである。宮本馨太郎は1911（明治44）年に東京都台東区池之端（旧下谷区池之端七軒町）に，宮本勢助の長男として生まれた。宮本家は富山県下川（黒部市）の出身であったが，嘉永年間に江戸に出てきて焼酎などの醸造業で成功し池之端の土地を取得し貸家業を営むことになった[1]。宮本勢助は三代目で貸家業を営むかたわら民間服飾の研究に専念し，柳田國男と知己を得て勃興期の民俗学と関わった。宮本馨太郎は1929（昭和4）年立教大学に入学すると，宮本勢助の関係もあり，渋沢敬三のアチックミューゼアムに関わることになる。宮本馨太郎はアチックミューゼアムに関わる前から9.5mmパテーシネに接し，作品を制作していたため，民族調査においても渋沢敬三とともに動画を調査道具として活用し，日本における映像民族学パイオニアとなった。また，一方で，パテーシネ協会に関わり戦前の小型映画の運動に参加もしていた（宮本他2016）。

　宮本馨太郎が映像を制作したのは基本的には戦前の1928〜1943年の約15年間のもので68本ある（原田2016：6-9）。大学以前の劇映画や弟宮本溶次郎との旅の映画などの習作として13本あるが，大学に入って以降は①我が家の記録とした住まった池之端を中心にした8本，②立教大学小型映画研究会に関係し制作した13本，③パテーシネ協会に関係した11本，④アチックミューゼアムに関連する民俗映像23本，となる。宮本馨太郎が映像を制作するにあたって関わった集団から，宮本の社会への関わり方がみえてくる。一つには地域性をもった①生まれ育った下町の池之端と②研究者になるまで過ごした山の手に位置する池袋の立教大学との対比に対して，二つには映画の関係を通し

1）一般財団法人・宮本記念財団代表理事宮本瑞夫よりの聞き取りによる。

た②大学のサークル活動である立教
大学の小型映画研究会と③社会人（し
かも不動産業者が多かった）のサーク
ルであるパテーシネ協会，三つには
④常民を研究するアチックミューゼ
アムでの民俗採訪調査とその記録映像
と①常民の生活空間である池之端の
記録と，4象限のサイクルはつながる。
こうした映像のグルーピングは，奥田

④ アチックミューゼアムと 民俗映像	① 池之端 「我が家の記録」
③ パテーシネ協会	② 池袋 立教大学 小型映画研究会

図 10-2　宮本馨太郎―下町の映像モデル
筆者作成

モデルの示す4象限とは異なった関心領域を浮き上がらせる（図10-2）。

　実際の映像を見てみると，宮本の④民俗映像の代表作である『うちはの出来るまで』(1930) は，房州（千葉県）千倉町のうちわ屋でうちわができるまでの制作過程を描いた作品であると同時に，③この作品はパテ九ミリ半第10回撮影大競技会・教育映画の部門に出品され，二等第一席となっておりパテーシネ協会との関係の端緒となっている。また，写されているうちわ屋は宮本家が夏の避暑地として行く千倉の別荘を管理してもらっていて懇意にしている家であり，①池之端が示す地縁の人間関係のうえに撮影が進められており，その所属しているコミュニティは複層化している。

　また，宮本が生まれ育った池之端は震災や戦災にも焼け残った「一時代前の都市経済生活」の残る「東京山の手と下町との境で，2つの土地の，今からいえば，東京市街地住民の全く異なる階層と職業とをもつ人びとの日常が接触する場所であった」（千葉・萩原 1981：341）。つまり，近代以前と近代以降の生活様式や意識が雑多に入り交じっていた場所であり，民俗学へ目を向ける環境が現実に目の前にあったことがわかる。宮本は確かに地主であり富裕層の意識を内包しつつも，一方でそうした都市のあり方を反映し，近代以前と近代以降の2つの社会や文化へ意識が複層化している実態があり，9.5mmの映像はその実態を顕在化しているものといえる。

　2つ目の事例として，小樽市総合博物館・運河館の 9.5mm コレクション

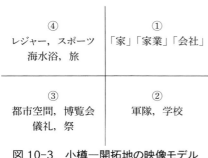

④ レジャー，スポーツ 海水浴，旅	① 「家」「家業」「会社」
③ 都市空間，博覧会 儀礼，祭	② 軍隊，学校

図 10-3　小樽―開拓地の映像モデル
筆者作成

をみてみよう[2]。1983（昭和 53）年 7 月，小樽市博物館は NHK の協力を得て北海道内の 1930 年代に撮影された 9.5mm フィルムの小型映画を蒐集しテレシネをし，特別展として「9 ミリ半の世界」を開催した。現在，小樽市総合博物館に収蔵されている動画の大半はその時のフィルムを DVD 化したものである。ところで，小樽は 1931（昭和 6）年に小樽パテーシネクラブ，小樽小型映画研究会が設立され道内でも非常に活発に映画が制作された地であった。そういうこともあり「北海道では，ことに昭和初期の映像は，この 9.5mm フィルムが映像の中心であり，（その内容：原田補足）真実の生活史でありました」（大石 1983：2）とかなり早い時期からこうした映像に着目してきた。ところで，小樽を代表する企業である北の誉の醸造元野口家の二代目野口喜一郎（1888 ～ 1972）は，当時，小樽小型映画研究会の会長に就いており，収蔵されている 209 本中 78 本が野口家のもので全体の約 3 分の 1 を占める。なお，その内購入フィルムは 9 本にすぎず，残り 69 本が野口家によって撮影・制作したものである。当然，小樽市総合博物館が所蔵している映像の大半はこうした野口家が代表するような富裕層が撮影・制作したものであることは間違いない。しかし，近代以降，開拓され植民地化され新たにつくられた町村の共同体において，つまり，奥田モデルにおける①「地域共同体」である村落の旧部落や都市の旧町内などの伝統型地域社会がない社会で，どういった「家」あるいは「社会」が形成されたのか，表象化された映像から見てみる必要がある（図 10-3）。

　ここでは写された映像を奥田モデルにそって分類してみよう。①野口家が代表するような家族・親族を中心にした家業としての会社の世界が 49 本，②

2）小樽市総合博物館に所蔵されている動画については，小樽市総合博物館より提供された DVD データ 202 本の内，視聴し得た 194 本のみを対象としている。

それに対して近代以降に欧米から移入された組織である軍隊と学校の世界が26 本，③また，近代化，あるいは都市化を促進するために開催された博覧会，あるいは都市空間における儀礼や祭，街並みを扱ったものが 45 本，④さらにはこうした都市化のなかで近代以降に生活のなかにレジャーとして内挿されたスポーツや海水浴，旅行といった内容が 59 本となる。

　この映像の 4 象限のサイクルからは，一つ目の事例である宮本フィルムと同じように 1930 年代に撮影されたものであるが，東京の下町である池之端が内包する近代以前と近代以降の複層性は縮小し，②近代の組織である軍隊や学校，③都市空間における儀礼空間としての博覧会などや，④レジャーとしてのスポーツや旅が大幅に拡大していることがわかる。近代以前の「地域共同体」と断絶した地で，近代を受けいれた地域の共同体のあり方が，ここに現れているといってよい。

　3 つ目の事例として新潟大学地域映像アーカイブ研究センターの調査によるアーカイブのコレクションを見てみよう。2017 年 3 月から始められた「にいがた MALUI 連携地域データベース」[3] に提供された資料の群（コレクション）は，幕末から 1970 年代頃まで約 100 年近い期間の映像を幅広く収蔵しており，ある程度地域における映像を見渡せる位置にある。奥田モデルにあわせながら，収蔵されていない映像群も含めて，地域の映像を 4 つにグルーピングしてみる。①旧来の地域共同体の意識を表象する「今成家」「梅沢家」「髙橋捨松」「片桐徳重」「平賀家」「栗林家」「齋藤家」「大場隆太郎」「北方文化博物館」「行形亭」「市山流」「角田勝之助」など，家と村落との関係性の強いつながりをもった映像群である。②市町村の行政，会社などで制作された「中俣正義（新潟県観光課）」「新潟県立生涯学習推進センター」「新潟市視聴覚ライブラリー」「南魚沼市」「小千谷市」「加茂市」「新発田市図書館」「関川村」などである。③マス・コミュニケーションとしての「新潟新聞社」などの県域の新聞だけでなく，「新潟日報社（BSN）」が製作した映像，「あわづや文庫」などの絵葉書，あ

3）にいがた MALUI 連携地域データベース http://arc.human.niigata-u.ac.jp/malui/index.html

図 10-4　にいがた 地域映像モデル
筆者作成

るいは「新潟アメリカ文化センター」所蔵の映像や音源などがこうした範囲に入る。④新たなコミュニティの運動と関連した映像であるが，こうした映像は収蔵されていない。今後の課題であろうが，想定される映像や音源は CATV やコミュニティ FM，あるいは住民運動などに関わった映像となる（図 10-4）。

　新潟大学地域映像アーカイブ研究センターがデジタル化した映像の中心は，①旧来の地域共同体の意識を表象するものや，②市町村の行政，会社などで制作されたものが中心となっている。基本的には，パーソナル・コミュニケーションから中間的コミュニケーションの領域にかけて形成される地域性をもったヴァナキュラーなデータ・資料が中心となる。③マス・コミュニケーションの領域が少ないのは，著作権などクリアしなければならない問題が多く，提供されていない映像が多いことがある。また，④新たなコミュニティの運動的な映像がないのは，どちらかというと日常生活の何気ない映像を蒐集しようとしてきた結果でもあり，同時に，こうした映像は運動の主体となった人々が記録し保存する可能性が高いことを考慮したこともある。

　宮本馨太郎 9.5mm コレクション，小樽市総合博物館 9.5mm コレクション，新潟大学地域映像アーカイブ研究センターの 3 つの事例は，「地域共同体」と映像メディアとの関係の多様性を表すものである。それは，近代化，あるいはメディアの普及を都市化の過程とすることで見落としてきたものでもある。こうした研究の偏差は現在においても続いている。

第❹節　メディアがメディアとなるためのネットワーク

　通常，研究的に映像メディアといわれているものは，テレビ（放送局）や映像製作会社，写真家などの映像を職業としているいわゆるプロが撮影し制作したもので，基本的にはマス・コミュニケーションに属する。こうした映像メディアで地域を扱ったものは，なんらかの形で一般化されたナショナルな，あるいはグローバルな要素を含んでいる。つまり，地域性を越え広がる情報を共有する社会的関係性を含んでいる。

　G・ガンパートはマス・コミュニケーションの発達は地域のコミュニティのような具体的で物理的な空間である場所の共有をもとにした「コミュニティ」ではない，情報の共有による「地図にないコミュニティ」(Gumpert 1987=1990：247-265) を拡大させているとした。これまでの公衆や大衆という概念を拡大したメディアの発達にあわせた議論といってよい。放送や映画が生み出している関係，コミュニティとはこうしたものであり，本書で扱う，アニメ（第 8 章を参照）や CM（第 7 章を参照）といった映像も，同じようにこれまでの地域性に準拠したローカリティとは違う「地図にないコミュニティ」の範疇に属するといってよい。当然のことながら，映像とその関係性が生み出す「地図にないコミュニティ」はヴァーチャルなものであり，具体的な地域性，空間を含んでいるわけではない。メディアは地域性を越えるコスモポリタンな性質をもつものだからだ。

　マス・コミュニケーションがネーションの創生と不可分の関係にあったのは，マス・メディアのこうした地域性を越え意識を統合する性質が機能してきたことによる (Anderson 1997)。こうした意識の統合を実現するために，メディアはさまざまな社会システムと関係しあってきた。新聞・雑誌の普及には流通の発達は重要であったし，映画においては配給と劇場の結びつきは強固であった。またラジオやテレビにおいては電波の届く範囲・エリアが限られているためにそれをネットワーク化することが必要であった。ナショナルなマス・メ

ディアはなんらかのネットワーク性をさまざまな産業と連携することでそのインフラストラクチャーを確保する必要があった。つまり，近代国家の形成とマス・コミュニケーションの関係はこうした国家が進めてきた近代化のためのインフラストラクチャーと密接に結びつくことで，メディアのネットワーク性の基盤であるシステムを築いてきた。その意味で，地域という枠は中央・政府による地方・地域へのコントロールという文脈で機能してきたといってよい。

　しかしながら，パソコン，インターネットの発達はあらためてこうしたネーションがつくりだしたネットワークのあり方を問うものでもあった。ジットレインは，パソコンをメディアとしてみたとき最下層にパソコンの物理的な基盤があり，その中間に OS があり，その上にソフトが組み込まれ，最上層にコンテンツが展開していると指摘する。インターネットも基本的にはこうした構造を踏襲しており，最下層に物理的な「通信ネットワーク層」があり，インターネット上のコンピュータやコンピュータ間を結ぶ伝送路につながっている。その上にハードウェアを動かす論理的な「コード層」が装填されていて，インターネットを定義づけるプロトコルや基本ソフトが入っている。ここでアプリケーションが組み込まれ，最上層にデジタル画像やテキストなどの「コンテンツ層」が操作され流される。この三つの層はそれぞれに分離・独立しており，個々それぞれに発展することで，相互に影響を与え合う「モジュール型の設計となっているため，他の層についてよくわからなくても自分が担当する層について専門家になることができる」(Zittrain 2008＝2009：238)。こうした分離・独立した構造が，パソコンとインターネットのイノベーションを支え，「設計に不完全な部分を持ち，そのために外部からの革新を受けいれられるがゆえに生み出す力を持ち，その結果，大きな成功を収め」(Zittrain 2008＝2009：183)るものとなった。しかし，そうした不完全性は，同時にウィルスやスパムなどの不正なアクセスを生み出すものともなる。

　パソコン，インターネットは既に社会において通信網が確立したその構造の上に，完成していない脆弱なシステムを創り出し，さまざまなコンテンツ，つまり，新聞，雑誌，写真，動画，音源などをデジタル化し，インターネット上

に並べ，検索し見ることができるようにしている。これまでのネーションの構造とは違った関係性，ある意味で既存のシステムに寄生することで途方もない巨大な世界を生み出したものといってよい。

　これまでメディアが生み出してきたさまざまなコンテンツは，個々のメディアごとに異なる物理的基盤であるハードウェアとソフトウェアのもとで，そこにコンテンツの制作まで一体化することで，制作会社・販売会社・消費者という枠組みを成立させ，そのコントロールによって提供されてきた。メディアのデジタル化はコントロールされた世界から，極めて不安定でいつヴァージョン・アップするかわからないハードウェアやソフトウェアのもとでコンテンツを制作し，また，その制作したコンテンツを制作・販売・消費という枠組みが解体し緩やかで脆いインターネットに提供される状況へと変わったことを意味する。こうしたメディア構造の変容はこれまで一部の専門家のみが扱えた技術や情報，コンテンツを，ある一定の知識や技術を身につけた一般の人間に扱えるような環境をつくり出すことになっただけでなく，制作・販売・消費を支えていたプロフェッショナルとアマチュアという構造を揺るがし，曖昧にさせ誰でもが制作し販売し消費できるようになった。もう少し言えば，自明視されていた枠組みが疑われ，プロフェッショナルやアマチュアの社会的意味，社会における専門性のあり方が変容した。こうしたデジタル化の進展のなかで，主にマス・コミュニケーションを担ってきた会社や人びとからソフトウェアやコンテンツのあり方をめぐって著作権の強化が言われ，さらに無秩序化したインターネット上における新しい公開の規準をめぐってプライバシー保護がクローズアップされることになった。

　ローレンス・レッシグは人びとの日常生活における行動を規制する主たる4つの要素をあげる。まず，①コミュニティがもつ道徳や倫理などの「規範」が大きな役割を果たしている。次に，②「市場」がさまざまな物や情報利用の価格体系によってそのアクセスのあり方を制約する。③こうしたさまざまな社会に存在する取り決めや習慣，慣習の上に「法律」が規制する。インターネットの場合においては，とくに著作権侵害や名誉毀損，プライバシー保護

④ アーキテクチャー	① 規　範
③ 法　律	② 市　場

図 10-5　インターネットにおける規制モデル
筆者作成

などに関わる取締りが重視される。しかし，④パソコン，インターネットにおいては，こうした法的な規制より，ハードウェアとソフトウェアによる「アーキテクチャー」による規制がより有効的にかつ強力に作用すると指摘する（Lessig 2006=2007：172-176）（図10-5）。

　　こうしたメディアの文脈を踏まえた時，オランダのドラハテンでの交通管理の実験は示唆的である。それは，「45,000 人ほどが使う道路を『道路標識廃止』とした，つまり道路標識のほとんどを取りはらってしまったのだ。これは『危険なほうが安全』と呼ばれる交通計画アプローチで，ドラハテン以外にも欧州各地で行われている。交通標識，パーキングメーターはもちろん，駐車用スペースの表示さえもが取りのぞかれた。設定された規則はわずかに 2 つ，交差点では右側の車が優先されること，交通の邪魔になる場所に駐車した車はレッカー移動されること。これだけである。

　にわかに信じがたいかもしれないが，今のところ，安全性が飛躍的に高まるという結果になっている。何も考えずに従えばいい標識がなくなったため（実際には 70％が違反することが研究によって明らかになっているが），回りに気を配りながら慎重に運転せざるをなくなったのだ。歩行者，自転車，他車のドライバーへ身ぶりや視線で意志を伝えようとする人が増えた。車を見るのではなく，そのドライバーを見るようになった。この実験をロンドンのケンジントン地区など欧州各地へ展開するにあたり，交通安全工学の専門家，ハンス・モンデルマンは，ドイツの有名週刊誌『シュピゲール』のインタビューで次のように語っている。『たくさんの規則が設定されているから，互いに気を配るという人として大事な能力が失われてしまうのです。我々は，社会的責任に配慮しつつ行動する力を失いつつあります。指示されることが多いほど，自分で判断

しようという責任感が小さくなるのです』」(Zittrain 2008=2009：232-234)。

　つまり，レッシグ，あるいはジットレインの議論は法的な規制ではなく，人びとのもつ自主的な社会性を信頼し重視するべきだという立場である。

　現在，インターネット上で起きているさまざまな問題を②市場の原理にゆだねたり，③すべて政府や法律によって規制しようとするのは現実的ではない。①われわれが社会を成り立たせているコミュニティの取り決めやルール，規範といったものや，④ハードウェアやソフトウェアのアーキテクチャーを組み合わせた自主的な規制を政府・行政が関与していく「共同規制」(生貝2015) のあり方が必要となる。その点では，法律の改正だけではなく，市場とユーザーとの関係を調整し一定のガイドラインを設定することが，現在求められている。そして，こうした時，問題になるのはガイドラインを設定する者は誰なのか，あるいは日常生活において生み出されてきているさまざまなコンテンツ，映像の成り立ち，その基盤がどこにあるかなのである。

　デジタルアーカイブに関していえば，国会図書館や NHK などがネーションと関わるマス・コミュニケーションの領域において大きな役割を果たすだろうことは間違いない。また，そうした領域において，現在，ガイドラインが設定されつつあるのも事実である。しかし，今，必要なのは，③のナショナルな立場だけでなく，①の日常生活における各「コミュニティ」の取り決めやルールを組み合わせて，新たなナショナルとローカルの関係性を創発することが求められる。

　現在，メディア研究の枠組みは，研究者によってではなく，デジタル化の普及という社会的現実によって解体している。研究者のみならず，多くの人びとにとって，目の前にある肥沃な映像，コンテンツ，情報の世界をどう捉えたらよいのか，新たな領域横断的で複層的なものごとの見方，研究枠組みが必要となっている。

第❺節　コミュニティの映像とマス・コミュニケーション

　ここで，マス・コミュニケーションであるテレビが普及した1970年代から1980年代にまだ日本各地に存在した，①「地域共同体」で撮影された映像がどういった社会的文脈にあったのかを見てみよう（図10-1）。

　福島県大沼郡金山町玉梨村に住む角田勝之助（1928 ～）は，1951年頃にカメラを入手してから村の人びとを60年以上にわたって写し続け，玉梨村を中心とした集落の，現在にいたるまでの貴重な記録となっている。角田の写真を見ていると，玉梨村のなかで世界のすべてが完結しているようにみえる。しかし，動画を見ているとテレビなどのマス・メディアによるイメージが村の世界に浸透し，いくつもの境界面，エッジを形成していることがみえる。そこには，コミュニティとネーション・ドキュメントとの界面，縁が走っている。

　ここでは，2つの事例からみてみよう。一つは1987年8月に沼沢湖で撮られた「沼沢湖水まつり」（新潟大学地域映像アーカイブ TK-M-002-006）における『光戦隊マスクマン』ショーと移動動物園である。沼沢湖は金山町にある二重式カルデラ湖で約5600年前にできた山頂の湖でブナ，ミズナラの森に囲まれた自然豊かな環境にあり，夏はキャンプ場などがあり小さなリゾート地になっている。沼沢湖水まつりはもともとは沼沢地区の小さな祭にすぎなかったが，電源開発からの資金や1989年のふるさと創生事業1億円などのまちおこし関連の予算が投下され，1990年には妖精の里づくり宣言が出された。大蛇伝説をもとにした佐原十郎義連と大蛇との対決は，地元の人びとが藁でつくったものから，1991年にイベント用につくられた大蛇に置き換えられ，1992年には大蛇資料館，フィールドアスレチック，妖精の小径がオープンし，1993年には妖精美術館が開館することになる。湖水祭りの大型化には東京のイベント会社サクセスエンタープライズなどいくつかの会社が関わった。バブル崩壊後には金山町に限らず日本各地に地域振興の予算を狙って，都市部にあるさまざまな会社がやってきた。そうした多くの業者は，予算がなくなると倒産していっ

写真 10-1 『光戦隊マスクマン』ショー

写真 10-2 移動動物園

た[4]。

　1987 年 8 月の沼沢湖水まつりが撮影されたのは，夏に子どもたちが帰郷し孫を連れて帰る時期であると同時に，地元の人びとにとっても初めての大がかりなイベントであったためであろう。『光戦隊マスクマン』は，1987 年 2 月から 1 年間，テレビ朝日系列で毎週土曜夕方に放送された，東映制作の特撮テレビドラマシリーズであった。『光戦隊マスクマン』ショーではむしろを敷いた土の上でマスクマンたちが戦い，終わった後は子どもたちとの記念写真など，どさ回りのショーの様子が遺憾なく写されている。また，同時に，この地域では冬積雪のために動物園がないこともあり移動動物園が開催されており，夏の中山間地域におけるレジャーのあり方をうかがうことができる。どちらにしても，こうしたことを差配した多くの業者は倒産した。

　中央と地方という構造は，その間を流れる巨額の予算によってつくられており，地域におけるマス・コミュニケーションの権能もこうした背景によって実体化されていた。

　もう一つの事例は，1974 年 2 月に撮影された「家族旅行 磐梯熱海」(TK-M-001-12) の映像である。家族旅行とあるが，角田家の親族一同の旅行であり，気心のしれた一族での宴会の様子である。1970 年代には各家にテレビがある

4）榎本千賀子の聞き取り調査によった。

のが普通の状態になり，テレビの子どもへの悪影響が話題にされた時期でもある。1969年4月から日本テレビ系列で放映された『コント55号の裏番組をぶっとばせ！』では，お座敷で行われていた三味線と太鼓に合わせて歌い踊り，じゃんけんで負けた者が脱ぐという野球拳を坂上二郎とゲストの女性が繰り広げ，視聴率を得る一方で，低俗だ，子どもがマネをするなどの批判や苦情があいついだ。しかしこの映像では，実際には子どもより大人がマネをしていた様子がみえる。村では，この年代の男女は若い時は混浴が普通であり，必ずしもお互いの裸を知らないわけではないが，裸にするということがやはりゲームとして面白かったのだろう。

　2つの事例は，村の生活にマス・メディアが入り込んで入れ子状となっている実態，コミュニティの記憶とマス・イメージの記憶とが混雑している様子をみることができる。地域のコミュニティが，ナショナルとの関係のなかで記録やイメージ，そして記憶を混在させながら生成している。歴史学でも，民俗学でも扱いにくいこうした問題は，さまざまな関係性を媒介する映像メディアのあり方に現れている。

　また，一方で，こうした映像は，角田が準拠する村のコミュニティの中だから，写すことができ，またその写した映像を楽しむことができるプライベートの範囲を示している。ここは文化を発生させる人びとの親密さが現れている場所であるが，村のコミュニティに属さない親密ではない人びとには秘密の部分でもある。

写真10-3　ひょっとこ踊り

村おこしの一環として行われた「ひょっとこ踊り・練習」（新潟大学地域映像アーカイブ　TK-M-002-010）の映像はまさに村の人びとが家に集まり練習し，また練習するということで集まることを楽しんでいる様子を写したものだ。金山町のひょっとこ踊りは，もともと「岩戸神楽」という農村神楽の雑芸として演じられた（加藤

1985：707-708) ものであった。ひょっとこ踊りを観光の目玉にしようとした長谷川律夫前町長 (1938 〜 2016) によれば，「私とヒョットコ踊りとの出会いは，商工会婦人部がバレーボール会津大会で優勝した大宴会中に，突然演歌が流れてヒョットコ踊りが始まった。『だれだべ』『女の脚だ』『婦人部長がいない』『部長だ，絶対間違いない』。こんな会話の後，みんなが見よう見まねで踊り出した。事務局員として同席していた私は目を白黒。その後は，民宿・旅館の女将十八人が腕と脚をみがき，ハッピ姿にダンナのモモヒキ姿が大いにうけて，観光客も倍増した。私も当然のことのように踊り手の仲間に入れられてしまった。(略)『…踊り子には決して手を触れないで…。…皆さんも踊って下さい。お面をかぶったり，布団をかぶればなにも恥ずかしいことはないでしょうから…』。ところが，女性客がヒョットコに抱き付いたり，オカメ役の男子踊り手の胸に，男の酔客がチョッカイするなどの続発である。」(長谷川 2004：49-50)

　親しい人間関係のなかでなら許される行為があり，コミュニティはそうしたことを担保する母胎でもある。こうした現場で映像が写され，残されているのはそうした関係性の強固さを物語る。しかし同時に，コミュニティの外部の人間にそうした親密さが見られることは外聞の悪い，恥ずかしいことでもある。親密さは隠される必要がある。通常，愛情の行為はその当事者だけが知り分かち合うものだからだ。

　レッシグはインターネットにおける知的財産について，興味深い指摘をしている。「知的財産の文脈では，われわれは自由のほうに偏向しているべきだ。『情報が何を求めているか』なんて，誰がわかるもんか，何を求めていようと，われわれは一方が知的財産保有者と行う取引を，なるべく狭く読むべきだ。(略) 知的財産権はいったん作られたら減らない。使う人が増えるほど社会のためになる。だから知的財産は共有と自由の方向に偏るべきだ。一方のプライバシーは減る。その人のプライバシーを侵害するライセンスを与えられた人が増えれば，その分だけプライバシーは減る。このように，プライバシーは知的財産より実際の財産に近い。一人が侵害したからといってなくなるものではないが，侵害者が一人増えるたびに，その価値はその分だけ減っていく。」(Lessig

2006＝2007：322-323）

　親密さ≒財産は守られなければならない。それは個人の尊厳に関わるからだ。こうしたコミュニティの映像に対して，わたしたちの地域映像アーカイブ研究センターにおけるガイドラインは，地域のなかだけで閲覧が可能というものである。また，当然のことながら，映像を写し，写された人びとが公開を望まないものは公開しない。公開が可能になるのは，当事者が亡くなってからとなる。

　ところで，この状況で水島の提唱する地域の肖像権（水島 2013：258）はどう可能なのだろうか。わたしたちが，公開を地域に限定しているのは，暫定的なものである。こうした映像を見る人びとの意識がいつ，どう変わるのか，ルールや慣習もまたデジタルアーカイブの蓄積・進展とともに変わっていく。だからこそ，持続的にコミュニティに関わり，またその映像に関わる具体的な行為，試行錯誤を繰り返す経験知が求められる。

　宮本記念財団，ならびに小樽市総合博物館の調査にあたっては，日本学術振興科学研究費補助金・挑戦的萌芽研究（課題番号 26580033）の助成によった。

アーカイブするための
方法と学習

　　アーカイブは過去と現在を扱う。ゆえにその活動は未来に続いていかねばならない。このミッションに向かうとき，常に議論となるのが「担い手」問題である。映像アーキビストの専門性とは何か。未来を築く若者や子どもたちは地域から何を学ぶのか。学校や社会教育の現場はそれをどう支えていくのか。3つの「アーカイブする実践」からの提言である。

第11章

記憶のトリガー
――映像アーキビスト養成のための一提言

松谷容作

第❶節 はじめに

　周知のとおり，わたしたちは記憶する存在である。わたしたちは膨大な記憶内容を保存し，更新し，忘却する。41歳である筆者は，この世界に存在してから現在にいたるまで，無数の記憶内容を蓄え，それらを更新している。だが日常生活のなかで「わたし」は，たとえば3歳のころの記憶内容に取り憑かれることはない。通常わたしたちは，膨大な記憶内容の大部分を忘却し，それらが自らのなかで噴出しないようにせき止めて生活しているからだ。しかし，「わたし」が右手首の内側にある複数の小さなシミをみとめるとき，記憶をめぐる状況は大きく変化する。熱い紅茶のカップが転倒し大きな火傷を負った，3歳時の記憶内容が想起されるのである。またそのことが呼び水となり，若かりし両親の姿や当時の家の様子など，関連する記憶内容が「わたし」を覆い尽くす。

　たしかに日常でのわたしたちは，現在進行形で変化する環境に対応するため，過去の記憶内容を必ず援用するが，その記憶内容のなかにどっぷりと浸ることはほとんどない。過去を意識し，それに囚われてしまうと，円滑な日常生活を送ることができなくなるからだ。しかし，なんらかのモノが引き金となり，突如としてわたしたちの現在は一変する。我々の目の前には，いままさに知覚しているモノ以上に，強度をもった過去の記憶内容の風景が広がり，さらにそれは別の風景へと移行していくのだ。

　もちろん，引き金となるモノにはさまざまな種類がある。先の筆者の場合よ

うに，自身や他者の身体をモノとすることもあれば，日常のなかでわたしたちを取り囲む人工物をモノとすることもある。そして，こうした記憶をきわめて強く誘い出すモノとして，映像はある。

　制度上，このようなモノをまとめあげるのがアーカイブだ。アーカイブでは，モノを，言いかえればアーカイブ資料を，現在の知に基づいた秩序によって整理・分類し，保管・管理を行っている。その活動によってアーカイブは，個々人から小さな共同体までの個別の記憶を，また社会や国に関わる集合的な記憶を，さらには人類全体や地球全体に関わる宇宙的な記憶を制御している。そして，制御のデザインを行うのがアーキビストとなる。本稿はこのアーキビスト，とくに映像アーキビストに着目する。

　もし，日本で映像アーキビストになることを夢見る意欲的な若者がいるとしたら，その若者はどのような教育を受けて，自身の夢を実現するのであろうか。残念なことに，日本では映像アーキビストになるための専門的な組織・機関は存在しない。しかしながら，社会では映像のアーカイブに関わる専門家たちが，さまざまに活動し，映像の保存，管理，活用を実現している。さらに言えば，「映像の世紀」と位置づけられる前世紀の記憶の火を消さないよう，映像をめぐるアーカイブは今後ますます必要となってくる。では，そこで活躍する映像アーキビストを育成するためにどのような理念が必要なのか。本稿は，以上の問いを明らかにし，来るべき映像アーキビスト教育にむけてひとつの提言を試みるものである。

第❷節　アーカイブズとデジタルアーカイブのアーキビスト

　先に述べたように，日本には映像アーキビストを専門的に育成する機関や組織は存在しない。だが，日本のいくつかの大学では，アーキビストになるためのプログラムを用意している。プログラムは大きく 2 つに区分することができる。ひとつはアーカイブズのアーキビストにむけたプログラムであり，もうひ

とつはデジタルアーカイブのアーキビストにむけてのものである。それぞれみていこう。

　従来，日本のなかでアーカイブを研究および実践の対象としてきた研究分野とは，歴史学や古文書学，資料学である。この分野では，公文書などを代表とする紙と文字というメディアを主に扱ってきた。そして，1990年代半ばぐらいから，この分野は自らを「アーカイブズ学」と呼称し，その名は学術分野のなかで定着し始める（後藤2012）。アーカイブズとデジタルアーカイブの差異について論じる森本祥子によれば，こうした「紙ベースの文書を扱ってきた長い歴史のなかで構築されたアーカイブズ学の立場を指す用語」（森本2011：55）として「アーカイブズ」はある。つづけて彼女は，その用語を「個人または組織がその活動のなかで作成または収受し蓄積した記録のうち，組織運営上，研究上，その他さまざまな利用価値のゆえに永続的に保存されるもの」と規定する（森本2011：56）。そして，その保存されるものは「収集意図を持って集めたコレクションではなく，文書主義によって活動をした結果生じる資料・情報を，その体系を活かして保存している資料のまとまり」（森本2011：56）となる。ただし，「アーカイブズ」とはそうしたアーカイブズ資料のみを指すのではない。森本の議論をまとめる古賀崇によれば，アーカイブズ資料と「それを保存活用する場，保存活用するための方法論」（古賀2015：51）を含んだ総体が「アーカイブズ」という概念なのである。よって，アーカイブズのアーキビストにむけたプログラムでは，歴史学や古文書学，資料学に基づき，紙と文字を主たるアーカイブズ資料とし，それらを保存，管理，活用するアーキビストを育成することになる。

　もうひとつはデジタルアーカイブのアーキビストにむけてのプログラムである。「デジタルアーカイブ」は，多くの論者が指摘するように，日本では1990年代半ばに月尾嘉男によって初めて提唱され，2000年代終わりから社会に浸透してきた用語である（月尾2004；影山2004；森本2011）。月尾によれば，デジタルアーカイブとは，人類がこれまで蓄積してきた膨大な情報をデジタル化

し，それらデジタル情報を時間と空間を越えて参照可能にした施設となる[1]（月尾 2004）。そのため，月尾が想定するデジタルアーカイブのひとつとは，世界中のウェブサイト＝デジタル情報を接続して構築され，だれもが容易にアクセス可能なインターネットという情報空間であろう（月尾 2004）。以上の視座に支えられデジタルアーカイブが主に取り扱うものは，文化資源（放送，出版，映画などのコンテンツや美術館，博物館，図書館などの収蔵品，ウェブ情報，地域文化，アジア諸国との関係に関わる重要な公文書など）をデジタル化し，記録した情報と，ウェブなどボーンデジタルな情報である。デジタルアーカイブはそれらをデータベース化して保管するとともに，随時閲覧・鑑賞できるようにし，さらにはネットワークを介してその情報を発信する。アーカイブズとデジタルアーカイブの関係性について論じた後藤真がまとめるように，デジタルアーカイブの主な目的はデジタル化された文化資源の閲覧，鑑賞，発信なのである（後藤 2012）。したがって，デジタルアーカイブのアーキビストにむけたプログラムでは，文化や情報に関わる学術分野に基づき，デジタル情報を主たるアーカイブズ資料とし，それらを保存，管理，活用するアーキビストを育成することになる。

　以上のアーカイブズおよびデジタルアーカイブにおけるアーキビスト育成プログラムでは，多様な科目が緻密な計画の下に準備されている。というのもアーキビストを志す者は，歴史や文化，情報理論と情報技術，法や倫理，マネジメント，保存科学など，実践に不可欠な多くの知識を高度なレベルで学ぶ必要があるからだ[2]。そのなかに映像に関わる科目がある。たとえば，学習院大学人文科学研究科アーカイブズ学専攻のウェブサイトに掲載されているアーキビスト養成のための授業科目一覧をのぞいてみよう。そこでは歴史学や古文書学，資料学を軸とした授業科目と，アーカイブズ実践に必要な授業科目が用意

1）以上の月尾のアーカイブについての規定にたいして，森本は以下のように述べる。「上記定義は，アーカイブズよりもライブラリーにあてはまるものであり，命名にあたってはデジタルライブラリーとしたほうがよかったのではないかと思われる」（森本 2011：55）。
2）アーキビストが高度な専門性を要請されることにかんしては以下の文献が詳しい（小原 2006；谷口 2006；森本 2008；森本，2010；谷口 2014；毛塚 2014）。

されており，そのなかに映像に関わる授業として「アーカイブズ・マネジメント研究Ⅲ（視聴覚アーカイブ論）」などがある。また，岐阜女子大学文化創造学部文化創造学科文化創造学専攻アーカイブ専修のウェブサイトでは，デジタル・アーキビスト育成のための授業カリキュラムが掲載されている。ここでもまた，デジタルアーカイブの実践に必須の学際的な授業科目のなかに「マルチメディア」や「文化情報メディアⅠ」など映像に関わる科目がある。もう少し詳しくみていこう。

　たとえば，先の「アーカイブズ・マネジメント研究Ⅲ（視聴覚アーカイブ論）」には，つぎのような説明書きがある。

　　「映画・テレビ番組・録音資料などを保存してきた視聴覚アーカイブの歴史と現状，および機能の概要を学び，コンベンショナルなアーカイブズにおける視聴覚資料／記録について考える」（学習院大学人文科学研究科アーカイブズ学専攻ホームページ「専攻紹介」より。強調は引用者による）。

　注目すべきは傍点部である。コンベンショナルなアーカイブズであるので，この授業の理論的背景は歴史学や古文書学，資料学となる。これらの知に基づき，授業では，紙と文字をベースとするアーカイブズのなかで必要とされる映像（および音響）資料と，映像（および音響）記録についての知識や技能を身につけていくのだ。同様に，「マルチメディア」や「文化情報メディアⅠ」にも授業についての説明がそえられている。まず，「マルチメディア」ではつぎのように記されている。

　　「静止画に関する基礎知識を理解することを目的とし，デジタルアーカイブのための静止画撮影技術を身につけます。デジタルカメラの構造や機能を理解し，自在に扱えるように実習を行います」（岐阜女子大学文化創造学部文化創造学科文化創造学専攻アーカイブ専修ホームページ「カリキュラム」より）

つづいて「文化情報メディアⅠ」ではつぎのように記されている。

　「動画に関する基礎知識を理解することを目的とし，デジタルアーカイブのための動画撮影技術を身につけます。動画の種類や用途，ビデオカメラの仕組み，PC での編集方法を学び，動画作品を制作するまでの一連の作業（計画，撮影，編集）を実習で行います」（岐阜女子大学文化創造学部文化創造学科文化創造学専攻アーカイブ専修ホームページ「カリキュラム」より）

　それぞれの授業で対象となるものは静止画と動画と異なるが，共通して撮影技術および映像加工・編集技術の習得が求められている。これらの技術は，文化資源をデジタル映像（デジタル化）にし，発信するデジタルアーカイブのアーキビストにとって不可欠なものなのだ。

　映像アーキビストを夢見る若者は，以上の科目での学びを通じて，映像アーキビストとして必要な知識と技能の一部を獲得することは可能であろう。だが，それらの授業科目で扱う映像とは，アーカイブズまたデジタルアーカイブの実践で要請される，文書を記録・補完するものであり，文化財を撮影・保存したものだ。それはあくまでもアーカイブズまたデジタルアーカイブに基づいている。だが，映像アーキビストは，それらとは異なる種類の映像，つまりは制作され，表現された映像を扱い，その映像を保存，管理，活用する知識と技術，さらには映像への視線が必要であろう。その意味で，映像アーキビストを志す者にとって，現在の日本の大学で用意されているアーキビスト養成のためのプログラムは不十分なのだ。

　では，なにを学ぶ必要があるのか。次節以降，映像アーカイブの実践事例を概観し，その問いへの応答を探っていきたい。

第❸節　記憶をめぐる映像アーカイブ

　まず取り上げるのは，新潟県十日町での映像アーカイブ実践である。

　高橋由美子は，2004年の新潟県中越地震に起因する同県十日町情報館（十日町図書館）での市民ボランティアの活動と映像アーカイブについて報告している。十日町には明治時代から三代，100年続いたまちの写真館「山内写真館」があった。その写真館の歴代の店主は，町や人，風俗や行事，産業の光景を撮影し続けてきたという（高橋2014）[3]。撮影された写真の点数は48,000点にもおよび，それらの写真は1世紀にわたる町の歴史を形作っているのである。しかし，新潟県中越地震によって館は一部破損し，所蔵していた膨大な数の写真も散乱してしまう。三代目の店主は写真の整理作業に着手したが，あまりにも点数が多いため，3年が経過しても作業にめどが立たない状況であった。そこで，店主はこれらの写真を，当時，歴史資料の収集・整理を行っていた十日町情報館（十日町図書館）に段階的に寄託したのである（高橋2014）。

　十日町情報館（十日町図書館）が実施した，山内写真館所蔵の48,000点にもおよぶ写真のアーカイブ実践にはひとつの特徴がある。それは写真整理とデータベースの構築作業を市民ボランティアが担ったことである。市民ボランティアの中心は，同じ十日町に住む高齢者であった。ただし，市民ボランティアは機械的に写真を整理していたわけではない。彼・彼女らは写真整理の一環で，各写真から想起される事項をコメントとして付与していったのである。そして整理終了後，膨大な写真は町の人びとに公開された。写真を鑑賞した人びとは，そこに新たなコメントを残していく。映像にことばが折り重ねられていくのである（高橋2014）[4]。最終的に層となった写真資料は，場所と数量は限定的であ

3）高橋によれば，山内写真館は2009年5月に閉店し，100年の歴史に幕を下ろした（高橋2014）。
4）高橋の論考のなかに実際に使用された「写真資料調査カード」が掲載されており，わたしたちは，筆跡の違いから，ことばが重ね合わせられている様子をうかがうことができる（高橋2014）。

るが，デジタル写真アーカイブとして公開され，今後も段階的に公開する予定
となっている（高橋 2014）。

　十日町での実践は，たんに資料を保存，管理，発信しているのではない。町
の人びとはアーカイブから発信された情報を受けとるだけでなく，アーカイ
ブ構築の一部を担っている。それにより，人びとの間でアーカイブに対する
親密性と価値が高まり，アーカイブの活用が促進されていくことになる（第 12
章を参照）。同様なことはデジタル映像アーカイブの現場でも起きている。な
かでも注目すべきは「The Commons」である。The Commons はアメリカ議会
図書館やニューヨーク公共図書館，イェール大学図書館や NASA，スミソニア
ン協会など，アメリカを中心として世界 55 カ所の公共機関が，コミュニティ
サイトを利用して構築，公開しているデジタルアーカイブの総称である（岡本
2012）。このアーカイブの目的は，世界中のパブリックな写真アーカイブの隠
れた遺産を広く市民に提供すること，またコレクションをより豊かなものにす
るうえで，市民による情報や知識の提供がいかに有効かを示すことにある（岡
本 2010）。これらの目的を達成するために The Commons は，人びとにとって
馴染みがあり，容易にアクセスと操作が可能な Flicker というコミュニティサ
イトを使用している。そこで利用者はたんに写真やテキスト情報などを閲覧す
るだけでなく，自らその写真についてコメントを付与することができる。つま
り，アーカイブ資料に利用者からさらにことばが重ね合わされるのだ[5]。ある
いは，小原由美子はアメリカ合衆国の国立公文書記録管理院（NARA）で活動す
る市民アーキビストについて報告している。小原によれば，国立公文書記録管
理院（NARA）では，ウェブサイトに「市民アーキビストダッシュボード」を設

---

5) The Commons にはもうひとつ重要な方針があることをここに指摘しておく。The Commons
　では「No Known Copyright Restrictions」という権利方針を定めている。この方針は，著
　作権が完全に明確な状態にあるかは不特定であるが，権利主張をする権利者の存在が知ら
　れていない状態のアーカイブ資料（写真）を，参加機関ごとの細かな規定はあるものの一
　定範囲で二次利用を許可する方針となる（岡本 2010）。この方針によって，The Commons
　の利用者は掲載されているアーカイブ資料（写真）を自らの SNS などに取り込んで表示す
　ることが可能である。そのことは，アーカイブ資料（写真）のさらなる流通・循環を意味し，
　そのアーカイブ資料を閲覧した人びとが The Commons を訪れるといった利用者の拡大を
　図れることになる（岡本 2010）。

置している。そこで市民アーキビストは，発信される情報のタグ付け，文字起こし，文献編集，アップロード＆シェア，オールドウェザーを担当する（小原 2013）。市民アーキビストは，デジタルアーカイブの構築と管理に加わるだけでなく，利用者目線で作業を遂行することにより，他の利用者のアーカイブへのアクセシビリティを高めているのだ（小原 2013）。

　以上のような映像アーカイブは，アーカイブズ学からたびたび批判される保存の問題や，アーカイブズも含むアーカイブ全体にむけてよく指摘される活用の問題を乗りこえていく可能性をみせているように思える[6]。人びとのあいだで，また写真や映像といったモノのあいだで，これらの映像アーカイブは生きた姿で存在しているからである。その姿を実現可能にするのは，ことばの重ね合わせ，言いかえれば記憶に他ならない。十日町の市民ボランティアが，該当する写真資料についてカードにコメントを書き込み，さらに鑑賞者がことばを重ねていく作業とは，写真から想起された地域と人びとの記憶を保全し，重ね合わせていく作業なのである。デジタル映像アーカイブである The Commons や NARA の利用者や市民アーキビストの作業も同様だ。ただし，市民ボランティアや鑑賞者，アーカイブ利用者や市民アーキビストは，たしかに記憶を重ね合わせる作業は実施するものの，その契機となる作業は行わない。では，映像から記憶を想起させるトリガーについての作業はだれが行うのか。それこそが，映像アーキビストの仕事ではないであろうか。つまりは，映像を，多様な

6）デジタルアーカイブは閲覧，鑑賞，発信を重視し，保存という観点を欠いている，とアーカイブズ学の論者たちは指摘する（森本 2011）。もちろん，両者は断絶したままではない。たとえば，古賀はアーカイブを「図書館・文書館・博物館等の取り組みをつなぐ『最大公約数』として」捉えている（古賀 2015：50）。批判を恐れずに古賀の議論をまとめるならば，彼は多様なアーカイブが共存可能な「アーカイブ」の定義を行っているといえよう。そしてデジタルアーカイブとは，共存可能な「アーカイブ」の具体的実践となる。ただしそのときのデジタルアーカイブとは，アーカイブズ学が指摘する問題点をひきずったままのものではない。それは，アーカイブズの思想に基づき諸資料および遺産，記憶，証拠を保全しつつ，デジタル化された資料の情報を作成，構築，発信するシステムとなろう。
　また，活用に関して岡本真は，川上一貴らのデジタルアーカイブの継続性に関する調査を参照しつつ（川上 2011），従来のデジタル・アーカイブは「主に一時的な資金で構築したものの，そもそもデジタルアーカイブはまず利用されることがない」（岡本 2012：142）と指摘する。ただし，この問題はデジタル・アーカイブに限定されるのではなく，アーカイブズを含んだアーカイブ全体に横たわるものである。

知に基づいた秩序によって整理・分類し，保管・管理を行うことで，映像アーキビストは，そこから想起される記憶を制御するとともに，制御のデザインを担っているのである。よって，映像アーキビストを志す者は，この記憶の制御とそのデザインを学ぶ必要がある。

　では，映像から想起される記憶の制御とはどのようなものであり，また映像アーキビストはそれをどのようにデザインしているのか。そしてそこではなにが重視されているのか。引続く 2 つの節で，筆者も関わった神戸映画資料館でのアーカイブ実践を通じ，上記の問題について検討していこう。

第❹節　記憶の制御

　第 6 章で板倉史明も述べているが，神戸映画資料館では，8mm，9.5mm，16mm，17.5mm 規格のいわゆる小型映画フィルムを約 4,000 タイトル所蔵している。2013 年の夏から筆者は，神戸映画資料館と神戸大学の連携事業に関連して，これらのフィルムのうち 9.5mm 規格を対象とし，整理と分類，調査を実施した。ただし，9.5mm のフィルムに限定したといえその数は膨大であるため，また第二次世界大戦以前の日本における人びとと映像の関係について筆者は高い関心があったため，対象はさらに個人で制作された映像に絞り込んだ。そして，作業においては，先の板倉や，本書の編者である原田健一，また水島久光からの助言と，当時，東京国立近代美術館フィルムセンターの技能補佐員であった郷田真理子の調査研究報告をてがかりに進めていった（郷田 2013）。

　以上の作業内容について述べる前に，さきに 9.5mm フィルムについて簡単に説明しておこう。9.5mm フィルムは，フランスのパテ社が開発した家庭用むけのフィルムである。パテ社はこの独自の規格であるフィルムに特化した映写機，さらにはカメラを販売し，「パテベビー」と名づけ，1920 年代から 1940 年代にかけて世界中で販売した。日本では 1920 年代初めに輸入され，「9

ミリ半」という名前でも親しまれ，愛好家のクラブが全国に展開するなど，当時の映像メディアの一つの潮流となったのである。だが，戦時色が濃くなった1940年代初めに，愛好家クラブの機関誌の発行が停止し，このフィルムを使用した映像実践は日本国内で消失してしまう[7]。

　当時，9ミリ半には，35mmフィルムから変換した劇場公開用映画の短縮版，またアニメーション，さらには教育や科学関連の映像，時事映像などを収めた販売用のフィルムと，個人がカメラで日常を撮影したり，作品として発表される非売品のフィルムがあった[8]。作業は，まずこの販売用フィルムと非売品フィルムとを区分することから始まった。販売用のフィルムには，フィルムが収められた缶や箱，リールになんらかのタイトルが付与されている。そこで，タイトルの有無を確認し，両フィルムを大まかに分類していった[9]。分類完了後，非売品フィルムの整理，分類，調査をつぎの事項を中心に進めていった。

① フィルムの状態の確認
② フィルムが収められた缶や箱さらにフィルムが巻かれたリール（文字が記されていたり，ときにはメモなどが挿入されている）の確認
③ フィルムの撮影者や撮影された対象の確認

　とくに困難を極めたのが③の作業である。既に大きなダメージがあるフィルムはもとより，目視では問題ないと思われるフィルムであっても，映写機の回転や比重に耐えきれずフィルムが切れて歪みや亀裂が発生する危惧があり，手でフィルムを送り，記録された映像を1コマずつ確認していかなければなら

---

7) 第二次世界大戦直後の1946年に再開したアマチュアクラブ「パテーシネサークル」では当初9.5mmフィルムを使用して映像を制作していた。しかし，すでにパテベビーに関するさまざまなサポートは国内ではすでに停止しており，9.5mmフィルムを使用した活動は1年で終了している（竹部1975）。
8)「作品」のフィルムのうち，競技会などで優れた成績をおさめたものは，ときとして販売されたり，貸し出しもされていた。ただし，営利目的で制作されたものではないので，ここでは非売品フィルムに分類している。
9) フィルムはもちろん，販売用フィルムであってもタイトルが缶や箱，リールにない場合はある。また，タイトルとフィルムの内容が異なる場合もある。

なかったからだ。また，フィルムが映写中に切断した場合，映写機にも問題が発生する可能性があったことも，映写機を使用しなかった理由である。もちろん，フィルムを肉眼で見るだけでは限界がある。そのため作業ではフィルムの背後から光を当て，ルーペを使用して映像を確認していった。その後，神戸映画資料館の安井喜雄館長からいくつもの打開策の提案（16mm 映写機のレンズをルーペとして使用，また 16mm フィルム用のヴューワー・リワインダーの使用など）があり，確認作業はより正確なものとなっていった。だが，1 本のフィルムにつきかなりの時間を要してしまうため，作業の進展速度はゆっくりとしたものであった。以上により確認された映像のなかでも，筆者がとくに注目したものは，テキストおよび撮影された被写体や対象物である。それらを統合することで，フィルムの制作年代や撮影場所，撮影者が同定できるためである。作業で得られた成果は，館が保有していた所蔵 9.5mm フィルム・リスト（部分的なもの）に反映し，必要な場合は適宜加筆と修正を施した[10]。

　筆者が担当したこの整理と分類，調査のなかで，まとまったかたちで同定作業が進んだのは，当時のパテベビー愛好家森紅が制作したフィルムである。森のフィルムが収められた缶のデザインは，複数の作品で統一感をもっており，同定作業の重要な手がかりになった[11]。最も頻繁に登場するデザインは，缶の蓋の形状をうまく利用したものである。そこでは上部を三層の円に区分し，一番外の円の上に手書きの赤文字でタイトルと制作者名を，二層目の円に手書きの黒文字で「森紅作品 HIROSHI'S PICTURE」と，最も内側の円にタイトルを記すものである（写真 11-1 と 11-2）。またフィルムを巻きつけるリールには，缶と同様に多くの場合共通して，手書きの赤文字（ときに緑色の文字）でタイトル，制作者名が記されている（写真 11-3，11-4）。さらに，缶の蓋（裏面を含

10）とくにシリアル番号については細心の注意を払った。いくつかのフィルムには番号が複数あるものもあったので，後の管理や活用，調査が円滑に進むように，すでに付与されている番号と新しく付与する番号が混在しないようにし，可能な限り一本化することを心がけた。
11）森が制作したフィルムが収められた缶やリールのデザインの統一性については，別稿のなかで報告した（松谷 2014）。ここではその内容をまとめたものを記しておく。

写真 11-1　統一感をもった缶の意匠　　　　写真 11-2　缶の文字テクスト

出所：神戸映画資料館の許可を得て筆者が撮影したもの。以下の写真もすべて同じ。

めて）やリールには，ほかに，制作年代や住所，森自身の本名が記載されていたものもあった。

　そして映像のなかでも，複数のタイトルで反復される同一の記号と図像，文字があった。具体的には大文字の「M」と獅子の図像，さらに図像の下に記された「Mori. Production」という文字である（写真 11-5, 11-6）。それらは決まって森の制作した映像の冒頭に登場する。もちろん，フィルムによっては図像や文字がない場合もある。しかし，大文字の「M」だけは，たとえ文字周辺の装飾が変化したとしても，ほぼすべてのタイトルで反復されている（写真 11-7）。さらに，森の映像で頻繁に登場する親族，とくに女性の姿や，ある時期から頻

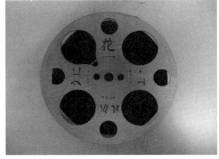

写真 11-3　リール上（表）の文字テクスト　　写真　11-4 リール上（裏）の文字テクスト

写真 11-5　森紅の映像にある大文字「M」　写真 11-6　森紅の映像にある獅子の図と
「Mori. Production」の文字

出する息子たちや夫人の姿も確認することができた。

　これら整理と分類，調査を通じて明らかになった事項は，森自身も執筆に加わっていたパテベビー愛好家クラブの機関誌の記事内容と照合され，ときに修正が加えられ，より正確な森についての情報となった。森は，国際的なコンペティションで賞を獲得するなど，当時のパテベビー愛好家を代表する人物のひとりであったが，クラブ機関誌の情報しか彼の活動を知る手立てがなかった。しかし，神戸映画資料館が所蔵する範囲であるが，彼の映像のタイトルや制作年代，撮影場所や撮影対象，さらには家族との関係性や住居などが明らかになり，彼の活動がより明確になった。そしてそれにより，これまでの森への評価

写真 11-7　森紅の映像にあるさまざまな大文字「M」

は覆されることになる。彼は，賞を獲得した複数の作品を前提にして，前衛的な作品を制作するアマチュア映像作家のような位置づけであった（西村 2003）。しかし実際の映像および，撮影者や被写体，場所，時期などとの関係を確認していくと，家族や日常を対象としたものが多い。そのとき，家族と日常の豊かな側面をもらさずにカメラにおさめる人物として，森紅の姿は浮かび上がる。従来の姿の刷新，このことは記憶の制御に他ならない。その制御を実現するために，映像アーキビストは，映像をめぐるさまざまなモノにアプローチをし，モノ同士の関係や切断を明確にするデザインを実行するのである。

第❺節　記憶の制御のデザイン

　神戸映画資料館所蔵の 9.5mm フィルムをめぐるフィルムの整理，分類，調査は，2014 年 12 月以降に大きな変化をむかえることになる。先の郷田氏（東京国立近代美術館フィルムセンターから株式会社 IMAGICA ウェストへ移動）をはじめとした株式会社 IMAGICA ウェストのフィルム調査員 2 名と同社 OB 2 名の 4 人体制でフィルムの整理，分類，調査が始まったのである[12]。以下ではこの作業を通じて，映像アーキビストは記憶を制御するためどのようなデザインを行っているのか，という問いを明らかにしていきたい[13]。

---

[12]　作業については，郷田真理子と筆者がともに登壇し，パネルを形成した公開研究会『映像アーカイブと地域連携』第 3 部（「アマチュア映像研究の現在」）「モノとイメージのあいだ――神戸映画資料館でのフィルム調査をつうじて」（2016 年 3 月 27 日神戸映画資料館）での，郷田氏の 9.5mm フィルム（および小型映画フィルム）の作業（2014 年 12 月から 2016 年 3 月まで）に関するプレゼンテーションの内容に基づいている。なお，2015 年 4 月からは株式会社 IMAGICA ウェストより 1 名と OB 3 名で作業が行われ，現在は同社より 2 名の調査員が作業を担当している（2017 年 10 月時点）。

[13]　この整理，分類，調査の作業は 9.5mm だけが対象とされているわけではなく，神戸映画資料館のフィルム全体を対象としている。なお，本稿で記す小型映画をめぐる郷田らの作業は，フィルムやそれを取り囲む缶やリール，箱などといったモノに向き合い，フィルムを分類・整理する第一次作業という位置づけである。2016 年 3 月の時点ではその作業はすべて終了していなかったが，その作業の終了後は映像の内容についての作業に入る予定であった。

　神戸映画資料館では 9.5mm フィルム（お
よび小型映画フィルム）を少々混乱した状
態で所蔵していた。また，東京国立近代美
術館フィルムセンターなどで所蔵されて
いるフィルムと異なり，神戸映画資料館の
フィルムの多くは，その持ち主や寄贈者，
撮影者，所有者がわからないものが多い。
よって小型映画フィルムに関する作業は，
まとまりなく，背景がわからないフィルム
とフィルムを取り囲むさまざまなモノ（箱
や缶，リール，封入されていたメモ書きな
ど）を一つひとつ確認していくことから始
まった。その確認作業の結果を郷田は用意

写真 11-8　四角穴の 16mm リール
用に改造された 9.5mm
フィルムのリール

した調査カードに記入していく。カードの記入項目は，以下のとおりとなる。

　　「（カード記入項目）題名・フォーマット，巻数・保存状態，リール幅・形
　　態・保管・劣化状況（A 〜 D 評価，具体的症状）・箱書き，ラベル情報の写し・
　　エッジコード，ストック・画郭，サウンド，カラー・字幕言語・現像所」

　ここから理解できることは，各フィルムおよびフィルムを取り巻くさまざま
なモノの独自の様相を忠実に捉えるべく，映像アーキビストたちが徹底したか
たちでモノと向きあっていることだ。もちろんモノと向き合うさいには多くの
困難がある。たとえば郷田は，個人で撮影された映像にあるくずし字のタイ
トルの読解，また題名のない映像に題名をつける作業に苦心したと述べる。そ
うした困難に直面したとき，エッジ記号によってフィルム製造年を特定するな
ど，映像やフィルム，それらを取り巻く多種多様なモノと出来事，さらには社
会や歴史など，映像アーキビストが培ってきた知や技術，技能を総動員させて，
その困難さを乗り越えていく。実際，郷田は，通常丸い形の 9.5mm フィルム

用のリールの穴が四角に切り取られていることを確認したとき，その穴が持ち主などによって16mmフィルムのリール用に改造されていることを発見する（写真11-8）。また彼女は，微妙なスプライスの癖から，複数のフィルムが同じ人物によって制作されていることを認める。さらには，フィルムが収められた箱に記された大阪市梅田にある阪急百貨店の文字から，80年前と現在の連続性を感じ，フィルムにたいする親密性が高まると発言する。

　郷田は，東京国立近代美術館フィルムセンターでの9.5mmなど小型映画フィルムの調査成果を発表した論考の終わりにつぎのように記している。

　　「アマチュアのフィルムを保存するということは…〔中略〕…フィルムが辿ってきた時間や誰かの体験の痕跡が，フィルムそのものに残されているということであり，現在を生きる私たちがその本質に近づけるのもフィルム自体からとなる。だからこそフィルム・アーカイブにとって，フィルムを綿密に調査し，保存することが何にも増して重要であるといえるのであり，これを抜きには公開や活用は考えられないだろう。調査の時点ではすぐに判明しないことであっても，関係者への聞き取り，豊富なコマ抜き画像やフィルム上の痕跡といった判断材料を出来る限りそろえ，調査過程を記録しておくことが，フィルムの特定と内容調査の助けとなるはずだ」（郷田2013：107）

　私たちのこれまでの議論に引きつけると，ここで郷田はアーカイブにおける記憶とモノ，それを制御するためのデザインの必要性について述べている。フィルムあるいは映像から記憶を想起するためには，フィルムというモノに綿密なかたちでアプローチをし，その様相を誠実にとらえ，記憶の想起ポイントとなる杭を打ち込むというデザインの必要がある。神戸映画資料館では，それは調査カードに記入するという方法であった。そうした杭打ちの作業を行ったうえでフィルムや映像を保存すべきだと彼女は主張する。さもなければ，フィルムや映像を軸とした記憶の想起や刷新が実行されないからである。さらには，杭打ちが不十分であったとしても，そこにさらに記憶が重ねられることで，

そのフィルムや映像は豊かな記憶の貯蔵庫になる可能性も彼女は指摘しているのだ。

　以上これまでの議論に基づき，来るべき映像アーキビスト教育にむけて一つの提言をし，本稿を閉じることにしたい。

　たしかに現在の日本では，映像アーキビストを養成するための専門的な機関は存在しない。もちろん，そうした機関を設立しようとする動きや運動はあるであろう。もし近い将来に，映像アーキビスト養成機関が設立されたのであれば，その教育において私はつぎのことを提言したい。それとは「映像というモノに徹底したかたちで向き合う」ということである。たしかに映像アーキビストには多くの技術や技能，知識が必要であろう。しかしながら，それらは，映像というモノに向き合うためのツールでしかない。映像というモノは私たちにさまざまなかたちで記憶を想起させる。映像を起因として想起された記憶は，たんなる過去の再現ではなく，現在に入り込み，現在のモノや世界を刷新する。つまりは，私たちのモノの見方や世界についての思考方法を新たに変容させる可能性をもっているのだ。そうした想起を促すためには，別様に言えば，記憶を制御するためには，映像やフィルムといったモノ，フィルムを取り巻くさまざまなモノの細やかな様相を忠実にとらえ，記憶を想起（制御）するためのデザインが必要なのである。モノから目を背け，モノにむかって手を差し伸ばすことを止めてしまえば，あらゆる記憶は差し止められてしまうのだ。

【引用・参考 URL】
学習院大学人文科学研究科アーカイブズ学専攻ホームページ，「専攻紹介」，（2017年 9 月 26 日取得，http://www.gakushuin.ac.jp/univ/g-hum/arch/02kamoku.html））
岐阜女子大学文化創造学部文化創造学科文化創造学専攻アーカイブ専修ホームページ，「カリキュラム」，（2017 年 9 月 26 日取得，http://www.gijodai.jp/jyouhou/curriculum.html#da2_8）

第12章

デジタル映像アーカイブを活用した
ワークショップの試み

北村順生

第1節　はじめに

(1) 地域におけるデジタル映像アーカイブの多様性

　ここ数年，新しい技術開発の話題として仮想現実（VR）や拡張現実（AR）が取り上げられることが多くなったが，これらの技術が視覚を中心とした我々の外界認識のあり方と深く関わっていることは間違いない。そうした視覚技術の嚆矢は19世紀に相次いで登場した写真や映画などの映像メディアであり，その意味で映像メディアが我々の日常のすみずみに広がっていった20世紀を「映像の世紀」と呼ぶことを，あながち誇張だと言い切ることはできない。デジタル映像アーカイブとは，こうしたおよそ100年以上におよぶ日常生活と映像との関係の痕跡であるといえる。

　一方，映像メディアは各種の情報技術や産業化，都市化と並走して発展してきた存在であるがために，我々はほとんどの映像資料は大都市にのみ残されてきたように思いがちである。しかし，多くの映像メディアは多少の時間差を伴いながらも大都市から地方都市へ，そして農村地域へと広く伝播していったのであり，一般に想像されている以上に数多くの映像文化が地方に残されてきた。むしろ，第二次世界大戦で大きな被害を受けた大都市よりも，地方の方が貴重な映像資料が残されている場合が多いとさえいえるのである。

　こうした状況のなかで，地域に残された映像資料をデジタル化し，保存，活

用していこうというデジタル映像アーカイブの試みが各地で広がっている。各地域のデジタル映像アーカイブの性格は，地域の実情や収集しようとする映像資料の性質などによって，さまざまな特徴がある。たとえば福岡市総合図書館では，アジアの玄関口としての福岡市の地域特性を意識して，地元福岡に関連した映像に加えて，アジア各国の映画フィルムや関連資料の収集・保存に力を入れている。あるいは，東日本大震災の被災地では，被災前の地域の様子や被災直後の状況，さらには被災後の復興状況に関して映像記録をアーカイブとして保存していこうという「震災アーカイブス」がさかんに構築されてきた。このように，地域ごとの特徴をはらみながら，映像アーカイブはそれぞれの地域に広がりつつあるのである。

（2）映像アーカイブのさまざまな活用

　このようなデジタル映像アーカイブが全国各地で構築されつつある一方で，共通の課題として浮上しているのが，構築したアーカイブをどのように活用していくのかという点である。貴重な映像資料を保存し，さまざまな形態の人的，社会的な営みを記録していくことの意義については，大きな異論の出るところではない。そしてこれまでの研究や実践面では，デジタル映像アーカイブの構築のために克服すべき技術的あるいは法制度的課題，予算獲得や人材育成のための方策などが中心に検討されてきた。その結果，分野横断的に問題解決にあたろうというデジタルアーカイブに関する学会の設立なども進んでいる[1]。

　そのようにして構築したデジタル映像アーカイブの活用方法については，現在は調査研究の対象として活用していくことが先行している。それまでばらばらに存在した，あるいはその存在さえよくわからなかった大量の映像資料が一つのアーカイブとして蓄積され，まとめて比較分析することが可能になることで，映像に対し従来とは異なる視点や知見が得られる可能性は十分にある。たとえば，NHK アーカイブスでは過去に放送した番組のデジタルアーカイブ化

1）デジタルアーカイブに関する学会については，吉見（2015），吉見（2017）を参照のこと。

を進めているが，そこで収集された番組資料を学術研究目的で利用する学術利用トライアルを実施している。2010 年のトライアル開始よりこれまでに 100 組以上の研究者が参加し，多数の貴重な研究成果をあげてきている[2]。

　その一方で，デジタル映像アーカイブを研究対象以外の形で活用していこうという試みは，ようやく研究や試行に着手されはじめた段階である。とりわけ，地域の映像アーカイブは主に地域に残されてきた映像資料を中心に扱うため，その成果を幅広く地域社会に還元して活用していこうという意識が強く，そのための試行錯誤が各地で繰り広げられている。これらの試行事例は多岐にわたるものであるが，ここでは当面，その目的や対象分野の観点から 3 つに大別しておくことにする。

　その 1 つ目は，医療やケアの現場でデジタル映像アーカイブを活用していこうという動きである。日本社会は急激な高齢化を迎えつつあるが，地域におけるかつての日常的な生活や暮らしの様子が写された映像を高齢者たちが視聴し，映像資料を媒介として同年代の人や若い世代の人と語り合うことは，日常生活に大きな刺激を与え，当事者たちの QOL（生活の質）の向上にも大きな影響をもたらすと考えられる[3]。

　2 つ目に，地域社会での活性化を図るツールとして，デジタル映像アーカイブを活用する試みも広く行われている[4]。少子高齢化と大都市一極集中が同時並行するなかで，地方の衰退が大きな問題とされるようになって久しい。その中には，地域社会が丸ごと消滅する危険性までが喧伝されるような状況も生まれている。こうしたなかで，かつての活力にあふれていた地域の歴史を，高齢者層から若年者層に至る地域住民らが映像を通して確認し再発見することで，

---

2) NHK アーカイブの学術利用トライアルについては，伊藤 (2015) を参照のこと。
3) 実際に新潟地域映像アーカイブでも，地域の高齢者を対象として昭和 30 〜 40 年代の写真を見ながら参加者同士が語り合うワークショップを行ったが，総じて参加者は映像資料に対して強い関心を持ち，相互に活発な会話を交わしていた。中には，参加した認知症患者が半世紀以上前の農作業の様子を写した写真を見て，農具の名称や用途，関連のエピソードなどを事細かに説明するケースもあり，医療，ケア分野での映像アーカイブの活用の可能性は高いといえる。
4) デジタル映像アーカイブによるまちづくりの事例については，関東 ICT 推進 NPO 連絡協議会 (2009) を参照のこと。

地域の将来像を創発的に検討していく契機となり得る。

　3つ目に，さまざまな映像アーカイブの活用方法として最も直接的な効果が期待できるのが，教育における活用であろう。小学校や中学校では，地域や社会の歴史や文化，産業などについて学ぶ機会が多い。こうした学習の際に，教材として映像資料を活用していくことは大いに期待できる。

　本稿は，こうしたデジタル映像アーカイブの活用に関しての具体的な実践事例について，その可能性や課題について検討していくことを目的としている。筆者らのグループで構築を進めてきた新潟地域映像アーカイブでは，その活用のための方策を探るワークショップ実践をこれまで重ねてきた。本稿ではそのなかでもとくに，前述の3つの分野のうちの2番目と3番目である地域社会の活性化と教育を目的としたワークショップ実践に焦点をあて，検討を進めていくこととする。

第❷節　新潟地域映像アーカイブのワークショップ実践

（1）新潟地域映像アーカイブのワークショップ概要：地域活性化を目的とした実践

　本稿で考察するワークショップ実践で活用する映像資料は，2009年より新潟大学人文学部のメンバーを中心として進められてきた「にいがた地域映像アーカイブ」プロジェクトものである（第3章を参照）。本プロジェクトでは当初からアーカイブした映像資料を活用して，所蔵映像の展示や上映会を実施してきている。最初の展示・上映会は2009年2月に新潟市民会館小ホールでシンポジウムと併せて開催しているが，その後も年に数回，各地で映像の展示・上映会を行ってきた。これに加えて，2015年度よりは，参加者が映像をもとに語り合うワークショップ形式の実践を行うようになった。

　新潟地域映像アーカイブのワークショップ実践のうち，地域活性化を主たる目的としてきた実践としては，2014年に十日町市で実施した「映像を見なが

ら語り合おう　昭和の十日町」ワークショップ[5]と，同年に南魚沼市で実施した「映像を見ながら語り合おう　昭和の南魚沼」[6]ワークショップとがある。

　十日町市のワークショップでは，写真展「中俣正義・山内与喜男二人展　〜十日町・むらとまちの暮らし〜」の開催に合わせて実施された。参加した市民らは，十日町で撮影された映像についてお互いに語り合うなかで，かつての十日町での仕事，学校，家庭での生活のありようをあらためて見直し，それらが現在までどのように変容してきたのかを考えることで，将来の地域像について議論することを目的としていた。

　南魚沼市のワークショップは，写真展「今成家写真と南魚沼の文化」の開催にあわせて実施した。参加者と一緒に昭和の南魚沼の映像を見ながら，かつての南魚沼での仕事，学校，家庭での生活のありようについて語り合ってもらい，地域のこれまでの歩みに思いをはせると同時に，将来の地域像について考えることを目的として開催した。

（2）ワークショップ概要：教育を目的とした実践

　新潟地域映像アーカイブのデジタル映像資料を活用して実施してきたワークショップ実践のうち，教育目的としてきた実践としては，2015年に南魚沼市と連携して実施した一連のワークショップがある。

　このワークショップは，文化庁「地域の核となる美術館・歴史博物館支援事業」に採択された「魚沼映像アーカイブによる記録と記憶の再生プロジェクト」の一環として，美術館の収蔵品や展示，地域に残る映像資料を学校教育のなかで有効活用できる教育関係者の育成を図ることを目的の一つとして実施された。そのワークショップの具体的内容は，①教員を対象とした映像アーカイブの映像資料を活用するための授業デザインのためのワークショップ，②

---

5)「映像を見ながら語り合おう　昭和の十日町」ワークショップの詳細は（北村 2015：114-115）を参照のこと。
6)「映像を見ながら語り合おう　昭和の南魚沼」ワークショップの詳細は（北村 2015：115-182）を参照のこと。

小学校の教室において映像アーカイブの映像資料を教材として使用する授業実践のワークショップ，の 2 種類に大別されていた。

① 教員を対象としたワークショップ[7]

　前者の教員を対象にしたワークショップでは，映像資料を活用した授業をどのようにデザインしていくのかを教員相互に学ぶことを目的としていた。教育現場における映像資料の活用に関しては，これまでも教科書や副教材などで写真が掲載されていたり，教員が自らデジタルカメラを用いて撮影した写真を授業で活用することが一般的に行われてきた。しかし，従来は一つの事項について 1 枚か多くても数枚程度の写真が用いられる場合が多く，映像アーカイブのような大量の映像資料を実際に授業で用いた経験のある教員はほとんどいない。そこで，情報教育の研究者を招いた講演を実施するとともに，実際に授業案をどのように組み立てていくべきかを参加教員が相互に検討し，映像アーカイブを使った授業の特徴や長所，あるいは課題について検討していった。

　実際のワークショップでは，事前に映像アーカイブのデータベースから選定した合計 70 枚の写真を 6 つのカテゴリーに分類した上で参加教員に提供しておいた。ワークショップ当日に，想定する学年や教科等に応じて参加者をグループに分け，グループごとにどのように映像アーカイブの映像資料を活用するかの授業プランを作成し，それを全体に発表していくという手順で進めていった。

② 小学生向けの授業実践ワークショップ[8]

　後者の小学校の教室で授業実践を行うワークショップは，南魚沼市内の 5 つの小学校で実施した。小学校高学年を対象に，総合的な学習の時間や道徳の時間などの多様な教科の授業で実践が行われた。それぞれの担当教諭の創意工夫のもと，映像資料を活用する方法や目的もバラエティーに富んだものとなった。

7）教員を対象としたワークショップの詳細については，北村（2016：180-182）を参照のこと。
8）南魚沼市の 5 校の小学校で実施された授業実践ワークショップについては，北村（2016：185-189）参照のこと。

第❸節　地域映像アーカイブの活用に向けた方法論

　これまで，地域映像アーカイブを活用した地域活性化を目的としたワークショップ実践と教育を目的としたワークショップ実践の概要について述べてきた。以下では，こうした多様なワークショップ実践の経験を通じて，地域のデジタル映像アーカイブをワークショップの形で活用していく際に有益だと思われる方法論について述べていく。いずれも，今後より詳細に検証を進めていく必要のある点であるが，そのための論点を提示しておきたい。

（1）モノの併用の有効性

　十日町ワークショップの実践においては，十日町市博物館が所蔵する郷土の民具を数点準備し，映像を視聴する前のアイスブレークとしてその名称や用途などについて参加者同士で議論する時間を設けた。また，小学校での授業実践ワークショップのなかでも，授業の導入部で民具を出して生徒たちにその名称や用途を尋ね，昔の生活への想像力を喚起するケースもあった。こうした方法は，仙台市を中心に同様の映像資料を活用した住民向けのワークショップを展開している NPO 法人 20 世紀アーカイブ仙台の活動から筆者がヒントを得たものである。

　かつて日常生活のそこここで使われていたモノを提示することで，そのモノに馴染みのあった人たちは自ずと自らの経験を語り出す。彼らにとってモノは単なる物体にとどまらず，かつて過ごした時間や記憶と密接に結びついたものとなっているため，いわばモノを契機に記憶が喚起されるのである。こうしたプロセスを経て映像視聴を行うと，参加者たちは映像の中に映されたさまざまな物質に注目するようになり，それらと結びついた記憶の語りが噴出するようになるのだ。

　一方で，そうしたモノに馴染みのない若い世代にとっても，眼前に存在する見慣れない物質に関する他者の語りを聞くことで，映像の中に登場するさまざ

まなモノに対する注意力が高まっていく。モノに対する注意力を高めることで，高齢者層と若年者層の双方の映像に対する関心を高めていく効果があるのである[9]。

（2）年代を越えたコミュニケーションの効用

　デジタル映像アーカイブの映像は，高齢者層にとってはかつて経験した時代のものである一方，若年者層にとってはまったく未知の時代のものである場合が多い。こうした経験や知識において大きなギャップがある世代が混在することも，ワークショップにおける語りを活性化させるための重要なキーになる。

　一般的に公民館等で映像アーカイブのワークショップを開催した時に，古い映像に郷愁をもつ高齢者の参加が多くなる。高齢者同士で一緒に古い映像を見た場合に，同じ時代を経験した者同士として基本的な知識や体験を共有していることが前提となるため，その共有知識について高齢者同士ではあえて話題には上らないことも多い。しかしそこに若年層が存在していると，彼らにとっては映像に映し出されているもの一つひとつが未知のものであるので，高齢者層から若年者層への語りの動機が発生する。高齢者層の多いワークショップにおいて，若い学生が聞き役として存在すると，彼らを媒介として一気に語りが活性化するのはそのためである。

　あえて異なる世代が混在する形でワークショップ参加者を構成することは，豊かな語りを引き出すための一つの方策として有効だと考えられる。

第4節　地域映像アーカイブの教育活用の可能性

地域映像アーカイブを活用した一連のワークショップ実践のなかで，とくに

9）たとえば，十日町ワークショップにおいては「機械ゾリ」と呼ばれる雪国特有のソリについて語られたが，そのやり取りは後に映像のなかで機械ゾリが出てきた際にも話が引き継がれていくことで，議論を活発化させる要因となった。

教育的側面において高い可能性が認められた。以下，そのうちの 4 つの点に絞って触れていきたい。

（1）地域社会との連携

　現在の学校教育の現場では，学外から学習支援ボランティアやゲストティーチャーを招き，地域の教育力を活用する試みが盛んに行われている。授業における地域映像アーカイブの映像資料の活用は，こうした地域社会との連携と親和性が高い。

　現在，教壇に立っている若手世代の教員が，昭和の時代の生活を自ら体験している場合は少ない。多くの学校では，映像資料に残されているような暮らしを体験しているのは校長などの管理職だけであり，現場の教員自身が映像資料について語るための知識や経験はそれほど多くないのが実情である。そのため，学外から当時の様子をよく知る年配者を招き，体験談を生徒たちに向けて話すことが有効になる。南魚沼での授業実践ワークショップのなかでも，この点を考慮して学外からゲストティーチャーを招いたケースや，祖父母参観日にワークショップ実践を行った事例もあった。いずれの場合も，話者となったゲストティーチャーや参観者は積極的に子どもたちに語りかけ，子どもたちも興味をもってその話を聞いていた。

　さらに，地域社会との連携は地域から学校への方向だけに留まらない。授業の後に，家庭で子どもたちが昔の人びとの暮らしについて父母や祖父母に尋ねて会話が行われるという事例が複数生じている。地域映像アーカイブの映像資料をきっかけに，地域から学校へというベクトルと，学校から地域に向けてというベクトルの双方向において，世代を超えたコミュニケーションが発生しているのである。

（2）関心や意欲を引き出すきっかけ

　今回の一連の授業実践においては，総合的な学習の時間を活用したケースが多かった。単元が細かく設定されている一般の教科とは異なり，個々の教員が

自由に目標やカリキュラムを設定できる総合学習の方が，新しい教材を使いやすいという事情は容易に推察できる。

　ただし，総合的な学習の時間ではあっても，たとえば写真の読み解きや読み解いたものを言語的に表現するなどの形で，国語と強い結びつきを持たせる実践もあった。また，地域学習などは社会科との関係が深いし，その他のさまざまな教科でも映像資料を活用していくことは可能であるだろう。

　それらの教科に共通した映像資料の特性として指摘できるのが，言語的な知識とは異なり，視覚的かつ直感的に理解できるということである。たとえばかつての雪国の生活の苦労について，言葉で説明されて理解しようとしてもなかなか実感を伴ったものになりにくい。しかし写真や動画に写された雪国の様子をみれば一目瞭然であり，映像が直感的に訴えかけてくることになる。こうした映像のインパクトの強さは，学習者たちの対象に対する関心や意欲を引き出す場面において最も有効である。教員向けワークショップに参加した多くの教員グループが指摘していたように，映像資料を学習の初期の段階で見せ，教員がさまざまな問いかけをすることで，子どもたちが対象に対する関心や意欲を強くもつようなきっかけとして有効であると考えられる。

(3) ICT 教育のデジタル教材

　情報化の進展とともに，ICT を教育に活用していく動きが進んでいる。とりわけ近年では，タブレット端末が急速に教室のなかで普及しており，文部科学省では 2020 年までにはすべての学校で一人 1 台ずつタブレット端末を導入することを目標としている[10]。今回のワークショップ実践を行った小学校でも，授業においては一人 1 台使用できるような環境を整備していた。そのため，ワークショップにおいては，タブレット端末に映像アーカイブの映像をあらかじめインストールしておき，授業中にグループごとにタブレット端末を操作して映像を閲覧し，気付いたことやわかったことを議論して発表するスタイルが

10）文部科学省（2011）「教育の情報化ビジョン」

試みられた。こうしたデジタル教材のコンテンツとして，地域映像アーカイブの映像資料は非常に有効である。大量の写真を印刷して配布することは労力やコストの面で難しいが，デジタル・データとしてタブレット端末にインストールすることはそれほどハードルは高くない。現在，デジタル教科書としてさまざまなコンテンツの開発が行われているが，地域の独自性をもった教材として映像アーカイブはICT教育時代にその活用が広く期待されるものであるといえる。

（4）映像資料の文脈・意味の探索

　映像資料の教育での使用自体は，以前から広く行われてきた。冊子体の教科書や副教材においても，さまざまな写真が掲載され，事象の視覚的な理解を促している。しかし，こうした写真は基本的に事柄を視覚的に説明するためのものであり，その意味付けがあらかじめ固定化されているものである。その映像について多様な読みを許容するようなものは少ない。たとえば原子爆弾投下の際のきのこ雲の写真は，人類を豊かにするはずの科学文明が巨大な核兵器を生み出すというジレンマを象徴するイメージとして，あるいはきのこ雲の下で凄惨な被爆者たちの姿があることを想起させるイメージとして受け取られることを前提としている。従来の教材として使用されている映像資料は，特定の文脈のなかで，特定の視覚的知識やイメージを伝えるものとして機能してきた。

　しかし地域映像アーカイブの映像資料の多くは，基本的に日常的な風景や情景を写した映像が大量にデータベース化されたものである。それらの映像からどのような意味を読み取るのかは，あらかじめ固定化されているわけではない。それは，大量の映像の中からどの映像を探索し，どの映像とどの映像を比較するかに応じても異なってくる。どのような文脈のもとでどのように映像を読み解いていくのかは，映像を見る側に開かれた存在なのである。こうした能動的な映像資料との関わりのあり方は，対象の文脈自体をメタレベルとして考察していくという意味で，いわゆるメディアリテラシーの能力とも連続しているものといえるであろう。

第❺節　地域映像アーカイブの教育活用の課題

　地域映像アーカイブの活用に関して，ワークショップ実践の結果を踏まえ，とくに教育面で活用していく際の課題を3点に絞って述べたい。

(1) 技術的環境

　地域映像アーカイブを教育現場で活用していこうとする際の課題についてもいくつかの点が指摘できる。その一つは，技術面での環境整備である。技術については機材・設備などのハード面と人材面の両面から考えることができるが，ハード面については前述のようにタブレット端末などのデジタル機器の普及が急速に進んではいるが，まだまだ十分だとはいえない。また，人材面での課題を考えると，教員のデジタル能力には個人や年代間での格差が大きく，デジタル機材やデジタル・データの取り扱いには不慣れな教員も多いのが現状であろう。この点で重要になるのが，教員をサポートする支援体制の整備である。南魚沼市の場合は技術サポーターが定期的に学校を訪問して支援する体制が整っているが，このような体制整備を広げていくことが，個々の教員のデジタル能力の育成とあわせて重要なことになるであろう。

(2) 授業デザインの変容

　ICT教育全般に関して一般的にいわれることであるが，デジタル教材の導入は単に教材や機材がデジタルに変わるというだけではなく，教室における学びの内容や質が大きく変わる可能性がある。たとえばタブレット端末が一人1台配布され，常に携帯するような状況になった場合，子どもたちは必要な知識の多くについてインターネットを活用して自ら調べて自ら知ることが可能になる。従来のように，教室の授業で教員が新しい知識を子どもたちに分け与えるのではなく，子どもたちは自宅であらかじめ基礎となる知識に触れ，授業では他の子どもたちとの間で議論をしたり発表をしたりすることが中心となってい

くであろう。また，固定的な知識をただ覚えるのではなく，他者との交わりのなかで課題を見つけ，新たな知識を発見し，解決策を見出していくというような授業方法へと変わっていくことも予想される。

　近年，「反転学習」や「アクティブラーニング」というキーワードで語られることの多いこうした授業の根本的な変容は，映像アーカイブを授業で活用する際にも当然あてはまるものであろう。こうした授業デザインのなかでは，教師の役割も大きく変化する。教師は，新しい知識を子どもたちに伝える役割から，子どもたちが自ら疑問や課題，発見を通じて学びを構成していく手助けをする役割へと変化していくことになる。しかし，こうした新しい役割に対応した授業のデザインについては，さまざまな形で試行錯誤が重ねられている段階であり，教員個々の適応能力にも格差がある。映像アーカイブの活用においても，新しい授業スタイルに応じた授業デザインの開発が必要となる。

（3）映像資料のパッケージ化

　前述のように映像アーカイブが大量の映像資料をデータベース化している点は大きな特徴であるが，この映像の分量の多さは実際の授業実践においてはデメリットともなり得る。新潟地域映像アーカイブの場合，写真だけでも３万点以上を閲覧公開しているが，だからといって授業教材としてその３万点全てを対象として扱うのは現実的ではない。３万点の写真を順に閲覧していくことはそれだけでも膨大な時間を要するものであり，多忙な教員がそれだけの時間を費やすことは不可能に近い。また，子どもたちにとってもあまりに大量の写真を見せられると，どの写真をどの写真と比べてみていけばいいのかも決められない状況に陥ってしまう。実際の授業で映像資料を教材として活用していく際には，その目的に応じた映像を数十枚単位で絞り込んで，全体が何とか見渡せる程度の分量にしておくことが必須となる。南魚沼市のワークショップ実践の場合は，基本的に教員向けワークショップと同様の６つのカテゴリーの合計70枚の写真を使用した。

　さらに今後は，各学年や教科，単元に即した使いやすい映像資料のパッケー

ジをあらかじめ作成しておき，教員が必要に応じてそれらの映像のパッケージを選択して活用できる形が求められる。もちろん，それらの映像資料のパッケージは固定的なものではなく，地域によって多様なバリエーションがあっていいし，柔軟に追加や入れ替えなどができる形であるべきであろう。そのような実際の授業運営に即した形で映像アーカイブを整備しカスタマイズしていくことが，今後の映像アーカイブの活用を進めていくためには重要な作業であると思われる。

第6節　おわりに

　本稿では，地域のデジタル映像アーカイブの活用について，各種のワークショップ実践をもとに，その可能性と課題について検討してきた。ワークショップ実践を通じて，とくに映像アーカイブの教育面での活用における具体的な方法論やその可能性，あるいは課題の存在が明らかになった。今後も同様の実践を重ねるなかで，地域映像アーカイブの活用に関するモデルの作成につなげていきたい。

　本稿は，日本学術振興会科学研究費補助金基盤研究（C）（課題番号 26330979）および電気通信普及財団研究調査助成の成果の一部である。

第13章

郷土を調べる子どもたち
―『北白川こども風土記』と〈アーカイブする実践〉

佐藤守弘

第❶節 はじめに

1959年,『北白川こども風土記[1]』(山口書店)という一冊の本が刊行された

北白川にども風土記

京都市北白川小学校編

写真 13-1

(写真 13-1)。京都市立北白川小学校に通う 4 年生の児童たちが 3 年間かけて調べた郷土・北白川の考古,歴史,風俗を,子どもたち自身による挿画とともに一冊の本にまとめたもので,小学校 6 年生の児童は書いたものとは思えないほどの質に驚嘆した梅棹忠夫 (1920-2010) は,「これはおどろくべき本である。子どもというものが,よい指導をえた場合にはどれほどりっぱな仕事をすることができるか,ということをしめすみごとな見本である」(梅棹 1987:276)と絶賛した。翌年には中編劇映画として公開されることになる。

本稿の目標は,本書を一種のアーカイブとし

1) 本稿で底本としたのは,1959年3月1日の1刷ではなく,同年7月5日の2刷である。「刷」とあるが,巻末に編集委員一同による「再版によせて」という文が付け加えられ,そこに「いくつかの誤りを訂正した」とあるので,実質上の2版と見ていいだろう。1963年12月26日に行われた指導者の大山教諭と版元・山口書店の山口社長との対談では,「初版」を 2,000 部刷り,マスメディアなどでの反響を得た結果,「これを全国的な規模においてうち出す義務があることを強く感じた」山口が再版 2,000 部をすることを決定した――結局は売れずに赤字という結果になったという (大山・山口 1964:37-38)。

て捉えてみることにある。もちろん本書は，一般的なアーカイブとは性格を異にするものであり，これ自体がアーカイブの好例であると言うつもりはない。むしろ，そのテクスト／イメージに潜む調査，記述，編集のプロセスを〈アーカイブする実践〉として考察するのが本稿の目論見である。

　筆者がこの書物について知ったのは，美術家の谷本研と中村裕太による連続展覧会「タイルとホコラとツーリズム」の第 2 回（2015 年 8 月 15 日〜 30 日，於・京都市，Gallery PARC）でのイヴェントの際であった。この連続展は，2014 年から 5 年間の計画で行われているもので，路傍の地蔵祠に興味を持っていた谷本とタイルを制作の素材として用いてきた中村が「街中に点在する路傍のホコラの生態系やそこに使用されるタイルに着目し，ツーリズムの視点で考察した」（谷本・中村 2017：24）ものである。第 2 回展は，「season 2《こちら地蔵本準備室》」と題され，「地蔵本」の出版を目指す二人がギャラリー空間を準備室に見立てて，そこに人びとが持ち寄った資料が陳列される「ホコラテーク」を出現させた。そのホコラテークに民俗学者の菊地暁による『北白川こども風土記』の紹介文（菊地 2015）があった。

　その後，この書物に興味をもつ研究者・美術家が集まり，2017 年 3 月 6 日に公開研究会「こどもと郷土──『北白川こども風土記』を読む」を開催した[2]。筆者と菊地，谷本のほか，映像デザイン研究者の池側隆之，アーカイブズ研究者の福島幸宏も参加して，領域横断的に『北白川こども風土記』およびその映画について討議する機会をもつことができた。本稿は，そこで発表した内容に基づいている。

　2016 年に開催された「タイルとホコラとツーリズム」は，「season 3《白川道中膝栗毛》」という題のもと，『北白川こども風土記』の一節「白川街道を歩いて」に触発された映像インスタレーションが展示された。会期中には公開研

2）主催：東山アーティスツ・プレイスメント・サービス（HAPS），後援：科学研究費共同研究「『地域』映像の集合化による再帰的ソーシャル・デザインの研究」（研究代表：原田健一〔新潟大学〕）で，京都市の HAPS スタジオで行われた．この際に当時，北白川小学校の在校生で，『北白川こども風土記』に執筆や作画で参加した方々も聴講者として来られ，貴重な情報を得ることができた。

究会「こどもと郷土——『北白川こども風土記』を読む2」も開催され，上記のメンバーに加え，中村および一色範子（教育学）も参加した[3]。このゆるやかに結びついたな研究体は，現在でも続いており，本稿でも参照する菊地（2017）もそのひとつの成果である。

　以下，本稿では『北白川こども風土記』の成立の過程を確認した後，そのテクストの特徴を抽出し，さらに挿画イメージ——とくに児童たちによる版画——を分析した上で，この特異な書物を〈アーカイブする実践〉の一例として検証していきたい。

第❷節　『北白川こども風土記』の成立

　『北白川こども風土記』は，京都市立北白川小学校の教諭であった大山徳夫[4]が，有志の児童を集めて行った課外授業の成果をまとめた書物である[5]。本書の巻末に編集委員一同が，「あゆみ」としてその成立過程をまとめている（京都市立北白川小学校〔以下，北白川小〕1959：368-370）。「あゆみ」によれば，この企画がはじまったのは「三年前」（1956年）で，社会科における郷土学習が「概念的にしかとらえられなかったという，うれい」から「子供たち自らの具体性を持った直接経験を通して，ものの見方や考え方を養っていこうという，郷土学習本来のあり方」が望ましいとの考えからであったという。そこで「もはや私たちが郷土研究の主体者であることは好ましくなく，子供たちがその主体と

---

3) ウェブページ「タイルとホコラとツーリズム season 3《白川道中膝栗毛》」（2017年12月25日最終アクセス，http://galleryparc.com/exhibition/exhibition_2016/2016_8_19_tile_hokora.html）を参照のこと。なお「season 4《一路漫風！》は，東アジア文化都市2017京都「アジア回廊 現代美術展」に参加するかたちで，京都芸術センターにて開催された（2017年8月19日〜10月15日）。
4) 指導教諭の名前は，『北白川こども風土記』のなかでは「大山先生」，「O先生」としか出てこないが，『四年の学習』8月号，1960年8月，学習研究社の記事「ぼくたちの作った北白川こども風土記」に指導者として「大山徳夫」と記載されている。
5) 戦時下から戦後にかけての「こども風土記」と題された作品群の系譜については菊地（2017）を参照のこと。

な」るような学習を目指すこととなり，当時の 4 年生の児童から志望者を募ることとなった。児童たちはテーマを選び，「大学の先生や有識者の好意的な協力と指導」を受けたり，「土地の古老」に聞き取り，案内をしてもらったりすることにより，遺跡や史跡の調査を進めていく（北白川小 1959：368-369）。

　菊地暁によれば，ここで指導した「大学の先生や有識者」には，児童たちのテクストに登場するだけでも，東方文化研究所のスタッフであった写真家の羽館易（1898-1986），考古学者の樋口隆康（1919-2015）がいる。さらには考古学者，小林行雄（1911-1989）や地理学者，藤岡謙二郎（1914-1985）などは，執筆した児童の親として登場する（菊地 2017：224-225）。このように周囲に大学人たちが普通にいるという特殊な状況下に『北白川こども風土記』は編まれたのである。

　北白川は「京都盆地でも最初期に人が住み始めた土地」であり，中世には都と近江を結ぶ重要な交通の拠点となる。近世には郊外の農村として市中に花を供給する白川女で知られるようになり，幕末には，白川石で知られる石材業や水車を利用した伸銅などの製造業も発達する。近代には，農地が住宅地として整備されることになり，近所の京都（帝国）大学の関係者も住むようになる。「そして，昭和 20 年代後半，北白川の地は土着の“花うり族”（近郊農家，石材業者など）と新来の“大学族”（学者・サラリーマン）が二分する様相を呈していた。こうした地域で『こども風土記』が産み出されたわけだ」と菊地は述べる（菊地 2017：222-223）。この北白川という場の特異性 6) には留意しておかなくてはいけないだろう。

　調査の後，「相当な月日」を経て，児童たちは原稿を書いていく。時には文献をひもとき，時には再調査に出向くなどして，何度もの訂正と加筆の後に充実した原稿ができあがったと「あゆみ」は述べる。「私たちは今，身の丈を余

---

6) この地域の特異性については，梅棹忠夫「大学と花売り」（梅棹 1987：271-275）も参照のこと．また藤岡・西村（1965：76-78）によれば，「地区全体人々間の精神的な結び付きは薄く，むしろ各種異質的（Heterogenius）な生活者たちの偶然的集合地域といった感が深い」と述べた上で，「ここ北白川の地区にはふるい伝統をもつ谷口を中心とした土着の人びとの生活と，各地から移住してきた外来人（エトランジェー）的な近代的な生活との混用地区だということが出来る」と言う。

る下書の原稿と，完結した六百余枚の原稿を眼の前にして，今更にその労苦の
ただならぬものであったことを思い起こします」(北白川小 1959：370)。その後，
教諭たちの編集委員会による編集を経て出版へと動き出す。

　京都大学人文科学研究所教授（歴史地理学）の森鹿三 (1906-1980) は，1957
年に北白川小が理科研究校に指定され，郷土室を作る計画が持ち上がった際
に担当となる。理科研究発表の日に出展され「人びとを感動させた」のが，
「学童諸君の手によって綴られた郷土の新風土記」であった。この「幼い筆と
はいえ，自分の眼と耳を通したものだけに生々と描かれている」テクストを
出版しようという機運が高まったと森は「序」に書いている（北白川小 1959：
3-4)。出版実行委員会による交渉の結果，地元の出版社，山口書店——棟方志
功 (1903-1975) の散文集『板散華』(1942) の出版でも知られる——から上梓さ
れることとなった。

　その本は，北白川の住民であった梅棹忠夫の眼にも止まり，先述のように
「おどろくべき本」として，『日本読書新聞』1000 号（1959 年 5 月 4 日）に彼が
執筆した書評「まのあたり見る新教育の成果　僕はほんとうにおどろいた　京
都市立北白川小学校編『北白川こども風土記』」で紹介される。「執筆者はたし
かにみんな小学生〔中略〕。しかしこれは単なる子どもの作文集ではない。信
頼できる内容を持った地誌であり，みごとな郷土史である。そして，興味しん
しんの民俗誌でさえある」と（梅棹 1987：277)。

　本書をもとに作られた映画『北白川こども風土記』についても紹介しておこ
う。これは 1960 年製作の中編映画（55 分）で，京都市教育委員会の企画，共
同映画社，松本プロダクション，京都歯車グループの共同製作である。監督
は『汚れた花園』(松竹，1948) などの作品を手がけた小坂哲人，脚本は溝口健
二 (1898-1956) 作品の脚本で知られ，『汚れた花園』で小坂と組んだ依田義賢
(1909-1991) が書いている。この映画は，第 6 回東京都教育映画コンクールと
第 15 回毎日映画コンクール（教育文化映画賞）で受賞した。ただしドキュメン
タリー映画として作られたものではなく，本書を原案に，それが作られる過程
をドラマ化した物語映画である。主人公は，北白川小学校に通う電器店の息子

として設定され，多々良純 (1917-2006) 演ずるその父親が狂言回しとなる。大山教諭がモデルと思われる青年教師の熱気あふれる指導のもと，児童たちが調査する様子，原稿を書く苦労，東京に引っ越さないといけない女子のエピソードなどを描き，8 月 16 日の大文字の送り火を体験する児童たちをクライマックスとして，クラスで調査報告をする主人公を写して映画は終わる。当時の『キネマ旬報』には，「依田脚本は半記録ふうな児童劇映画をねらうわけで，子供たちも張切って動きまわるのは好感が持てる」(加藤 1961：88) と評されている。

第❸節　『北白川こども風土記』の語り

　ではここで，『北白川こども風土記』の構成を見ていこう。第一章は「大文字の送り火」で，一節のみからなり，郷土の象徴ともいえる送り火の記事で書物全体の序曲のような位置づけである（映画版ではクライマックスに持ってこられる）。第二章は「郷土の遺跡」。石器時代 (縄文時代) の小倉町遺跡や古代の北白川廃寺遺跡など，考古学的なトピックが扱われる。第三章は「郷土の史跡」で，先述の「白川道中膝栗毛」の基盤となった「白河街道を歩いて」からはじまり，石仏や寺院などの歴史が語られる。第四章の「郷土の氏神様と祭」は，神社の祭や儀式，それにまつわる独特の習俗などを扱う民俗誌となっている。第五章は「人物についての物語」で，北白川に伝わる伝説や昔話，あるいは近世の人物——茶屋四郎次郎 (二代，？ - 1603)，白幽子 (？ - 1709)，小沢蘆庵 (1723-1801) など——の伝記からなる。第六章「郷土の産業と風俗」は，白川女や白川石，水車を利用した産業から地理，そして風俗が語られる。この章に収められた「湖から盆地へ——北白川の地形——」という自然科学的なテクストで，人文学的テクストがほとんどの本書において異彩を放っている[7]。第

7) 菊地 (2017：15) も指摘しているように，ここに登場し，京都盆地の何千年前の成り立ちについて教えてくれる「おとうさん」は，京都大学で教鞭を執っていた地理学者，藤岡謙

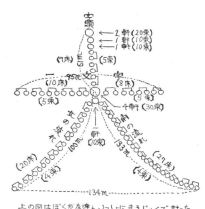

上の図はぼくが友達といっしょにまきじゃくで計った.
長さと火床の数を表わしたものである.

写真 13-2　　　　　　　　　　　　写真 13-3

　七章は，北白川小学校の歴史も含む北白川の近代史を扱う。それに編集委員
（教諭）が書いたテクストや資料を集めた補遺である第八章が続き，本書は終
わる。

　このように『北白川こども風土記』は，研究領域としては歴史学，考古学，
民俗学と多岐にわたる領域を網羅した郷土誌のアーカイブ——あくまでも相当
に広い意味で——考えることも可能である。ただし，それは一般的なアーカイ
ブとは違い，それが教師の指導はあったにせよ，児童の眼と手によって採集さ
れ，記述されたという点で，一般的なアーカイブとは異質なものである。

　ではここで第一章の「大文字の送り火」（北白川小 1959：15-26）というテク
ストを見ていきたい（写真 13-2）。冒頭は，「今日は八月十六日で，晩には大文
字の送り火が行われる日だ。四時ごろからぼくはこの送り火のようすを見るた
め，二—三人の友だちと，大文字山に登ることにした」と始められる。このテ
クストの主要部は，十六日の午後から大文字山（如意ヶ岳）に登り，火床の間

二郎である．このテクストを書いた藤岡換太郎は，後に海洋研究開発機構特任上席研究員
などを務める地質学者となった．

222

近で護摩木が焚かれるのを見るまでをドキュメンタリー的に叙述しながら，その合間に解説を挟んでいくという構成である。たとえば大文字山のふもとの銀閣寺の門を過ぎた辺りに張られたテントに「まき」が山のように積まれていたと描写した後に，2 段落にわたって，それが「ごま木」と呼ばれること，その宗教的な機能，材質や製作過程についての解説が続く。

　大文字山に登りだした児童たちは，アルバイトの学生たちと出会う。「重いなあ，こんなん知らんわ。」とへこたれそうな学生を見ながら，昔の若者はその 2 倍以上も担いだらしいという知識を混ぜることで，その光景を諧謔的に描く。

　山頂に着いて「ごま木」を積んでいる「おじさんたち」に児童たちは質問する。ここは地の文ではなく，「おじさん，ごま木は，赤松やないとあかんの。」／「昔は，くぬぎもまぜてもやしたこともあるけど，いつまでもだらだら燃えているさかい今では赤松だけや。なんで言うたら赤松は，さっともえて，同時にさっと消えるからや」と京都方言での会話をそのまま再録するかたちで書いている。このように会話を混ぜることで，臨場感が生まれてくる。

　火床の様子を観察し，その数を数え，距離を計測し，それぞれの家が受け持つ護摩木の量を記録する。それはテクストで書かれるだけではなく，執筆者による詳細な図解も付されている（写真 13-3）。後に述べるように，テクストとイメージの相互作用で調査対象を生き生きと浮かび上がらせるのが本書の特徴といってもいいだろう。

　午後 8 時の点火が近づく。街のネオンが消され，「一人のおじいさん」の声掛けのもと，いっせいに火床に火が着けられる。

　　火は，化物のように，音を立ててものすごい勢いで燃え出したので，あたりが急に明るくなって人々の顔が赤々と見えた。
　　どの火床も火の手が上がって山一面が火の海のよう〔ママ〕になった。やっぱり金尾〔大文字の中心の火床〕の火が一番火力があって，大火事を見ているようだった（北白川小 1959：20）。

　火床に燃え上がる炎を目の当たりにした児童の気持ちが伝わってくる，まさに迫真的な描写である。

　時間が経つと火勢は弱まり，他の四山の送り火も見えてくる。消えかかった護摩木を厄除けのために集める人びとの様子を描写した後，児童たちは山を降りることになる。

　　送り火もこれですんだ。人々は山を下り始めた。京都の町では，何万何十万という人が大文字の送り火をながめていたことだろう。町のネオンがさっきよりもいっそう美しく見えた（北白川小 1959：22）。

　このように描写と解説，会話や図解も含めて，大文字の送り火の様子が臨場感たっぷりに描かれる。梅棹が「子どもというものが，よい指導をえた場合にはどれほどりっぱな仕事をすることができるか」と感嘆するのも当然であろう。

　しかし，この節はこれでは終わらない。その後に，点火の合図をしていた「一人のおじいさん」を再訪して，送り火の言い伝えについて追加インタヴューをした記録，浄土寺村での送り火のならわしの記述や送り火のこぼれ話を追記して，この長い節は終わるのである。

第❹節　『北白川こども風土記』と生活版画

　ここからは『北白川こども風土記』の視覚的な側面に注目してみたい。もちろんこの本は，児童たちによる歴史，民俗誌，地誌というテクストが中心として構成されたものであるが，一方でさまざまなイメージ，すなわち挿絵，図解，地図，写真，複製図版，そして児童たちによる版画が表紙，章扉，本文のあちらこちらに散りばめられたヴィジュアルな書物ともいえるのである。

　目次の次ページには，イメージを手がけた児童たちの名前が記載されてい

る。表紙版画 4 名，扉絵版画 4 名，章扉版画 8 名，本文挿絵および版画 6 名，カット版画 8 名の名前が見いだせる（北白川小 1959：12）。誰がどのイメージを担当したかについては明記されていないが，テクストの著者の名前も見えることから，テクストを担当した児童が描く場合も他の児童が描く場合もあったと想像される。巻末の「あゆみ」には「原稿を離れたしごとも見逃すことはできません。それは，版画や挿絵をほったりかいたりした，子供たちのことです。毎晩のように，学校近くの O〔大山〕先生の家に通っては，その腕をふるいました。これも長い日数をかけた労作になり，この本の内容を一そう豊富なものにしています」（北白川小 1959：370）とあるので，イメージ制作も課外活動として行われていたことがわかる。

　ここで掲載されたイメージの点数を確認してみたい。イメージの総数は，158 点におよぶ。そのうち写真は 47 点（写真 13-4），『都名所図会』（1780）や古文書などの既製のイメージの複製図版（写真 13-5）も 17 点載っている。写真や図版の複製は，大人によるものであろうが，児童たちによる挿絵が 20 点（写真 13-6），地図に代表される図解（写真 13-7）が 12 点ある[8]。一番目立つのが児童たちによる版画で，総数 62 点に及ぶ。それらをよく見てみると，2 種類に分けることができる。まず凸版によると思われる版画（写真 13-2，13-11，13-12）。凸版とは，版を彫る際に残った部分にインクをつけて，バレンなどで紙に写し取るもので，総数 42 点確認できる。現在

写真 13-4

都名所図会（江戸時代）に出ている観音さん

写真 13-5

8）挿絵と図解は判別しがたいものもあるが，おおまかに風景などを描いた絵画的なものを「挿絵」，説明的なイラストレーションは「図解」に分類した。

写真 13-6

写真 13-7

に至るまで，小学生や中学生による版画の多くはこの技法によるものが多い。通常は，木を縦に挽いた板に彫る板目木版が使われるが，当時，『北白川こども風土記』に参加した方に聞くと，柔らかい樹脂のようなものを彫った記憶があるとのことであり，リノリウムを版に使うリノカットであった可能性も高い。同じ凸版（板目木版）で制作される浮世絵版画の場合，版を細く彫り残すことで黒い線をつくる。しかし細い線を彫り残すことは，熟練の技倆が必要となるので，小学生だと多くの場合は，線を彫ることになり，摺りの段階でネガとポジが反転した白い線が見られることになる。

図 13-8

　その一方で，明らかに凸版とは異なる印象を与える版画（写真 13-8）も 20 点見られる。まず気づくのは細い線が黒く表されていることであり，第二に白い部分にフロッタージュのような独特のマチエールが見られることである。先述のように年少者が線を細く彫り残すのが困難な場合が多いことから，これは凸版ではなく凹版，すなわち彫られた部分にインクを詰めて紙に写し取る種類の版画であることが推測できる。凹版を代表する技法は銅版画であるが，硬い素材に対して鋭利なニー

ドルを使うドライポイントや劇薬を使うエッチングを小学生にさせることは考えづらい。可能性としては，銅版の代わりに板紙を用いる板紙凹版という技法である。児童向けの版画入門書に板紙凹版が紹介されていて，「白く表現するところに，ニードルで線や点をつけたり，紙やすりやガラスの破片などでこすって，調子をつけて，表現を深め」ることができるとあるので，この技法である可能性は高い（大田編 1984：28）。当時の参加者に聞き取りをしたところ，記憶がないとのことであったので確定的なことはいえないものの，こうした凸版以外の技法を指導しているということは，当時の北白川小学校における版画教育の幅の広さを示すものと考えられるだろう。

　ここで，日本の図画工作／美術教育史における版画の位置を，教育者，版画家で版画教育のキー・パーソンであった大田耕士（1909-1988）による「日本教育版画協会の歩みと活動——版画教育史」を参考に概観してみよう。大田は，版画教育のはじめを，大正期の創作版画運動の中心人物であり，また自由画教育論の唱導者でもあった山本鼎（1882-1946）に置く。大田によれば創作版画運動は，「伝統版画の製作様式を否定して自画・自刻・自摺をモットーとした。作者の芸術表現の一貫性を主張し，個性と主体性を尊重した」。それが「美術教育に一般化されたものがすなわち"自由画教育"であろう」として，創作版画運動と自由画教育を同一線上に置く。そのなかで「ごく自然に版画は子どものものとして，美術教育の中に取り入れられてきた」とする（大田 1966：311）。ここに見られるのは，まさにヨーロッパ近代における芸術に関する考え方，すなわち「創造」と「個」と「表現」の神話であり，こうしたモダニズム的芸術概念が，戦後の版画教育においても基本となっていく。

　戦前の版画教育は，一旦戦争により断ち切られるが，それが戦後に本格化するのは，大田の呼びかけで恩地孝四郎（1891-1955），平塚運一（1895-1995），川上澄生（1895-1972）ら，創作版画界の大物たちも名を連ねた日本教育版画協会の設立（1951 年）であったという。一方で，版画は，生活綴方運動と結びつく——すなわち文集の挿画として版画が使われるようになったのである。山形県山元村に中学校教諭として赴任した無着成恭（1927-）の指導のもと，生徒たち

の文と版画で構成された文集「きかんしゃ」は，書籍『山びこ学校』（青銅社，1951／岩波書店，1995）としてまとめられ，ベストセラーとなった[9]。それに続くように，石田和男（1928-）が指導した岐阜県中津川東小学校の文集「ありの子」も『夜明けの子ら―生活版画と綴り方集』（春秋社，1952）（写真 13-9）としてまとめられ，出版される（大田 1966：311）。これらは，戦前から続く生活綴方，すなわち自らの生活に取材した文を自分のことばでありのままに書かせる作文教育[10]――久野収（1910-1999）と鶴見俊輔（1922-2015）はそれを「攻撃的プラグマティズム」（1956：76）と評する――の影響下にあるものであるが，それに付された版画も，『夜明けの子ら』の副題にある「生活版画」という呼称のもとに広がっていくこととなる。生活綴方がプラグマティズム的性格を有するな

写真 13-9

写真 13-10

---

9) 書籍『山びこ学校』の成功を承け，映画『山びこ学校』（1952）が八木保太郎プロダクションにより製作される．この映画は，文集「きかんしゃ」の成立過程をドラマ化したものであり，映画『北白川こども風土記』の先行例と見なすこともできよう。

10) 久野・鶴見（1956：75-76）は，生活綴方を日本型のプラグマティズムと捉えて「アメリカのプラグマティズムが，哲学書から無意味な議論をおいだすための，「読み方」の方法としてはじめに工夫されたのにたいして，この日本のプラグマティズムは，自分の生活の真実を描くための「書き方」の理論として出発したため，環境にたいする働きかけの面が強い」として，「攻撃的プラグマティズム」と表現する。

らば，生活版画もまたその性格を分け持っていたともいえよう。

　生活版画の主導者であり，『版画の教室──生活版画の手びき』（写真 13-10）という本も記している大田耕士は，以下のように述べる。

　　これらの版画は子どもの生活のなかから，子どもがつかんだ実感がなまなましく表現されています。その何よりも現実に肉薄する生活直視の態度と，豊かにたたえられたヒューマニティ──これほど新鮮に，わたしたちの胸をうち，感動をゆさぶるものは少ないでしょう。

　　これは，版画そのものがもっている特別な性格や機能と純粋にむすびついているからです。これらの新しい子どもの版画に，生活──それは生きており，動いている。そして，ひろい幅とつながりをもっている。──の名前をかぶせて「生活版画」とよぶことがふさわしいと思います（大田編 1952：311）。

　では大田の言う「版画そのものがもっている特別な性格や機能」とは，どういうものと考えられていたのであろうか。『夜明けの子ら』の序文を書いた平塚運一は，「版画は小刀で絵を描くのであるから，紙に筆や鉛筆などで描く場合にくらべて，いろいろな約束があって，不自由である為に，直写を整理要約して表現することが大切である。あいまいであってはならない。／これを云いかえれば，造形美術で最も重要な条件である単化と，デフォルマッションなしには版画は作れない，と云うことである」（石田 1952：ページ数なし）と版の物質性に由来する間接性を重要視している。

　版画の物質性／間接性に関する言説とは，版の制作過程に着目したものであるが，印刷過程に視線を移すとまた別の版画の特質や機能が見えてくる。『夜明けの子ら』に寄せた「生活の歌」という文で，絵本作家の箕田源二郎（1918-2000）は，「何枚も同じ絵が生み出せる版画は商品としてはねうちが少ないかもしれません。〔中略〕版画も，どこの家，どこの壁にもかざられて，人々とともにくらしていってくれることができるのです。〔中略〕版画は数多く生み出せ

るものですから，生活のうたをみんなにきかせるのには，もっともぐあいのいい表現の形式だと思うのです」（石田 1952：179）と版画の複製性／複数性に注目する。大田もまた，「子どもの版画は，美術教育の中からではなく，いち早く文集の中に芽をふいた。それは，文集という簡易な印刷物が自然に影響したものであった。表紙・カットとして素朴な形ではあったが，戦前の伝統〔創作版画／自由画教育〕はここに復活して，やがて，版画作品が主になる版画文集へと発展していく」と振り返る（大田 1966：311）。「文集」とは，手軽なガリ版（謄写版）印刷によるテクストと版画によるイメージの組み合わせによって，学校教育の規模のなかで簡単に作りうる「簡易な印刷物」であり，それが戦後の国語教育，美術教育のなかに浸透していく一番のきっかけであったのではないかと筆者は考える。そうした文集は，小学校とその周辺という狭いコミュニティにのみ流通する，いわば〈ミニ・メディア〉であるが，そんななかから書籍として出版され，マスに流通するようになったものが『山びこ学校』であり『夜明けの子ら』であり，また『北白川こども風土記』であった。

第❺節　『北白川こども風土記』の視覚

　テクストとイメージを組み合わせた文集という性格から，『北白川こども風土記』も当時全国各地の小学校や中学校で制作されていた版画文集の系譜に連なると考えてよいだろう。ただし，先行する文集が児童／生徒の身近にある現実を「そのまま」描くことを目指していたのに対し，『北白川こども風土記』は，それらとは多少異なる視点を持っていたように思える。

　第七章に置かれた「小倉町のうつりかわり」では，近代における北白川の変貌が「古老」たちへのインタヴューをもとに記される（北白川小 1959：314-319）。かつて──「明治から大正の終わり頃まで」──は，見渡すかぎりの田畑であった。それが土地会社による住宅地化計画や京都市による白川通──当時，地元では「十二間道路」と称された──の整備などによって，先述のとお

り「北白川の地は土着の"花うり族"（近郊農家，石材業者など）と新来の"大学族"（学者・サラリーマン）が二分する様相」（菊地 2017：222-223）が出来ていった。

　本節の執筆者は，古くから小倉町に住んでいた「波多野さんというおじいさん」の話から，その家の近くにむかし牧場があったことを知る。小さな牧場で，牛も 12 〜 3 頭しかいなかったが，その持ち主は，採れた牛乳を町に売りに出ていたようだ。

　　その頃，おじいさんの家のあたりは田畑が多くて，中でも花畑がとてもきれいでした。それに用水路の水が，いくすじも小川のように流れていました（北白川小 1959：318）。

　宅地化される前ののどかな北白川の風景を描いたのが，本節に付けられた版画（写真 13-11）である。9 頭の乳牛が大胆な彫りで表された牧草を食んでいる。その奥には低層の瓦葺き住宅が立ち並び，さらに奥には中央に大文字山を配した東山連峰が比較的正確な遠近法を用いて描かれる。上記のテクストから版画を担当した児童が，すでに失われた北白川の風景を，自らの想像力を駆使して描き出したのであろう。

　また第二章冒頭の「石器時代の北白川──小倉町の遺跡」（北白川小 1959：

写真 13-11

写真 13-12

29-38）は，遺跡を発見した羽館易への聞き書きや樋口隆康による京都大学の考古学研究室の案内をもとに記された節であるが，そこに付されている版画（写真13-12）も興味深い。東山であろうか，岡の上には木の実を採集する人，兎や鹿のような動物を狩って運ぶ人びと，木登りをする子どもなどが描かれている。小倉町辺りと思われる集落には，竪穴式住居が3軒見下される。前掲の牧場の版画に比べると，遠近法的には不正確で，集落の辺りが持ち上がって見えるのだが，それが視点のダイナミックな移動を思わせる――セザンヌ的といえば言い過ぎであろうか――なんとも面白い効果を表している。縄文時代の人びとの生活を，非常にわかりやすく図解した絵となっている。これもまたテクストをもとに児童が想像力を働かせた結果であろう。

　改めて，『北白川こども風土記』の挿画を見てみると，版画も絵も想像図が多いことに気づく。これは，目の前の現実をありのままに写し取ることを目指す生活版画とは，やはり異質なものだと考えられる。『北白川こども風土記』に掲載された版画や絵は，生活版画運動に見られるロマン主義的な個の内面表現や戦後社会派に通ずるリアリズムの流れを汲みながら，それとは少し異なる，聞き取りを中心とする児童たちの綿密な調査に基づいた想像力によって，現実や虚構を視覚的に再構成することを目指していたのではないだろうか。

第❻節　結びにかえて

　第2節で述べたように，『北白川こども風土記』は一種のアーカイブ，しかも特異なアーカイブとして見ることができる。それは，森鹿三が「〔児童の〕自分の眼と耳を通したもの」（北白川小 1959：3）と述べるように，あくまでも小学生児童というフィルターあるいはバイアスがかかったものである。もちろん，ここに収められたテクストは，北白川という「郷土」についての重要な書物ではあるが，そのようなバイアスがある以上，通常のアーカイブとして扱うことは難しいだろう。

　とはいえ，この書物は，アーカイブそのものというより，〈アーカイブする実践〉についての第一級の記録といえる。どんなアーカイブでも，選択や分類などの段階でなんらかのフィルターがかかることは避けられない。本書においては，アーカイブする主体が児童であることが明らかなだけに，そのフィルターが前景化されている点がユニークである。本書から読み取れるのは，児童がインタヴューし，資料を調べ，それを想像力を働かせてテクストにまとめたりイメージに表したりし，それを指導者が編集するという実践の連続である。『北白川こども風土記』は，対象である北白川という地域の特殊性や指導教諭の個人的資質など特殊な諸条件があるにせよ，〈アーカイブする実践〉という点から見ると普遍的な要素を備えていると考えられないだろうか。

　本書を指導した大山は，出版の 4 年後に行われた版元書店主との回顧的対談で，「北白川という限定された地域社会のなかで生み出された特殊な郷土誌」としばしば見なされたことに反論し，「風土記に取り上げられた北白川の問題も発展的にとらえれば，そこには必ず普遍的な共通の問題が他の郷土にも発見できるはずですよ。〔中略〕ただ歴史の傍観者であってはならないんで，郷土の生活史を掘り下げて，そこに広く現代史的意義を掴もうとする郷土教育の姿勢が必要だということを忘れてはならんと思うんです」と述べる（大山・山口 1964：39）。この発言をうけて，菊地暁は「身の回りの問題を認識し，その改善を図ることから，地道に社会を住み良くしていかなければならないという課題は，彼らだけのものというわけではない」（菊地 2017：228）と述べる。

　このことは，郷土教育だけの問題ではなく，昨今さまざまな地域で行われているアーカイブ事業──アナログであれ，デジタルであれ──の多くに通じることであろう。アーカイブを作るということは，「歴史の傍観者」の立場にいてはならない。つねに「現代史的な意義を掴もうとする姿勢」が必要である。この点からも『北白川こども風土記』は，地域的アーカイブを実践する上で，何度でも振り返っていいひとつのメルクマールと見なすことができるのではないかと筆者は考える。

領域横断的分析
—荻野茂二フィルムをかこむ
複数の手と眼差し

映像アーカイブに長く向き合っていくと，やがて〈撮り／撮られ／映し／視る〉ロールプレイが見えてくる。映像の本質はその主体＝人間の「集合性」「共同性」を浮かび上がらせるのだ。第Ⅳ部はその事例──戦前戦後を通じ，半世紀以上も旺盛な創作意欲を発揮し続けた「怪人」と，彼を取り巻く「世界」に迫った6人による共同研究の記録である。

第14章

共同作業による映像研究

原田健一・水島久光

第❶節　荻野茂二フィルムの概要

　荻野茂二が 1991 年に死去した翌年の 1992 年に，その製作し所蔵していた映像は東京国立近代美術館フィルムセンターに寄贈された。この荻野コレクション（荻野作品および荻野に関連するフィルム 461 本，荻野作品でない市販品他が 15 本）というべき映像群は，その後デジタル化され，フィルムセンターにおいて特別映写観覧申請をすれば見ることができるようになった。

　ここで，まず小型映画のフィルムの概要について述べておくと，1895 年 12 月にリュミエール兄弟によって 35mm フィルムによる映画が公開されてからすぐに，映画の小型化は試みられてきた。その最初は，1899 年「ビオカム」（イギリス）で 35mm フィルムを半分にした 17.5mm の映画だった。その後，パテ社（フランス）によって 1912 年に不燃性の 28mm フィルム，さらには 20mm フィルムが作られ，1920 年にそれを半分にした 9.5mm のパテベビーが作られる。

　一方で，1923 年にコダック社（アメリカ）が 16mm フィルムを作り，1932 年には 16mm を半分にした 8mm（通称 W8，あるいはレギュラー 8 ともいわれる）を販売することになる。小型映画は，9.5mm，16mm と 8mm を中心にし，この他にも，11mm，13mm，18mm，22mm，24mm，26mm のフィルムなどがあったされる。

　なお，8mm フィルムは 1965 年にカートリッジ方式によるスーパー 8 とシングル 8 が作られることになる。また，磁気を塗布したサウンドフィルムが 1974 年にスーパー 8 から，1976 年にはシングル 8 から発売されている。

　現在，荻野コレクションの目録は，浅利浩之「荻野茂二寄贈フィルム目録」(2014) として公開されている。荻野茂二のコレクションをフィルム別に概観しておくと，1928 年から 1937 年頃まで 9.5mm で 69 本，1934 年から 1943 年頃まで 16mm で 49 本（35mm の 1 本もこの時期と考えられる），レギュラー 8 は 1957 年から 1967 年頃まで 194 本（1934 〜 1936 年のもの 3 本を含む），1964 年頃から 1984 年までスーパー 8 とシングル 8 で 148 本となる。

第❷節　研究の経緯

　次に，この共同研究の経緯について述べておこう。最初の調査（特別映写観覧）は，水島，原田を中心に，石井仁志と東海大学生 2 名を加え，2012 年 11 月 24 日（土）10 時 30 分から 17 時まで，東京国立近代美術館フィルムセンターで行った。荻野茂二の代表作を順次見て，さまざまな感想を述べながらの閲覧であった。ここで我々は，戦前，戦後を通じて小型映画の世界で活躍した荻野の全貌をほぼ網羅するこの膨大な映像群の調査は，単に映画史的な意味をもつにとどまらないことに気づく。終戦直後の約 10 年強の中断を挟んではいるが，それ以前と以後はほぼ年 6 〜 7 本，不明のものを含めると年 10 本は撮っていただろうと推測できるこの旺盛な制作ペースを支えていたものは何であったか。それを考えることは，技術と人間の関係，被写体とカメラ，制作体制あるいは映像メディアを取り巻くコミュニティといったメディア史，社会史的関心にわれわれをいざなう。

　そこで，これ以降の調査研究には，立場の異なった複数の研究者の目を集め，観覧の機会を重ねるという方法が提案された。2014 年 8 月 28 日（木）29 日（金）30 日（土）の各日 10 時 30 分から 17 時まで，東京国立近

図 14-1　『AN EXPRESSION』
東京国立近代美術館フィルムセンター所蔵

代美術館フィルムセンターにて特別映写観覧を行った。参加者は水島久光（メディア記号論），原田健一（映像社会学），榎本千賀子（写真研究），小河原あや（映画研究），北村順生（メディア・リテラシー），椋本輔（情報学）であった。この特別映写観覧では，あまり細部にこだわらず，適宜，ビデオを早回しにしながらなるべく数多く作品を見る（通称「映像千本ノック」）方式を採用し，極力全体像に接近することに努めた。同様の観覧は同年12月24日（水）25日（木）の二日間，10時30分から17時まで実施し，参加者は前回と同じメンバーだった。

　この二回，計5日間の観覧で相当数の作品に触れることができたが，その結果，それまでの荻野作品で比較的評価の対象となっていた実験的な作品は，実際はそれほどの数はなく，思った以上に女性のヌード作品が多いこと，戦後トーキーになり音がつけられるようになったが，それらは遊園地で流されているような明るく軽妙でリズミカルで耳障りはよいが，やや空疎な印象を与える音楽が繰り返しつけられていることに気づかされた。この経験を踏まえ，戦後の荻野の活動と密接に関係している雑誌『小型映画』の調査が必要であることがわかり，2015年2月に国会図書館で荻野の文章ならびに荻野関連の記事の調査を原田・榎本が行った[1]。

　こうした調査を元に，翌2015年3月21日（土）「イメージのサーキュレーションとアーカイブ」（神戸映画資料館）の「第2部 映像のミクロストリア」にて報告を行った。この報告では水島が全体の概要として「今，なぜ荻野茂二か，あるいは『荻野茂二』という問題とは何か」を説明し，原田が「『戦前』における問題の所在」とし小型映画の機材や技術の問題を報告した。その上で，戦前の作品として原田解説で『電車が軌道を走る

図14-2　『器用な手』
東京国立近代美術館フィルムセンター所蔵

---

1)『小型映画』誌の調査の結果，『特急ロマンスカー』など何本か，収蔵されていない作品が存在することがわかった。

まで』(1929)，榎本解説で『郷土の誇』(1932)，
椋本解説で『大谷上山一家』(1936)，と『器
用な手』(1937) を上映した。その後，榎本が
「『戦後』における問題の所在」とし，雑誌『小
型映画』とオギノ 8 ミリ教室について報告し
た。そして，北村解説で『浅草雷門』(1960)，
と『佃の渡』(1964)，原田解説で『山の女』
(1966)，水島解説で『生々流転』(1984) の上

図 14-3　『郷土の誇り』
東京国立近代美術館フィルムセンター所蔵

映を行った。なお，この上映は時間の都合もあったが，ここでも荻野の全貌を
来場者にも感じてもらうために特別映写観覧の時と同じような早回しによる上
映を行った。その上で，全員でのディスカッションを行った。

　その後，同年 8 月 26 日(水)27 日(木)10 時 30 分から 17 時まで，『小型映画』
の調査をもとに，荻野がオギノ 8 ミリ教室などで上映をしたり，代表作として
語っていた作品[2] を中心に通常の速度で特別映写観覧を行った。参加者は前回
と同じメンバーであった。

第❸節　共同研究をする主意

　さて，この章はこれまでに行った共同調査の成果をまとめたものであると同
時に，映像研究において共同調査がどのような方法によって可能かを考えると
いう目的をもつ。アーカイブをベースとした映像研究では，とかく個々の研究
者の関心が先行し，研究者はアーカイブを「その関心に適合した（都合のいい）
作品を探し出す貯蔵庫」として扱ってしまう傾向がある。したがってここの目

2)　荻野茂二は生前，『1976 年版 アマチュア映画年鑑』(荻野 1975：554) において，自作選
　として『11 時 58 分』(1930)『百年後の或る日』(1933)『生々流転』(1984：最終版)『朝
　顔の神秘』(1971)『大地』(1960)『いでゆあらかると』(1974)『白さぎ』(1961) を挙げて
　いる。

的は，その恣意性をいかに意識化し，自覚化することであり，どのようにそこから脱していくかがポイントになる。

　映像は決して一人で撮って，一人で見て楽しむものではない。被写体として，制作者として，観客として，それは常に人びとの「間」に置かれ，人びとをつなぐ役割を担う。荻野の映像の大量生産の背景には，こうした多くの「関係性」が透けて見える。戦前と戦後の荻野の変化は，この「関係性」の変化であるといえる。しかしよくよく見てみると，映像が人と人を結びつける本質のようなものは，実は変わっていないのかもしれないとも思える部分もある。

　カメラを介して「眼差す」という行為は，時に，無意識のうちに外観を射抜く，鋭さをもつことがある。コレクションは「眼差し」の集合体である。同じ時間と場所とを共有しつつ，それにさらに異なる「眼差し」を重ね，さまざまに解題していく ──それは，「アーカイブ研究」が，映像群そのものの存在様態に迫るための，シミュレーションを成しているとはいえないだろうか。

工房としての荻野茂二
——多産な映像器械の産出構造

原田健一

第❶節　表現と資料の間

　8mm，9.5mm，16mm などによるプロではない，いわゆるマス・メディアで製作したものではない映画を総称して「小型映画」あるいは「アマチュア映画」というが，これらの映像を研究的な水準で取り上げようとしたものとして，1990 年代に書かれた那田尚史の一連の論考がある（那田 1992~2002）。当時の文献を調べた議論としては先駆的なものといえる。それらの論考の特徴は，1990 年代の映像学の研究動向を反映し，これら映画を製作する作者を「個人」映画の文脈で捉えた作家主義，作品主義的なものだった。映画を表現の水準でみようとしたものといってよい。

　ところで，近年，テレビなどでこれらの小型映画／アマチュア映画が使われる場合，当時の様子を明らかにする歴史的な資料として扱われることが多い。いわゆる庶民，あるいは市民が自ら記録した映像「資料」であり，その意味でこれを扱う放送局の立場は，地域の歴史・民俗資料館などで行われている文書や民具などの資料に近い位置づけとなる。

　つまり，こうした小型映画／アマチュア映画を一般化するにあたって，概念として，芸術として「個人」の営為とするか，歴史学や民俗学として「市民」や「常民」の営為とするのか，つまり，パーソナルな次元なのか，ナショナルな次元なのかに分極化する。その意味で，小型映画／アマチュア映画の研究はそのままパーソナルとナショナルの間で分裂し交わらないか，曖昧に芸術性豊

かな資料として扱われるかである。

　ここでは，映像というものがメディアとして，システムや機械といった物質的な基盤を有し，何らかの社会的関係性を含んでいること ──つまり，写すもの，写されるもの，その映像を見るもの，という原初的な関係性から始まり，なんらかの社会的な関係のなかで映像が産出されているという当たり前の事実から捉えてみる。

第❷節　小型映画／アマチュア映画の経済と器材，その技術

　ここで，こうした小型映画の受容層を考えるために，経済的な側面から戦前と戦後を考えてみる。荻野と同じように『パテーシネ』[1]で活躍した宮本馨太郎の『収支帖』[2]によれば，1927 年 10 月ミクロ映写機を 19 円で購入し，販売されていた 9.5mm 映画を購入している。その後，1928 年 5 月にパテベビーの撮影機を 65 円で購入し，作品制作を始め，10 月にパテ DM 型映写機を 58 円で買い直し，1929 年 7 月に撮影機もモートカメラを 140 円で買い換えている。なお，1928 年の時，撮影用のフィルムは 1 本 1 円で現像料は 75 銭であった。多分，1 本 1 分程度のものだったかと思われる。1930 年 8 月の時にフィルムは 1 本 2 円 60 銭で，現像料は 1 本 55 銭で 1 本 2 分弱のものであった。ちなみに，1930 年頃の会社員の給与が 50 〜 100 円の間であったから，カメラと映写機で 2 〜 3 ヵ月分の給料だったことになる。

　ところで，1970 年，フジのシングル 8 の中堅機の値段は，カメラが約 4 万円で，映写機が約 6 万円程度で，1970 年の大卒の初任給が約 4 万円であったことを考えると，機材的にはやや安くなった程度であまり変わらないことにな

---

1) 雑誌『パテーシネ』は，1926 年に創刊された『ベビーキネマ』が 1928 年に『ベビーシネマ』に改称し，さらに 1931 年に『日本パテーシネ』，1934 年に『パテーシネ』となった。
2) 資料（ノート）の表題は『収支帖』，「美やもとベビーシネマ研究所」とあるが，宮本馨太郎の個人研究所名である。昭和 2 年 10 月 15 日から昭和 5 年 9 月までの映画関係の金銭の収支の記載がある。宮本記念財団所蔵。

る。シングル 8 はフィルム代が約 500 円で現像料も約 500 円程度だが，時間は約 3 分 30 秒であったから，この点は明らかに割安ということになる。つまり，経済的に劇的に安くなったというわけではない。

　次に，機材の扱いやすさという観点から考えてみよう。小型映画の機材の歴史は，基本的には誰でもが写すことができるようになる過程と捉えることができる。機材の発達は，カメラや映写機のもつ不安定な部分が解消され，写すうえで重要だった技術が必要なくなる過程でもある。それは同時に，機材のもつゆるさによって可能な技術，創意工夫ができなくなっていく過程であり，プロ的，マニアックな操作がなくなっていくということでもあった（那田 1993）。とくにシングル 8 スーパー 8 はカートリッジ方式となり，取り扱いやすくなり，カメラに自動露出が搭載され，フィルムの感度も高くなり，何の知識がなくてもスイッチを押せば写すことができるようになる。8mm フィルムの普及は経済的な側面より，こうした点がより重要だった可能性がある。

　しかし，この問題を写真と比較すると，少し違った問題がみえてくる。戦後の写真界はいち早く復帰し，1950 年頃から写真のジャーナリスティックな話題は「ヌード」写真と，雑誌『カメラ』を中心に展開された「リアリズム」写真運動という両極端な方向性であった。この背景には，中高大学などの若年層が写真を撮るようになり，写真を受容する層の裾野が拡大したことがある。この点で，映画はこうした展開をすることがなかった。その受容層は若年層に広がることがなく，中高年層に広がっており話題も「リアリズム」ではなく，「ヌード」であった。受容が若年層に広がらなかったのは，まだ，映像を時間にそって展開することを，体験的にメディアから理解し映像を制作することができるようになるだけの蓄積が日本社会になかったことが考えられる。実際に，こうしたことが解消されるのは，1970 年代に入ってからであり，現象的にはアメリカのアンダーグラウンド映画の影響を受けてからということになる。

　ところで，映像は写っていなければ始まらない。また，そのための技術が求められる。最初に，フィルムを写す時，フィルム感度にあった適正な「露出」

が必要である。当時，フィルムの感光度は低く，暗い場所で撮影ができないのはもちろんのこと，ラティチュード（露光の範囲）が狭いため，露出を間違えれば明るすぎるか暗すぎるかしほとんど画像を留めない。しかも，この操作は基本的には目見当であり，感覚的に明るさの水準を感受できないとならない。また，写真と違い映画は一巻での現像であり「適度な露出で且つ一巻平均した適度の露出でなくてはならない」（荻野 1932：22）。『日本パテーシネ』誌上では毎月「今月の露出表」が掲載され，これを参考にしながら月々の光の強さの度合いに見合った露出をすることが求められた。その後，写真撮影において，日時，天候，被写体の種類，フィルム感度などを機械的な計算尺に入力することで適正なシャッター速度と絞り値を求めることができる露出計などが考案され，映画においてもこれを使うことができるようになる。

　次に，写したフィルムの「現像」だが，1920 年代，映像の現像は基本的には自家現像であり製作者は化学的な専門知識が必要とされた（那田 1994）。1930 年代に入り，撮影者の増加とともに現像所（ラボ）の体制が整えられる。こうしたラボはコダックといったフィルムの製造会社と提携した所だけではなく専用の業者が現れ，パテ社のフィルムや機材を扱っていた伴野商店でも行っていた。

　こうして現像された映像を「編集」するには，フィルムを斜めに切り，セメントで接合しなければならなかった。きれいに接着することには相応の熟練度を必要とすることもあり，なるべく撮影時に編集しながら写してしまうことが求められる。この場合の要領は，出来上がる作品を想定して，その全体から写す映像を割り出していくことだ。その時，カメラにおける対象との関係性，距離感は一定であることが好ましい。一つのトーンが形成できるからだ。その上で，作品のモチーフに即して，余分なものは排し，さまざまなものを撮影しながら一筋の意味，物語を作り出すことである。

　戦後，荻野茂二が映画教育として『小型映画』誌などで積極的に提唱した「50 フィートノーカット撮影法」は約 3 分半の映像を，こうした露出・現像・編集をひと続きの技術として捉える考え方を延長した技法であり，教育法で

あったといえる。

第❸節　アヴァンギャルドと対外宣伝―戦前

　那田は，荻野茂二の子息の話として「東京巣鴨に燃料店を経営して財をなした」(那田 2005：56) としているが，その後「現在の商売では，まだ儲けが，うすいとあつてアパートを自宅付近に，たてたらたちまち満員の盛況」(若葉 1937：35) とあり，アパート経営などの不動産業が中心であったようだ。戦後は，自らの職業を「貸地業」としている (荻野 1975：554)。これは，他の小型映画／アマチュア映画のつくり手たちとも共通する。一定の財をもち，不動産経営の社長として比較的時間に自由があり，映画製作をする上で融通がきく立場といえる。また，一方で，その地域では地主として名士であり，役つきでもあり，そうした立場を利用してさまざまな題材，テーマを撮影することが容易であったことも推測できる。

　フィルムセンターに所蔵された荻野茂二の 461 本のフィルムを目録 (浅利 2014) をもとにざっくりと分類すると 9.5mm の映像の最初の段階では，『電車が軌道を走る迄』(1929)『工兵の架橋』(1929)『奥多摩行軍』(1930)『在郷軍人』(1930) など，撮影対象が居住する巣鴨やその町内会，さらには所属していた軍人会を舞台としたものが集中し 24 本あり，荻野の社会的な母胎をうかがうことができる。

　こうした社会的な地位や母胎を基盤にしつつ，荻野が映画製作をしていくために交流した仲間 (サークル) が『パテーシネ』を中心としたつくり手たちであった。こうした製作サークルとの交流から生み出された作品というべきものが生涯を通し 165 本 (約 36%) あり，とくに実験映画というべき抽象的な作品が 32 本 (約 7%) あることは，確かに荻野作品の特徴をなすものといってよい。

　ところで，荻野はなぜ，こうした抽象的な実験映画を撮ろうとしたのだろう。戦後，写真家・石元泰博との対談で，当時のことを聞かれ，「石元：その頃は，

アブストラクトの映画が多くつくられてた頃ですね。1920 年代モホリ・ナギが初めて……　荻野：私は映画では見たことがなかったんですよ。雑誌などを参考にしながら，何か変つた映画をと思つてやり始めたのですが，東京では私一人でしたね。関西には二人いました」（石元・荻野 1958：174）と語っている。

　荻野の「何か変つた映画」が意図するものが何であったのかはわからないが，1930 年代に製作した，花が咲くまでをコマ撮りした『PROPAGATE』(1935)，鏡を使った模様と光と影による『A　STUDY』(1937)，回転して揺れ動く模様や水の動きを捉えた『RYTHM』(1934) といったものは，晩年の 1970 年代に入っても『花開く』(1972)『花ひらく』(1975)，『線』(1975)，『水の幻想』(1976) と繰り返されており，抽象的な作品を製作しようとする一貫性は変わらない。

　しかし，戦前の作品はその題名からわかるように，最初から海外で発表されることを前提としたものであった。9.5mm を輸入し『パテーシネ』誌を主催した伴野商店の伴野文三郎はただ単に映画の機材を輸入するだけでなく，9.5mm で製作した映像を逆に国際的なコンテストに出品（輸出）し，文化交流を実現しようとした（伴野 1933：22-25）。荻野が映画を製作するにあたって，所属した映画サークルの国際的な文脈に沿って，映像の題材を考え，言語を越えて理解できる映像として抽象的な作品にチャレンジした可能性は高い。ちなみに，コマ撮りによる最初の実験的な作品『FELIX の迷探偵』(1932) は猫のフェリックスを主人公にしたアニメーションであり，第 3 回国際大型映画大競技会（仏国パリ）9.5mm，A（劇映画）部で第 4 位を獲得している。こうした映画サークルの社会的な文脈のなかで制作し選ばれ，期待に応え評価されたといってよい。

　ところで，1937 年 7 月の盧溝橋事件を機に中国との本格的な戦争が始まり，政府は日本の立場をさまざまな形で国際的に広報する必要に迫られる事態となる。写真においては，名取洋之助の日本工房や，木村伊兵衛らによる国際報道写真協会などがこうした文脈で活躍することになるが（原田・川崎 2002：223-240），映画においては国際文化振興会が『人形製作』(1937)『傘』『竹籠』『提灯』

（1938）[3]などを製作し，ニューヨークやサンフランシスコの万博などで公開するだけでなく，日本を海外に紹介する 16mm 映画コンクールなどを開催し積極的に小型映画／アマチュア映画に関わることになった。

　荻野は 1936 年頃より 16mm へ移行し，さくら映画との関係を深めることになるが，それまでの抽象的な作品から，日本を紹介するという具象的な題材へと変え，海の天草を冬の山村で加工し寒天にする工程を描いた『寒天』（1937），日本舞踊を踊る女性の小物や衣装ができるまでを描いた『器用な手』（1937）などを製作し，国際的な文脈のなかで自分の作品を製作するという立場を変えていない。その意味では，題材の一貫性よりスタンスの一貫性が際立つ。

　ところで，荻野の代表作というべき『百年後の或る日』（1933）は，1942 年の世界大戦で戦死した男が 100 年後の世界に目覚めるという影絵アニメーションだが，こうした影絵はその後，戦後においても，作られていない。また，『AN EXPRESSION』（1935）は図形をコマ撮りした抽象的なアニメーションであるが，こうした図形を書いたアニメーションも同様に作られていない。

　荻野は大藤信郎のアニメーション製作を紹介し，大藤のカラー・アニメ『かつら姫』を組み込んだ映画『色彩漫画の出来る迄』（1937）を製作している。大藤と親しかったことは間違いないが，それだけでなく，何らかの形で大藤か，あるいはそれに関係したアニメーターを自らの製作に組み込んでいた可能性はある。荻野は実社会では個人経営の会社の社長であり，こうした社会的なキャリアは映画製作においても発揮していたと考えられる。荻野にとって，映画製作は本質的に集団的な行為であった。

　その意味で，1935 年の「サン・テチアンヌ杯」争奪ハンガリーアマチュアシネマ協会主催第 1 回国際小型映画競技会で『RYTHM』『PROPAGATE』『AN EXPRESSION』の 3 作品すべてが入賞したが，荻野はコンテストのために「一か月三点製作の未完成スピード」（荻野 1935：72）製作であったと書いている。

3）『人形製作』DVD（原田健一・吉原順平・渡部実監修（2006）『ドキュメンタリー映像集成』第 1 期第 3 巻収録，紀伊國屋書店）。国際交流基金所蔵。

それが本当であるとすれば，とくに『AN EXPRESSION』はキネマカラー方式を採用したカラー作品であることも考えると，職人的なアニメーターを組み込んだ体制をつくっていないと無理ともいえる。

　実験的な内容から日本を海外へ紹介する内容へと題材を変えつつコンスタントに製作を維持し続ける，こうした集団製作的な工房システムがつくられていた可能性は高い。那田の「荻野がアーチストというよりもむしろアルチザンであ」り，「これらの映画制作は幅広い人間関係の協力の下で成立する」（那田2004：68-69）という指摘はこうした文脈で読み替える必要がある。

第❹節　オギノ8ミリ教室とヌード─戦後

　荻野が戦後，その製作を開始したのは，1957年頃からであり，10年以上のブランクがある。しかし，荻野は戦前にアヴァンギャルドな実験映画で国際的なコンクールで賞をとった者としてその名声を確立していた。製作を再開し，1960年1月には，巣鴨で「オギノ8ミリ教室」を開催したときには，『小型映画』誌上で大々的な後押しを受け（小型1960），映画教室を成功させることになる（第16章を参照）。

　荻野は映画教室で教えるために教材的な作品を多く作っているが，興味深いのは撮影旅行だけでなく，時にヌード撮影会を旅館を貸し切って行っていることである。こうした撮影会の様子が写されたものが6本あり，「オギノ8ミリ教室」の一つの売りとしてヌード撮影があったことがわかる。『小型映画』には，荻野が製作したヌード映画のスチールを載せた匿名座談会が開かれ，そこで荻野と推定されるAは，モデルを頼むのに「四千円ずつ二人来れば八千円，それに往復の電車賃，食事，そういうものまで持たなくちゃいけないし，相当の負担になります。しかし十人が九人までやりたいんじゃないですか。(笑)」「ともかく，見て楽しみ，撮って楽しみ，映写して楽しむ，三つ楽しむのはほかにないですよ。(笑)」としている（匿名1960：123）。荻野のこうした側面は，

巣鴨の個人会社の社長の経営者らしいセンスといえるだけでなく，映画教室に来る人びとが経済的に富裕層であったこともわかる。

　ところで，荻野におけるヌードは映画教室のヌード撮影会だけでない。女性の裸の映画は 71 本（約 17%）あり，その内容は露天風呂などで裸になるものが 18 本，川での沐浴が 10 本，海でのものが 4 本，野原で裸になるものが 5 本と野外でのものが半分を占める。

　室内においては温泉宿の一室やスタジオなどが 22 本となる。これら部屋ものはピンク映画レベルのソフトなポルノというべきものであり，モデルの女性たちは温泉宿に着くと，服を脱ぎ，風呂に入り，出てから浴衣を着て，鏡の前で化粧をする。そして，一人の場合は自慰（オナニー）となり，二人の場合は互いに愛撫しあいレズビアンとなる。恐ろしいほどのワンパターンが何度も繰り返される。こうした映画の大半はカラー，サイレントであるが，中には女性の悶え声がつけられたパート・トーキーの映画があり，商品として販売されていた可能性がある。

　一方で，1966 年頃から 2 ～ 3 年の間，独特の踊り方をするモデル D が登場すると，『山の女』(1966) のような上記のパターンをふみつつ逸脱する映画が作られることになる。紅葉でおおわれる山に梯子橋を裸足で渡るモデル D が，岩場で裸になり，山の岩肌を渡り歩き，日光浴をし，突然，何の脈絡もなく岩場で髪をとかし，化粧をし始め，再び岩肌を渡り歩き，最初の場所へ戻ると服を着て，再び梯子橋を裸足で渡って帰る。ほとんど意味不明なまま映画の時間は推移し，見る者の期待や欲望は空転し続ける。あるいは，1973 年頃から 2 ～ 3 年の間，モデル I が現れると全国各地の秘境の温泉地を巡る『いでゆあらかると』シリーズが作られ，荻野自身も自ら温泉につかり愉悦にひたる姿を現す。

図 15-1　『山の女』
東京国立近代美術館フィルムセンター所蔵

　荻野における女性の裸は，一方ではビジネスとしてあり，なおかつ一方で製作意欲をか

きたてるものであったことは間違いない。しかし，こうしたソフト路線とは別
に，ハードなブルー・フィルムというべきものを 3 本製作してもいる[4]。白黒・
サイレントのこの 3 本の映画は本格的なブルー・フィルムで，出演者の男性と
女性は顔を写されることはなく，性器のアップが多用される。撮影のフレーム
は安定しており，しっかりしたカメラ・アングルを可能にするライティング，
さらには細かな移動をするための機材を使用し，それに見合った予算を使って
いることから考え，16mm のネガ・フィルムで撮影し 8mm フィルムにプリン
トして販売していた可能性が高い。これは明らかにビジネスである。

　こうした場合，問題になるのは現像である。荻野が自家現像できたのは非常
に重要である。実際には，自ら作業をするというより，ラボを経営していたか，
何らかの形で自由に現像ができるような関係のラボをもっていたか，そのどち
らかであろう。どちらにしても，これら多産されるヌード映画の製作は個人で
成し遂げられるものではない。工房としてシステマティックな産出構造をもつ
ものであり，荻野茂二はそこでは工房のオーナーであり，プロデューサーであ
り，時にディレクターとなり，自らも出演する俳優でもあった。

　オギノ 8 ミリ教室はこうした荻野の工房を支えるものであり，そうしたこ
とを自転車操業的に可能にするために，一定程度機能していたことは間違いな
い。荻野はその社会的立場を利用し，自分の世界を映画の世界で実現すべく，
途方もない社会的想像力を駆使していたことになる。そして，それは，戦後の
荻野を貫く一筋の道であり，同時に戦前と戦後をつないでいるシステムでも
あった。

4）この 3 本が購入したものでないことは，タイトルのデザインと字体が他の荻野作品と共
　通であることによる。

第16章

欲望の居所をつくる
―― 荻野茂二とオギノ8ミリ教室

榎 本 千 賀 子

第**❶**節 創造の契機としての「欲望」と戦後の荻野茂二

　私たちが抱く欲望は，そのままで社会に受け容れられるものばかりではない。私たちは時に，他者はもちろん自身にとっても理解しがたく，害にさえなりかねない危険な欲望を抱いてしまう。

　たとえ深刻な事態には至らなくとも，誰もが一度は，他者の目を憚らずにはおかない欲望――それは傍からみれば，誰から咎められよういわれもない，ごく穏当でささやかなものであるかもしれないのだが―，自らのうちに密かに燃やした経験を持っているのではなかろうか。その一方で，説得的な理由を見つけることもできないまま，単に感情的に許容しがたい，あるいは理解しがたいというだけで，ある種の他者の欲望の発露に接して眉をひそめたことや，たとえ具体的・直接的な被害を受けたわけではなくとも，本意ならず自身が他者の欲望の対象となっていることに気づいて，思いがけなく強い嫌悪と拒絶を示さずにいられなかったということも，少なくないはずだ。また，自分自身が何を欲し，何を望むのかという基本的な事項でさえ，常に明瞭に自覚可能なものであるとは限らないことを，私たちは「無意識」という言葉をあえて持ち出すまでもなく，日々の暮しを通して知っている。

　自分自身にさえ得体の知れぬ欲望を，他者にも許容可能な姿で外に向けてあらわし，しかも自らも他者も害することなく満たすということは，実は容易なことではない。欲望は「私」と社会の双方に，ともすれば重大な危機をもたらしかねない，ままならぬものである。そこに孕まれた危機を回避し，安定した

社会生活を送るためには，深い内省と自制，そして自己と他者の葛藤を乗り越えるための，たゆまざる交渉の努力が必要とされる。しかし，そうした困難ゆえにこそ，私たちの欲望は，陰影豊かな「私」と社会のありようをあらたに彫琢してゆく創造の契機として，極めて重要な意味と可能性を持つのだろう。

　荻野茂二は，戦前から国内外に広くその名を知られていた小型映画製作者である。これまでの映画研究では，荻野の仕事は，1920 年代から 30 年代に製作された『RHYTHM（リズム）』『PROPAGATE（開花）』『AN EXPRESSION（表現）』（以上 1935）をはじめとした幾何学アニメーションや，『電車が軌道を走る迄』（1929）『寒天』（1937）などのものづくりを追った記録映画を中心に，作品の実験性やモチーフの選択といった観点から映画史のなかに位置づける試みがなされてきた（那田 2005）。

　しかしながら，荻野茂二は戦前でその映画実践を終了したのではない。荻野は，敗戦前後の約 10 年間のブランクののち，1954 年に設立された戦前のパテーシネ協会（1933 年設立）を前身とする映画製作クラブである CACA（セントラル・アマチュア・シネ協会）の常任理事として映画製作指導を開始したのを皮切りに，少なくとも 1984 年まで精力的に指導および映画製作を続けたのである。

　だが，こうした荻野の戦後の活動は，戦前の荻野を評価する際に鍵となってきた作品の実験性やその美的価値のみに目を向けていたのでは，もはや掬い取ることのできないものとして展開したと思われる。戦後の荻野作品にも確かに，『花ひらく』（1975）に見られる特殊撮影やアニメーション技法への関心，『いでゆあらかると』（1974）をはじめとした秘湯ものに見える山間地への関心，『白石紙』（1970）のようなものづくりへの視点など，すでに評価されてきた戦前の作品と一貫するものを多く指摘することができる。しかしその一方で，戦後の荻野の活動を概観したときに強烈な印象を残すのは，容易には理解しがたい姿のままに作品中にさらし出されてゆく性的欲望と，そうした一見不可解にも見える欲望を少なからぬ共感とともに許容し，映像メディアを介して結び合う集団の姿，そして映画製作指導者の立場から，人びとの結び合いの要となっていったオーガナイザーとしての荻野の姿である。

　在郷軍人の旅行を捉えた『水郷めぐり』(不明) の芸者遊びのシーンなど，戦前にはごく一部の作品に表れるにすぎなかった女性への性的な関心は，戦後になると，前述の秘湯ものにおける入浴シーンといった比較的穏当なものから，性交する男女の局部を大写しにした『あの手この手』(不明) のような露骨な作品まで，多くの荻野作品にあけすけに現れるようになる (第 15 章参照)。

　しかし気にかかるのは，それら荻野の「ヌード作品」の多くに見られる，類型化された「ポルノ」からは逸脱した手触りである。荻野の「ヌード作品」では，そのほとんどすべてに挟まれる鏡に向かっての化粧のシークェンスをはじめ，急峻な岩場を全裸で昇り降りする女性を捉えた『山の女』(1969) での不安定によろめく身体といった微妙なものが，裸体を誇示するダンスやポージング，男女あるいは女性同士の愛撫といった，よりあからさまに性的な姿態に対するのと同等，あるいはそれ以上に丹念な注視の対象とされる。その際に現れる，一連の動作の開始から終了までを，頑ななまでに順序だてて追いかけ，身体の全体というよりは細部の動きを捉えようと腐心するカメラの動きは，職人の手先が見せるメカニックな魅力を映し出す『器用な手』(1937) などの戦前の荻野作品と確かに連続している。だがそうした強固な注視が，傍目にはさしたる性的魅力も，洗練された動きの魅力も有しているとは思いがたい——強いて言えばバロックな魅力をたたえた—女性たちの所作を執拗なまでに追いかける。するとその注視は，極めて個人的な欲望を示唆する妙に生々しい存在感を放ちはじめるのである。

　しかし，そのように個人的欲望を強く感じさせる荻野の「ヌード作品」の多くは，その実，荻野ひとりの孤独な営みから生まれたのでも，荻野ひとりの密かな楽しみとしてだけ上映されてきた孤純したものでもなかった。ポルノとして実際に流通していたかどうかはともかくも，少なくとも荻野の「ヌード作品」の多くは，荻野が戦後主たる活動の場としたオギノ 8 ミリ教室を舞台として生まれ，多くの教室参加者たちの前で上映されてきたものである。たとえば，山県有朋の旧別荘である小田原の古稀庵で撮影された『夢に色あり』(1963) の最後に現れる，8 ミリカメラを手に大勢の男性たちが裸の女性を取り囲むオ

図 16-1　『夢に色あり』
東京国立近代美術館フィルムセンター所蔵

フショットは，前述の奇妙な手触りをもつ「ヌード作品」の少なからぬ分量が，荻野が主催していた映画教室「オギノ8ミリ教室」の和やかな共同作業によって生み出されたものである可能性を鮮やかに示している[1]。また，『小型映画』誌の「クラブ便り」の欄は，少なくともこの『夢に色あり』や『小川のほとり』（不明）などの比較的ソフトな「ヌード作品」が，女性も参加していたオギノ8ミリ教室で，繰り返し上映されてきたことを教えてくれるのである[2]。このように，戦後の荻野茂二の作品に現れる，一見広い理解は得がたいものと思える「欲望」は，オギノ8ミリ教室を居所として，多くの人びとに許容されていたものなのである。

第❷節　オギノ8ミリ教室の成立（1960 〜 1962）

だが，荻野茂二はこうした「欲望」の居所たるオギノ8ミリ教室を，いかに作り上げていったのだろうか。また，作り上げた「欲望」の居所を維持するために，彼はどのような努力と工夫を積み上げていたのだろうか。これについて，1960 年から 1970 年にかけてオギノ8ミリ教室の活動を掲載し続けた『小型映画』誌「クラブ便り」欄をたよりに見てみたい。

　まず確認しておかねばならないのは，オギノ8ミリ教室の活動の基礎が，荻野の戦前の小型映画製作者としてのキャリアと，それを下地としたオギノ8ミ

---

1)『夢に色あり』は，オギノ8ミリ教室に夫婦で参加し，雑誌記事にも登場するなど主要受講生の一人であった吉田保がシナリオを担当し，荻野茂二が監督を務め，1963 年 9 月 15日に行われたオギノ8ミリ教室の特別撮影会において撮影された作品である（「クラブ便り」『小型映画』1963 年 12 月号：139）。
2) たとえば，『小川のほとり』は少なくとも 1963 年 6 月 12 日，1964 年 12 月 19 日のオギノ8ミリ教室で上映されている。（「クラブ便り」『小型映画』1963 年 9 月号：139・1964年 3 月号：137）。

リ教室開室以前の活動によって形作られているということだろう。前述の通り，戦後の荻野の活動は，CACA における映画製作指導をもって始まっている。そしてこの活動が，その後のオギノ 8 ミリ教室設立にとって，極めて重要な意味をもつものとなったのである。

　当時の CACA では，定期的に「ノーカットコンテスト」が開催されるなど，荻野が後に自身の教室で採用するノーカット指導法（決まった長さのフィルムを，未編集のままに一本の習作として仕上げることを繰り返すことで，撮影・作品構成技術双方の向上を目指す指導法）が，パテーシネ時代の経験を引き継ぐかたちで実践されていた[3]。つまり，荻野がその後オギノ 8 ミリ教室で実践してゆく指導者としての姿勢の根本は，この時期の CACA における指導者としての活動のなかで培われたものと言えるのである。

　さらに，受講生の確保という，より実務的な側面においても，CACA での指導経験は，荻野に大きな利点をもたらしたはずである。荻野は，1960 年にオギノ 8 ミリ教室を開室して以降も，CACA での指導を引き続き担当しており，CACA 例会のなかでも，オギノ 8 ミリ教室開室が告知されていたことが記録に残っている[4]。そして実際，CACA が開催する月例コンテストの入賞者や，オギノ 8 ミリ教室で活動する参加者の名前がしばしば重複してゆくことからわかるように，オギノ 8 ミリ教室には，結果として CACA 所属の会員が多く在籍することとなった。

　しかし，別団体で自分が指導してきた会員を，自らが新たに作り出す教室に引き入れるという行動は，ともすれば会員の引き抜きという不穏な行動と解釈されかねない危険なものである。だが，この危険性を，荻野は巧妙に回避している。オギノ 8 ミリ教室は，開室にあたって「6 ヶ月でコンテスト入賞の実力

3）ノーカットコンテストの開催およびノーカット作品の短評は，1959 年 2 月 CACA 例会より断続的に行われている（「クラブ便り」『小型映画』1959 年 4 月号：81）。また，ノーカットによる習作作りの有用性を訴える「ノーカット論」自体はパテーシネ協会時代から存在していた。坂本為之，荻野茂二，池田利久「座談会　50 フィート・ノーカット是か非か」（『小型映画』1960 年 10 月：103-107）。
4）1960 年 2 月例会にて。「クラブ便り」（『小型映画』1960 年 5 月号：687）。

をつける」ことをうたい文句とし，当初より複雑な編集作業が不要で，初心者にも参加しやすいノーカット作品の製作による映像制作訓練に特化して活動することを打ち出していた[5]。これによって荻野は，自身が長く指導の場としてきたCACAと，これから開室するオギノ8ミリ教室の2つの場を，主として編集作業を経た本格的作品の発表および月例コンテストの場（CACA），主としてノーカット作品の製作を通じてコンテストで評価されるための技術を身につける場（オギノ8ミリ教室）へと微妙にずらし，互いに補い合う場とすることに成功したのである。さらに，オギノ8ミリ教室には，しばしばCACAで活動する三村喜作をはじめとするゲスト指導者が招かれていた。このことは，オギノ8ミリ教室の拡大が，CACAに所属する他の講師陣にとっても，自身の活動の場をも広げる，歓迎すべきものと受けとられただろう可能性を示している。オギノ8ミリ教室は，その後CACAのみならず，三共カメラ主催の三共ムービークラブをはじめとした多くの他団体とも良好な交流関係を築いて成長してゆくが，荻野はそうした共存共栄を可能とするネゴシエーションに，自身の教室の開室当初より勤しんでいたのである[6]。

　さらに，戦前からの荻野の経験は，初期のオギノ8ミリ教室の活動を最もよく支えたパートナー『小型映画』との結びつきをももたらしている。1958年より荻野は，機材および技術の解説である「タイトラー選び方使い方」（1959年臨時増刊7月号：53-63），「お天気とカラーフィルム」（1961年9月号：pp.38-41）や，題材選択や構成などの作品制作解説である「御宿の海女を撮るには」（1961年5月：138-139），さらには，読者作品の講評（1962年2月より連載を開始する「例会ピックアップ」など）などの幅広いトピックで，雑誌『小型映画』の執筆に携わってゆく。だが，この活動もまた，たとえば荻野が初めて『小型

5）『小型映画』1960年4月号：519。
6）　THK・ムービー協会（愛知），ナクサ東京本部，ナクサ東海本部，FCFC，大田区8ミリの会，AMC（あさくさ・むーびー・くらぶ）の各クラブで，荻野作品が上映され，これらのクラブとオギノ8ミリ教室もまた，一定の協力関係にあったことが『小型映画』の「クラブ便り」から確認できる。とくに1963年8月発足の大田区8ミリの会はオギノ教室出身者の内田映一郎が会長をつとめており，荻野茂二本人も大きく活動に関わっている。

映画』に執筆したアニメーション技法の解説記事「特殊映画への招待」(1958
年 5 月号：19-21) においてすでに，戦前の作品『Propagate』が言及されている
ことからわかるように，荻野の戦前の活動を前提としたものなのである。初期
の『小型映画』には，塚本閣治ら戦前から活動する小型映画製作者たちが多く
駆り出されていたが，荻野茂二もまた，この雑誌に「戦前からのアマチュア」
「マニア精神に徹し切った人」と評される，小型映画の「権威」の一人として
登場したのであった[7]。

　しかし荻野は，オギノ 8 ミリ教室の開室を一つの契機として，次第に他の執
筆者たちとは異なる突出した形で『小型映画』と関わりはじめる。『小型映画』
は，オギノ 8 ミリ教室の開室の際には，誌内の「小型映画新聞」欄を大きく
使ってそのニュースを報じ[8]，1960 年 5 月号からは 3 号連続で，雑誌読者にオ
ギノ教室での指導を紙面上で擬似体験させることを目指した「独占ルポルター
ジュ」記事を連載した[9]。また，荻野茂二自身のみならず，オギノ 8 ミリ教室
の参加者たちを記事執筆者・座談会参加者として紙面に登場させ，教室の姿を
より臨場感をもって伝えてゆくとともに，オギノ 8 ミリ教室受講生を，読者が
目指すべき模範的小型映画製作者の例として扱ってゆく。たとえば座談会「オ
ギノ教室の魅力」などがそうした記事の典型であろう[10]。ちなみにこの記事で
は，夫婦で教室に参加している吉田保・吉田由紀子夫妻が採り上げられている
が，この人選は，夫婦が熱心な参加者であったという以上に，由紀子夫人に対
して，当時は珍しかった女性 8 ミリ製作者のロールモデルとなってもらうこと
を期待してのことでもあったのではないかと推察されるのである[11]。

　そして，教室開室直後の熱狂が醒めた後も，『小型映画』はオギノ 8 ミリ教

---

7)「荻野茂二氏の映写会」(『小型映画』1961 年 3 月：104)。
8)「荻野 8 ミリ教室開講！」(『小型映画』1960 年 4 月号：519)。
9)「オギノ 8 ミリ教室」(『小型映画』1960 年 5 月号：651-655・同 6 月号：733-737・同 7 月号：
　35-38)。
10) 座談会「オギノ教室の魅力」(『小型映画』1960 年 8 月号：220-224)
11) オギノ 8 ミリ教室が開室したころは，『小型映画』誌自身も，女性向けの政策解説記事，
　伊藤紫英「8 ミリ女子大学」(『小型映画』1960 年 5 月：667-670) に見られるように，女
　性を小型映画製作の趣味に取り込むための記事を積極的に掲載していた時期であった。

室主催の撮影会や，荻野が用いたノーカット指導法の紹介など，事あるごとにオギノ8ミリ教室を採り上げてゆく。1960年の開室から1965年ごろまでの間，『小型映画』誌は，オギノ8ミリ教室を，小型映画界における極めて重要な話題の提供者，さらには紙面上における重要な教材提供元の一つとして扱った。加えて，荻野茂二その人自身についても，過去の実績に基づいた「権威」としてだけでなく，その経験を活かした現在進行形の画期的指導者として扱っていった。一方，オギノ8ミリ教室自体もまた，投稿欄である「クラブ便り」に詳細にわたる活動報告を随時掲載するなど，時間的・距離的な制約を超えて多くの人びとに訴えかけることのできる雑誌メディアの力を，積極的に利用していった。オギノ8ミリ教室が，対面による直接指導という制限の大きな方法をとりながら，早くも開室2年後の1962年に100名を超える会員を抱えた大きな組織へと成長できたのは，このような『小型映画』との蜜月がなければあり得ないことであったろう。

第❸節　オギノ8ミリ教室の拡大期(1962〜1965)とその後

　このように，戦前の経験を活かしつつ，さらに戦後生まれた団体や『小型映画』誌の力を借りながら成立したオギノ8ミリ教室の活動は，その後1962年ごろより，今度は教室内部の力を積極的に活用することによって，その組織と活動を拡大・充実させてゆく。荻野の自宅がある巣鴨を拠点としていたオギノ8ミリ教室は，会員数が100名の大台を超えた1962年の5月より，矢継ぎ早に全国各地にその支部を発足させはじめる[12]。

　そして，このオギノ8ミリ教室の全国展開の実務を担ったのが，他でもない受講生たちであった。オギノ8ミリ教室では，荻野茂二本人が毎回地方へ

---

12) 1965年までの各地の支部の概略は以下の通り。1962年5月東海グループ発足。1963年4月静岡支部発足。1963年8月京都支部発足。1964年1月横浜支部発足準備（その後続報なし）。1965年4月名古屋支部発足。

指導に出向くのではなく，荻野教室での一通りの過程を終えた「卒業生」や現役受講生が代表や指導者を務めることによって，地方各支部の活動を実現していった。つまり，オギノ 8 ミリ教室は，受講生達を教室運営へ参加させるという，教室内部における運営能力の再生産の回路を確立することによって，荻野ひとりの身体的限界を超えて教室の活動を拡大してゆくことに成功したのである。このことは，単に教室を拡大するだけでなく，教室を維持してゆく上でも有利に働いたと評価できる。各支部を任されるということは，「コンテスト入賞」のような前もって用意されていた目標をひととおり達成してしまった受講生たちに，支部の運営や後進の指導といった新たな課題を発見させ，教室へのコミットを継続してゆくための動機を与えたと考えられるからである。

　また，各地支部の発足と同時期には，さらなる新規会員の獲得を目指すとともに，荻野自身による細やかな対面指導が次第に困難な規模となりつつある全国のオギノ 8 ミリ教室会員たちの多種多様な欲求を満たし，会員間の結束を強め，その上で拡大した教室の規模にふさわしい他団体および社会との関係を模索してゆくための，さまざまな取り組みがなされるようになっていった。

　まず，1962 年より，オギノ 8 ミリ教室は「全国ノーカットコンテスト」と銘打ち，荻野が提唱する 8 ミリ習得法に則った未編集ノーカット作品の大規模なコンテストを毎年開催するようになる。このコンテストは，非会員に対しては，広く荻野の提唱するノーカット指導法と荻野の講評を体験する機会を提供し，既存の会員に対しては，日々製作してきたノーカット作品の価値を，教室の内部のみならず大々的に外部に向けて序列づけて見せることで，再確認してゆく機会を提供した。それは同時に，開室当初「コンテスト入賞の実力をつける」訓練の場であることを標榜し，CACA をはじめとする既存のクラブと巧妙に棲み分けを行ってきたオギノ 8 ミリ教室が，もはや自教室外における目標の達成のためにある副次的な修練の場としてではなく，それ自体で独立した目的・目標をもつ自足した存在へと変化はじめたことを意味する。

　また，1963 年 1 月の例会にて，オギノ 8 ミリ教室は映画製作技能集団として WHO の善意銀行へ自らを登録することを決議する。成長したオギノ 8 ミリ

教室は，小型映画界という枠すら超えて，より広く「社会福祉へと協力」できる団体を目指そうとしたのである[13]。こうした動きは，先に挙げた教室運営と同様に，社会貢献という新たな参加動機と小型映画趣味に対する道義的な免罪符を受講生たちへと与えることとなっただろう。さらに，1965年2月には，オギノ8ミリ教室は，CACA，三共ムービークラブという荻野の関わる2団体とともに，鎌倉・瑞泉寺において大規模な合同撮影会を開催する。この撮影会は，各団体間の結びつきを一層堅いものとするのに役立ったであろうことはもちろん，それ以上に，全国展開によって一同に会する機会が持ちにくくなりつつあったオギノ8ミリ教室自身にとって，各地に散らばる会員同士の結束を強めるよい機会となったはずである。

　そしておそらく，こうした拡大期のオギノ8ミリ教室が見せるさまざまな模索のうち，軽視できない一つの試みとして，冒頭に挙げた奇妙な「欲望」を垣間見せる「ヌード作品」の共有があったのではないかと思われる。オギノ8ミリ教室では，かなり早い時期から「ヌード作品」との関連が推察可能な撮影会が繰り返されてきたようである[14]。しかし，「海女」などにみられる風土への関心というエクスキューズも成り立たない，あからさまに性的な関心を前面に出した「ヌード作品」の製作および上映の様子について，「クラブ便り」の記述から最も詳しく辿ることが可能であるのは，やはりオギノ8ミリ教室拡大期にあたる1963年なのである。この年は，まず2月28日に，モデルを用いた伊東温泉での特別撮影会が行われる[15]。そして，6月には静岡・奥多摩撮影会を踏まえた上映会が開かれ，そこで荻野の「ヌード作品」『小川のほとり』が上映される[16]。そしてこれらの活動に引き続いて，9月15日には『夢に色あり』と思しき作品の撮影会が行われるのである。しかも驚くべきことに，この作品

---

13)「クラブ便り」（『小型映画』1963年4月号：126）。この試みは，同年12月に，実際に善意銀行からの要請により足立区本木のいづみ保育園での「いづみ保育園クリスマス」の撮影・寄贈へと結びついた。「クラブ便り」（『小型映画』1964年4月号：137）。

14)「オギノ8ミリ教室」（『小型映画』1960年6月：733-737）における「御宿の海女」をテーマとした撮影会紹介など。

15)「クラブ便り」（『小型映画』1963年5月：134）。

16)「クラブ便り」（『小型映画』1963年9月：139）。

は撮影会の終了後，早くも 9 月 28 日には上映にかけられている。このことは，この時期のオギノ 8 ミリ教室が，「ヌード作品」の製作体制をかなり高度に組織化・分業化していたことをうかがわせる [17)]。

　拡大しはじめたオギノ 8 ミリ教室は，もはや単なる小型映画作品作りの技術伝習の場ではなくなり始めていたといってよい。会員たちは，「全国ノーカットコンテスト」により自らの営みを広く公に承認され，善意銀行への参加を通じて社会貢献の夢を見た。そしてまた，撮影会によって多くの同好の士と交遊を温めるとともに，仲間とともに性的関心をくすぐりあう——それも極めて効率的に——喜びにも浴していった。この時期のオギノ 8 ミリ教室は，多いときには月に 4 〜 5 回程度の上映会，研究会，撮影会を開催するなど，かなり多忙な活動を行っているが，小型映画というメディアを媒介として，多くの人びとがこれだけ広範な欲求を叶えるためには，この頻度は最低限であったかもしれない。そして，実際に多くの人びとの多面的な欲求に一定以上応えることに成功していたからこそ，荻野の奇妙な「欲望」は許されていたのではあるまいか。

　オギノ 8 ミリ教室は，その後 1960 年代後半に，少なくとも『小型映画』誌上においては，次第にその存在感を失ってゆく。その理由を明確にここに述べることはできないが，自らも小型映画制作者として父を支えただろう息子，荻野常弥の死や，小型映画の普及と技術革新による簡便化，『小型映画』誌自身が運営する映画クラブ「友の会」の成長とオギノ 8 ミリ教室の離齬など，さまざまな要素が複合的に作用しての結果であると推察される。だが，1960 年から 10 年あまりの間，荻野茂二は，オギノ 8 ミリ教室という「欲望」の居所を，集団内外両面でさまざまな交渉を重ねて守り通した。そして，多くの特異な作品を，しかし孤独に陥ることなく創り続けることに成功したのだった。

---

17)「クラブ便り」(『小型映画』1963 年 12 月：139)。

第17章

「愛好家」の映像アーカイブ
—— 荻野茂二をめぐる「公 — 私」の視点から

小河原あや

第**1**節　はじめに

　荻野茂二の残したフィルムは，ジャンルの豊富さにおいて群を抜いている。たとえば日本文化を紹介する『日本紙』(1935) のように教育的なもの，『RHYTHM』(1935) のように幾何学的な図形から構成された実験的アニメーション[1]，同じアニメでも『百年後の或る日』(1933) のように物語のあるもの，家族のイベントを記録した『伸びゆく早苗』(不明) をはじめとするホームムービー，アニメーション作家・大藤信郎の制作過程を見せる『色彩漫画の出来る迄』(1937) 等がある。さらには，飼い猫がまたたびを食べてどのようになるかを固定カメラで記録した，何のジャンルに入るのかわからないもの（『猫にまたたび』(不明)）もあれば，ブルーフィルム・ポルノ的なものも数多く残している。それらの中にはコンテスト受賞作が複数あり，技術的な優秀さと，凝った演出がみられる。荻野は，1920 年代に 9.5mm フィルムを手にして以来，8mm や 16mm も掌中にしながら 50 年以上にわたって愛好家として撮影し続けた間に，実に多様な作品を残しているのである。

　こうした雑多なジャンルを包摂する大量のフィルムからうかがえるのは，荻野が商業的要請にとらわれずに，自分の好きなものを撮影したということである。彼は「愛好家」であった。もちろん野心はあっただろう。技術を習得し，新たなジャンルに挑戦したのは，コンテスト優勝を目指したゆえかもしれな

1）荻野は『芸術新潮』で写真家の石川泰博と対談をした際に，抽象映画的な作風を指摘されている（荻野・石川 1958：174）。

い。だがそれ以上に，50 年にもわたる「愛好家」生活は，単純に好きだからという理由なしに成立し得なかったはずだ。自分の好きなものを撮影し，編集する――彼にとって「作品」制作とは，ひたすら好きで撮りためたものを一つにまとめること，もっと言えば，自分の偏愛するものを「作品」というかたちでアーカイブ（収蔵）することだったのではないか。本稿は，荻野のフィルム群に通底するものを考察して，それらを「イメージの個人的な愛好・収集としての映像アーカイブ」とみなし，アーカイブにおいて「公」の視点以上に，それを制作する「私」の視点が働くケースを浮かび上がらせる。

第❷節　「もの」の表層，増幅，過剰

　荻野のフィルムには，繰り返し撮影された事物がある。代表を挙げれば，“水の流れ”，“噴水”，“朝顔”，“女性の裸体”だろう。たとえば，“水の流れ”を撮影したものとしては，『RIVER』(1933) がある。山上の貯水池から川を経て水が海に流れるまでの，それぞれの場所における水の流れを捉えたショットが延々と続く。ほとんど同様の作品が 50 年後に『生々流転』(1983) として作られており，同じ被写体への荻野の偏愛が感じられる。“噴水”については，『西武園』(不明) が代表的だろう。この作品では，遊園地の名前を題に掲げながらも，園内のアトラクションや園で遊ぶ子どもたちといった遊園地の記録よりも，噴水を単体で捉えたショットが際立っている。また噴水の飛沫をとらえた『水のおどり』(不明) や『スピードあれこれ』(不明)，ライトアップされた噴水を題材にした『夜の豊島園』(不明) もある。“朝顔”については，『四季　夏』(1931)，その名も『朝顔』(不明)，『あさがお』(1964)，後の『朝顔の神秘』(1971)がある。そして“女性の裸体”については，

図 17-1　『朝顔の神秘』
東京国立近代美術館フィルムセンター所蔵

温泉で入浴する女性を撮影したシリーズ（『いでゆあらかると』(1974-1975)）や，裸の女性が険しい岩場を歩く様子を映した『山の女』(1966) が挙げられる。

　これらの作品において事物は，背景や文脈ぬきに映し出される。たとえば『西武園』の"噴水"は，園内のものを撮影したのだろうが，映像上では園の様子から切り離されて単体の噴水として映し出される。ゆえにそれが西武園のものであれ，後楽園のものであれ，場所についての文脈はもう関係なく，噴水それ自体が存在感をもつ。また"朝顔"の開花の映像は，背景に何もなく，花だけが大きく映し出される。"女性の裸体"の場合も，岩場を背景にして映し出されるものの，なぜ彼女らがそこにいるのかという文脈が示されず，唐突に歩くところから作品が始まる。ゆえに，裸体がそれ自体で異様な存在感を放つ。このように荻野映画では，「もの」がそれ自体で突出して見える。

　この荻野の特徴を，荻野以外のパテベビー愛好家と比べよう。まず中谷康二（神戸映画資料館所蔵，水島 2014 参照）である。中谷は，パテベビーを用いて関西圏の祭りを撮影した。そのスタンスはあくまでも市井の撮影家であり，郷土に貢献する資料を作ることであった。彼のフィルムには，山車が次々と通りを行く様子が見物席から捉えられたり，子どもたちの踊りが正面から映し出されたり，衣装が隈なく撮影されていたりと，つぶさに祭りの様子が記録されている。とはいえ，山車や衣装は，クロースアップやロングテイクで映し出されるわけではない。つまり個々の「もの」が強調されるのではなく，まず祭りという文脈があり，山車や衣装はその文脈においていかに機能しているかが記録される。その眼差しは文化的・社会的だ。こうした眼差しは荻野には見当たらない。彼の眼差しはひたすら「もの」に向けられ，愛する対象をパテベビーによって一層見ようとしており，文化的・社会的な情報を必要としない。

　次に森紅（もりくれない，1895 ？〜 1941，神戸映画資料館所蔵）を挙げよう。森は，東京の荻野に対して大阪のパテベビー愛好家で，「作家」気質の作品を作り，国内外の競技会に出品するなど，荻野と並ぶパテベビー文化の牽引者と考えられる。彼の作品は，荻野と同様に，「もの」を単体で，クロースアップで捉えることが多い。だが，カメラが捉える「もの」の側面が，荻野とは異なっ

ているようだ。たとえば『台所の戯曲』(1935) では，洗濯水の泡のショットとフライパン上で溶けるバターの泡のショットとが比べられ，両者の形が類似していることが示される。こうして，日常は注視することのない，泡のような「もの」の知られざる側面が，カメラを通して眺めることで発見される。ここでは，泡の一つひとつが個々の存在として扱われている。

　それに比べて，荻野映画に登場する「もの」は，"水の流れ"，"噴水"，"朝顔"，"女性の裸体" いずれにしても，より非-個性的に映し出されているだろう。もちろんクロースアップで映し出された噴水や朝顔の映像は，それらについて日常的には気づいていない側面を発見させてくれるかもしれない。だが荻野の場合，森紅のように観客の目を一存在の細部へと誘うことはしない。むしろ複数で，非-個別的に捉える。たとえば『生々流転』は，作品の最初から最後までほとんど川の流れのショットで構成されているが，流れ方の特異性に焦点をあてるわけではなく，"川という，水が流れているもの" を複数回映し出す。"噴水" は，たとえば『西武園』をみれば，スプリットスクリーンで一画面に複数が提示される。"女性の裸体" については，いずれの作品でも演出の仕方が極めて似通っており，顔を入れずに映したり，背中から映したりする。ゆえに個々人が強調されることはなく，裸体一般が映し出される。

　"朝顔" は強烈だ。白黒映像の『四季　夏』から一貫して，低速度撮影によって朝顔がまるで動物であるかのように動いて花開く様が捉えられる。カラーの『あさがお』と『朝顔の神秘』になると，ライティングによって紫色や赤色が毒々しいほどに彩りを放つ。また真上からの超接写によって，花弁の皺，毛羽立ち，点々の模様，雌しべや水滴までもが映される。こうして特徴を増大されることで，個々の存在としては個性を剥ぎ取られた "朝顔" 一般が，グロテスクなほどに過剰な様態を呈し始める。

クロノロジカルな枠組み
──工程・順序への執着

　では「愛好家」荻野は，自らの偏愛物──過剰な「もの」──を，どのように
にして作品にまとめたのだろうか。結論を先取りすれば，作品のストーリーを
シンプルに，クロノロジカルな時間概念に基づかせるというものである。それ
は，物事の「工程・順序」に対する執着と言えるほど，徹底している。

　このことは，教育的な映画を見るとよくわかる。『電車が軌道を走る迄』
(1929)，『家の出来る迄』(不明)は，題名にも明らかな通り，ある事物が完成
するまでの一連の行程を，始まりから終りまで順に示す。『日本紙』(1935)，『寒
天』(1937)，『器用な手』(1937)も同様に，和紙，寒天，日本の工芸品の製造過
程を採り上げた作品である。『ビスケット』(東京日々新聞社主催生きた広告映画
特選3席，1931年)では，子供たちが母に聞くという物語映画的な設定がされ
つつ，その母の話として，ビスケットの製造過程が示される。

　また，『銀座新景』(1932)，『豊島園』(不明)，『花の万博』(1987)，『カメラが
見た銀座』(不明)といった，場所をテーマとした作品群は日中の映像から始ま
り，あたりが薄暗くなってからの映像で終わる。一日の中で人々がいかに過ご
すかの「順序」に沿って，諸ショットが編集されているのだ。特に中心人物は
設けられず，人の顔も映らない。身体の諸部分，特に手が映されることが多い
が，それは作業工程の一部だからである。つまり「工程・順序」への執着が，
ストーリーと撮り方までも決定しているのである。

　アニメの物語映画も同様だ。荻野といえばよく知られた作品の一つ『百年後
の或る日』(第13回パテー9mm半撮影大競技会第5部(特殊映画)2等，1933)を
みよう。シンプルな線で切り取られた諸パターンを組み合わせたこの影絵アニ
メの物語は，主人公・荻野茂二(なんと自分が主人公である！)の魂が2034年の
未来に呼び出されるというものである。彼は，自分が1942年に世界大戦で死
んだ時の様子を見たり，未来のテクノロジーや変貌した東京を見物したりす

る。ラストは火星に向かうが，彼が過去から来た人物であることが原因で，宇宙船が作動しなくなる。この SF 的ストーリーや，当時すでに世界大戦を予言していることは，観客の興味をそそるだろう。だが一方で，これもまたクロノロジカルな時間概念に基づいたシンプルな筋である。まず，明確に過去と現在の時点が示され，対比される。未来の人物が，血縁者であるにも拘らず，過去から来た主人公を『きみ』と呼び，どこか居丈高に未来の有り様を説明する。ラストの破滅は，過去の生命が現在には生きられないことを示しているようでもある。進歩史観的発想がクロノロジカルな枠を強調しているのである。

こうしたクロノロジカルな枠組みこそが，荻野偏愛の「もの」の過剰さを平板にして，一作品にまとめるのを可能にする。『FELIX ノ迷探偵』（第三回国際小型映画大競技会 9mm 半，A 部 4 位，1932）をみよう。本作の物語もまた，探偵フェリックスが電話を受けて依頼者の喪失物を見つけるという，極めてシンプルなものであり，終着点（喪失物発見）に向けた明快なクロノロジカルな構成をしている。この枠組みのなかで，フェリックスが家と目的地の間を往来する足取りが詳細に視覚化される。或るショットでは，鳥瞰的な視点から，その足跡が増して行くのを，ショットの端から端までフレームに沿って丹念に描くほどだ。先述した"噴水"がスプリットスクリーンで画面いっぱいに増幅していく演出と同様，足跡が数を増し，画面を埋めていく。この過剰さが浮き立たずに，競技会で受賞したのだとすれば，それは時間順に進んでいくという単純明快な構成が個々の映像の過剰さを包摂するからではないか。

「工程・順序」への執着は，朝顔を扱うときに最たるものとなる。白黒で戦前の『朝顔』では，教育番組であるかのように，朝顔の育て方が順に――種の袋を選び，撒き，それが発芽し，植え替え，水をやり，弦を巻くための棒を組み立て，また植え替えて弦を棒に巻き，水をやり，雨が降り，という「工程，順序」が――示される。特に水やりでは，風呂場にホースを繋いで瓶に水を留め，その中にじょうろを沈めて水を汲むという，細部に至るまでの「工程」が見せられる。カラーで戦後の『あさがお』と『朝顔の神秘』では，撮影技術の向上とともに，土中で根が伸びるところ，開花後に萎むところ，実をつけると

ろこまでもが映し出され，朽ちて生命が一循環するまでの「順序」が徹底して尊重されている。こうして先述のグロテスクな映像が，クロノロジカルな枠組みの中に収められる。

　ブルーフィルムやポルノでも同様である。出湯シリーズでは，女性が温泉まで歩き，服を脱ぎ，湯に浸かり，出てから着衣するまでの一連の「行程（工程）」が捉えられる。裸の女性が険しい岩場を歩くシリーズではほとんど必ず，冒頭で女性が画面奥から手前に，あるいは端から端に歩き，映画半ばでは崖を一歩ずつ降り，橋を渡り切るショッキングな裸の映像が，「工程・順序」への執着の中で，単調に見せられていく。

第❹節 「私」からはじまる──結にかえて

　以上のように荻野の作品群の特徴を概観し，過剰な演出を施された「もの」が，「工程・順序」への執着の中で一作品に収められていることを考察した。さて，こうした，製作者の個性が反映された個々の映像が観客に理解可能な秩序のもとに大きな一作品・一ジャンルへと収蔵される様は，旧来的な「ナショナル・アーカイヴ」のありように準じるものではないか。荻野は，愛好家仲間と競合して「作品」を作り，コンテストで受賞し，最終的には 8mm 教室の権威として君臨した[2]。言ってみれば，公に受け入れられる「正しい」方法のもとに作品を作り，他人にそれを教えて，称えられたのである。「正しさ」は潜在的に，映像の求心力として働き，個人的な愛好・収集（欲）を隠蔽して公的な，「権威的」なまとまりをつける。個々人のかけがえのない生の営みの記録の集積が，公にとって意味が有るか無いかに応じて取捨選択される。「私」が「公」に回収されていく。

　だが，「手と足を使って」荻野のフィルム群全体を見渡していくと，各作品

---

2)『荻野先生！！映写会スケッチ』(1961) では，荻野が開催していたオギノ 8mm 教室の発表会が第一生命ホールで行われ，彼が皆の前で挨拶をして称えられている様子が見られる。

に働いている公の「正しさ」以上に，愛するものをひたすら撮影する「私」・荻野の欲望が浮かび上がる。『ハワイアンセンター』(1966) をみよう。福島にある当センターでの一日の様子が記録されたこの作品も，クロノロジカルな編集を施されている。だがラスト近くの一ショットに，荻野の他のブルーフィルム作品で複数回登場した，長い黒髪の女性 (モデル D) のクロースアップが挿入される。彼女はそれらのフィルムで，険しい岩場を裸で登ったり，カメラの前で裸で延々と踊ったりしていた。その彼女の顔が，ブルーフィルムではないドキュメンタリー的なこの作品の中の，舞台上で踊り手達がハワイアンダンスを披露している場面に，脈絡なく挿入されるのである。荻野の作品群＝映像アーカイブ全体を観た者には，なぜこのタイミングでこの女性のショットなのか，なぜクロースアップなのか，そもそもなぜここに彼女がいるのか，服を着た彼女がハワイアンダンスを観ているその眼差しにはどのような感情が伺えるのか，といった疑問が起こるだろう。このショットが，撮影当時の『ハワイアンセンター』の様子を知るという『公』の視点，いわば社会的文化的視点から，荻野の偏愛する対象へと，「私」「記録する主体」の視点を前景化させる。その後で，たとえば荻野がなぜ彼女を連れてここを訪れたのかという疑問から，このセンターが人びとにとってどのような意味を持っていたのか，当時の娯楽はどのようなものであったのか等々の「公」の視点に，より深いかたちで回帰することもあり得るだろう。

　そうだとすれば，ここには，従来のアーカイブが「公」の視点から始まっていたのに対して，まずは市井の一人物がいかに生を営んでいたかという「私」を原点にした上で，その人を取り囲む風景やパテベビー文化等々の「公」へと視野を広げるという過程がある。アーカイブにおける「公—私」の関係の問題を考えるきっかけを，荻野のフィルム群が与えてくれるのである。

第18章

近代都市と労働者へのまなざし
―― 荻野茂二と能勢克男の場合

北村順生

第**1**節　はじめに

　本稿は，1920年代から1980年代までの長期間にわたり小型映画作家として作品を作り続けてきた荻野茂二に関し，都市化の進展や労働者に対する彼のまなざしのあり方について，フィルムセンターにアーカイブされている作品をもとに検討していくものである。その際に，荻野とほぼ同世代で同じようにアマチュアの映像作家として活躍した能勢克男の作品が比較分析の対象となる。

　先回りして結論を述べれば，二人は戦前の同時期に，それぞれ東京と京都という東西の二大都市に拠点を構え，同じように自らの暮らす街を映像の対象に捉えてきた。しかし，両者がそれぞれの都市やそこで働く人びとに向けたまなざしのありようには，大きな違いが存在する。ともすれば我々はアマチュア映画作家たちを一様にとらえがちであるが，当然のように彼らの小型映画に対する関わり方には多様性がある。小型映画やその作家について映像アーカイブを活用して研究を進めていく際に，これらの個別の差異に意識的であることが重要になるであろう。

第**2**節　二人の小型映画作家

（1）荻野茂二と『電車が軌道を走る迄』

　荻野茂二は1899年に栃木県塩谷郡阿久津村（現・高根沢町）の阿久津家に生

まれた。その後，荻野家に入り，現在の JR
巣鴨駅近くで燃料店を経営して財をなした。
実際の燃料店の経営は番頭らに任せて，30
歳近くから小型映画の制作に没頭していくよ
うになる[1]。

　本稿でとくに注目するのは，1929 年にパ
テベビーで制作された『電車が軌道を走る
迄』(以下，『電車』)という作品であるが，こ

写真 18-1　『電車が軌道を走る迄』
東京国立近代美術館フィルムセンター所蔵

れは荻野がちょうど 30 歳になった歳に作られたものだ。荻野作品のうち制作
年が判明している最古のものが前年制作の『上野公園春の一日』『春の熱海め
ぐり』『日本八景の一十和田湖』の 3 作品であることを考えると，『電車』は荻
野の長い映像作家としてのキャリアのなかでも最初期の作品といえる。ちなみ
にこの作品は，第 6 回パテベビー撮影特大競技会で第 1 部 2 等 1 席の表彰を受
けている[2]。この作品の内容は，当時の東京市電の軌道を敷設する作業を記録
したものだ。路面を掘り起こす作業に始まり，割石と砂利を敷き，枕木とレー
ルを並べ，レールをつなぎ合わせ，電柱を立てて架線するまでの一連の作業を
事細かに映像に収めている。

　市電を運営していた東京市電気局の当時の記録を見ると，この作品が制作
された 1929 年の 4 月 19 日に巣鴨二丁目から巣鴨四丁目，新庚申塚を経由し
て西巣鴨町まで，5 月 27 日にはさらに西巣鴨町から御代ノ台，板橋郵便局前
を経て下板橋まで伸びる板橋線(後の東京都電 18 番，41 番系統)が開業してい
る[3]。巣鴨二丁目は後に巣鴨車庫前と名称を変えるが，これは現在の巣鴨駅前
にあったとされる。荻野の他の作品を見ても，自らが住む巣鴨周辺の街並みを
数多く映像に収めていることから，『電車』がこの時の市電板橋線の軌道敷設
作業を記録したものとみてほぼ間違いないであろう。

---

1) 荻野家については，那田 (2005) を参照。
2) 荻野作品の全体像は，浅利 (2014) を参照。
3) 東京市電気局編 (1928) および東京市電気局 (1928)，東京市電気局 (1931) を参照。

　なお，作品の終盤では走行中の市電の外観や車内，乗客の様子等の映像がオーバーラップして写し出される部分がある。このなかで新宿駅の映像が出てくるが，当時から既に新宿駅は複数の鉄道が集結するターミナル駅としての機能を果たしており，市電も複数の路線が乗り入れていた。荻野が，このように『電車』の中に，他の既存路線の電車や乗客の映像を紛れ込ませる演出を行っていることは，荻野が単なる軌道敷設作業の記録映像を残そうとしていただけではなく，この作品が記録と同時に映像作家としての作家性を盛り込もうとしていたことを表すものとして理解すべきであろう。

（2）能勢克男と『疏水　流れに沿って──』

　1894年仙台生まれの能勢克男は，荻野の5歳年長であるが，旧制第二高等学校を経て東京帝国大学法学部を卒業し，1922年に同志社大学に招聘され，翌々年に法学部教授となる。しかし1929年にいわゆる同志社騒動の余波で同志社大学を解職されたため，弁護士を開業して京都家庭消費組合を設立し，翌年より組合長に就任する。だが，その後継の京都消費組合が1936年に産業組合法違反により解散命令を受けて解体すると，同年に能勢は中井正一らと文化新聞『土曜日』を刊行する。『土曜日』は，反ファシズムを掲げた隔週発行のタブロイド新聞として現在にその名を残すが，翌年に京都人民戦線事件が発生して中井や斎藤雷太郎らが検挙されたため，第44号で『土曜日』は終刊した。能勢自身も1938年に治安維持法違反で検挙され，翌々年に山科刑務所から出所した後は興亜映画取締役に就任した。敗戦後は，『夕刊京都』編集局長や松川事件の弁護活動，京都洛北生活協同組合理事長などを務めている[4]。

　能勢の小型映画制作は1933年にコダック社の8ミリ撮影機を購入したことにより開始し，1960年代まで映像制作を続けている。現在は合計30作品ほどの存在が確認されているが，そのなかで1934年に制作された『疏水　流れに沿って──』（以下，『疏水』）は，最初期の代表作とされている。この作品の冒

4）能勢については，井上（2012），京都生活協同組合編（1989）に詳しい。

頭部に「CINÈ FRONT, KIOTO」のクレジットが表示されるが，これは能勢が中井らとともに結成した映画制作グループ「シネ・フロント」であると思われる[5]。

　この作品が対象として取り上げている琵琶湖疏水とは，水道，電力，水運等の用途で琵琶湖の水を京都市街地へと引き入れようとする水路で，1885 年に第 3 代京都府知事・北垣国道の計画で着工した。1890 年に第一疏水が，1912年には第二疏水が完成し，日本で最初の水力発電を成功させるなど，京都の近代化に大きく貢献した。

　『疏水』は，その題名が示すように琵琶湖から疏水を下りながら，周辺の風景や人びとの様子を写し出した作品である。トンネルを抜けて京都市内に入った後，十石舟のためのインクラインや蹴上発電所，京都帝国大学，水路を庭園や噴水に引き入れた南禅寺や市立動物園，水路を活用した友禅染めの風景など，疏水とその恩恵が及んでいる京都の名所や風景が映し出されている。この作品は 1938 年に能勢が治安維持法違反容疑で逮捕された際に，特高警察によって証拠物品として押収されている。現存作品の冒頭では，そうした特高警察による「弾圧」を受けたことを説明する字幕が付け加えられているが，この編集作業が 1963 年に行われたと推定される[6]。

第❸節　都市と労働者へのまなざしの比較

（1）近代都市建設へのまなざし

　荻野の『電車』は，彼の住む東京巣鴨という街にとって，新しい市電が開業して都市化が大きく進展する転機となる出来事を映像に記録したものである。巣鴨は江戸時代より中仙道沿いに栄えた街で，1892 年に「とげぬき地蔵」と

5）能勢の映像制作については，雨宮（2012a），井上（2012）を参照。
6）『疏水』については，雨宮（2012a）および雨宮（2012b）を参照。

して知られる高岩寺が移転してからは，その門前町として賑わった。1912 年には市電巣鴨線も白山上から巣鴨橋（巣鴨車庫前）に延伸していたが，1924 年には山手線の池袋・巣鴨駅間，翌年には巣鴨・田端駅間が開業した。前述のように，『電車』は，この市電ネットワークがさらに西方の板橋方面へと延びていく姿を収めたものだ。『電車』制作 3 年後の 1932 年には，北豊島郡巣鴨町，西巣鴨町，高田町，長崎町は東京市豊島区に編入され，東京都心部へと組み込まれていく。この頃の巣鴨は，大都市郊外の街から，大東京の一角へと変わっていく変革期であったといえるのだ[7]。

　このような大きく変貌をとげようとしている地元巣鴨や東京の街の姿を，荻野は他の多くの作品でもフィルムへと焼き付けている。たとえば，『春の東京』(1929)，『街』(1930)，『母を迎へて』(1931)，『四季　夏』(1931)，『銀座新景』(1932)，『国旗掲揚柱建設』(1930 年代前半頃)，『銀座は夜へ』(1935 年頃) 等に見られるように，この時期の荻野作品のモチーフの一つが，巣鴨や東京といった街の風景であったといえる。

　そして荻野がカメラを通して地元の巣鴨や東京という街を眺める時，その視線には全くと言っていいほど陰りや憂いはない。大都市東京の活気あふれる華やかさや，その東京の一角になりつつある巣鴨の発展していく様子を，まるで言祝ぐかのように映像は映し出している。そのため，街の中の人びとは一様に明るく，その場所とその瞬間を謳歌しているように見える。元来，荻野は人の内面や感情の表現にほとんど重きを置かない作家であるが，それでもなにかの拍子にあふれ出てしまっている人びとの感情は，きわめて前向きで肯定的な彩りを見せている。『電車』のなかで軌道敷設作業に従事する労働者たちでさえ，新しい都市の建設に関わっていることの喜びにあふれているように見える。

　一方の能勢作品『疏水』も，琵琶湖疏水というインフラが近代都市京都の建設にどのように関わっているのかを丁寧に映し出すことで，京都という街の現在形を表現している。水力発電所は新たな産業や日本初の電車鉄道を生み出

---

7) 豊島区史編纂委員会編 (1983) を参照。

し，水路が物流を支え，大学や動物園といった近代都市に必要な公共施設が整備される。このような街の風景の記録は，荻野と同様に能勢においても重要な撮影対象となっていたようだ。彼の他の作品においても，『季節の旗』(1934)や『京都』(1935)は京都の街の風景をさまざまな形で映し出している。『飛んでゐる処女』(1935)は近代都市のなかで生まれた新たな職業であるバスガールを対象に捉え，同時にバスの車窓から見える街の風景を映し出す。荻野と能勢は，東京と京都という東西の土地の違いこそあれ，それぞれが住み，暮らしている街の風景をともに映像で捉えようとしていたのだ。

　しかし，荻野が東京の街に向けたまなざしと，能勢が京都の街に向けたまなざしとは決定的に異なる面がある。能勢において近代都市とは，発展と同時に停滞を，光と同時に闇を常に抱えている存在である。『飛んでゐる処女』は，そのことを如実に表した作品だ。この作品では，近代的な都市空間となった京都の街を，近代的な交通手段であるバスに乗って，近代的な職業であるバスガールとともに眺めつつ進む映画である。しかしそのモダンな映像のオプティミズムは，七五調の古風で詩的な言葉が定期的に字幕として挿入されることによって遮られる。表面的なモダンな街の視覚的風景に対し，対比的な独白調の言葉が投げかけられることによって，近代都市の意味づけは宙づりとされてしまうのだ。バスガールの顔が背面から横顔へと移り，やがてアップで映し出される時，彼女にとっての京都という街の多義性が露わになるのである。

　この点の表現は，『京都』においてはさらに顕著だ。映画の前半では，京都の名所や観光地，伝統文化を題材にした絵葉書が映し出され，その絵葉書のイメージ通りの京都の風景を追っていく。しかし後半部分では，絵葉書では表現されていない京都，素顔の，稼ぎ，疲れている京都の姿が映し出される。工場や用水路，郊外や下町で人びとが日常的生活を暮している現代の京都の街の空間にカメラを向けることで，京都という街の二面性が強力に印象付けられる。都市の近代化に対する強い関心を共に持ちながら，その意味付けは大きく異なっているのだ。

（2）労働者へのまなざし

　荻野作品の中には，労働する人びとが描かれているものが多い。『電車』における土木作業員，『器用な手』(1937) や『寒天』(1937) で鮮やかな職人芸を見せる職人，『アパート建築』(1936) や『家の出来る迄』(制作年不明) で建物を作り出す大工たち。それらの労働者たちを描く荻野作品の特徴は，彼らのもつ圧倒的な技術や技巧に対する尊敬や敬意があふれていることだ。一つひとつのプロセスを経てモノが出来上がっていき，人間の手が加わることで少しずつモノの形が変わり，機能が加わり，やがて最終的な完成物ができあがる。この過程を見ること，観察することの驚きや興奮を，荻野の映像は隠そうとはしない。それは，荻野自身がかつて生物学を学んでいたこととも深く関わっているとも推測できる。

　ただし，荻野は労働の作業に対しては大変強い関心をもつ一方で，その作業を行っている人間に対する関心は驚くほど低い。職人たちの手先をカメラが細かく追い続け，作業工程の一つひとつを細かく分析的に描く一方で，その作業を行う職人たちの顔の表情が大きく映し出されることはまずない。おそらくは，労働者の手や足，つまりは作業を行う機能，機関としての人間に対しては大きな関心をもつのだが，そのような労働者の人間的な感情や日々の暮らしに対する関心は欠如しているか，あったとしても非常に限定的である。

　荻野がもつ関心の偏りは，複数の労働者たちが機械的で集団的な作業を行う場面においてより強調される。『電車』のなかでも，複数の労働者が一斉にツルハシを振り下ろすシーンが印象的だ。このなかで映し出される労働者たちは，もはや一人ひとりが個別の感情をもった人間であるというよりは，ある意味でシステマティックに作業を行う機械のように見えてくる。荻野のこのような徹底的な人間に対する関心の薄さは，他の多くの作品と共通して，顔から上が写らない，胸から下のショットが多数を占めることからも明らかだ。

　一方で能勢が描く労働者たちには，『疏水』の中の西陣の友禅染めの作業においても，『飛んでゐる処女』のバスガールにしても，『京都』の住宅街に住む

人たちにしても，それぞれの日常生活から生まれ出る苦労や喜びがにじみ出ている。それは，前述した近代都市に対するまなざしと合わせて考えた際に，雨宮（2012a）が語るように，「能勢克男がその制作を試みた『疏水』は，いかに近代の矛盾を描くべきかを模索した，近代都市京都への映画的考察であった」と言うことができるであろう。『疏水』のエンドシーンが水面に浮かぶごみくずを映す時，それは「都市の発展から排除された廃棄物」，つまり「近代の発展が残した未解決の問題そのもの」を捉えていると見ることができるのだ[8]。

第4節　まとめ

本稿では，荻野茂二の作品の分析を通じて近代都市の成立と労働者に対する見方について，同時期の小型映画制作者である能勢克男との比較により考察を行った。荻野も能勢も同様に，近代化へと進む東京と京都という都市の風景を映像に捉えてきたが，その捉え方や街で働く労働者たちに対する視線のあり方には大きな違いがあった。

一般に，我々はアマチュアの小型映画作家たちの存在を，商業的またはナショナルな映像空間との対比のなかで捉え，ともするとそのありようは一様であると考えがちである。当然ながら，彼らの映像との関わり方は多様であり，その多様性・多元性に留意していくことが重要であるが，そのためにも複数の映像資料を比較分析可能な映像アーカイブは必須のツールとなると考えられる。

8）能勢の都市労働者に対するこのような視点は，後に松本俊夫が『西陣』で描いたものとも通じるであろう。

第19章

ミクロな映像を"群"として視ることで
わかる"意味"

椋本　輔

第❶節　巨大なコレクションとしての荻野茂二

　東京国立近代美術館フィルムセンターに遺族から寄贈されて所蔵されている 400 本以上の『荻野茂二フィルム』コレクション。一個人に帰属される映像群としての数量もさることながら，1928 年の 9.5mm パテベビーによる処女作から，1984 年付で編集結果が VHS に記録されている最後の映像まで，実に 60 年近い期間，そしてメディア史的なレベルでの映像技術の発達・変遷に跨る巨大なスケールを持ったコレクションである。

　しかし，その個々の映像については，おそらく最も潤沢な各種リソースを使って撮影・編集されたと推察される，『寒天』(1937，16mm) や『器用な手』(1937，16mm) といった 1930 年代後半の国策国際 PR に係る 16mm 映像[1]を除けば，いわゆる映像作品論・作家論の対象となりそうな大作はごく僅かである。もちろん，小品であっても単独でマクロな文脈の中に意義つけることが可能な，初期の 9.5mm パテベビーによる実験的な映像作品等については，既に「映画史の周縁としての実験映画／アマチュア映像史」の文脈で一般上映[2]

---

1) なお，『寒天』や『器用な手』にも本稿で論じている「効率的に反復するミニマルな"仕事の動き"」は随所に登場しており，そうした荻野茂二による映像の個性が最も潤沢なリソースを得た結果，求められたテーマ——寒天や日本舞踊の用具といった日本の産品／工芸品を作る過程を魅力的に紹介すること——に対する非凡かつ秀逸な作品となっている，という意味でも一つの頂点と言えよう。
2)『実験映画の系譜：荻野茂二から松本俊夫へ』『フィルムセンター開館 40 周年記念① 発掘された映画たち 2010』(2010) 東京国立近代美術館フィルムセンター

278

されたり，また社会生活史の文脈に乗って一般向けのテレビ番組でも紹介[3]されたりしている。そういった既存の文脈でも掬い上げられる映像については，おそらく今後も順次，荻野茂二コレクションの中から救い上げられて行くことと思われる。では，それ以外の小品やさらに断片的な映像素材，そして荻野コレクションの全体は，あくまでそうした "幻の意義深い作品" を発掘するための候補でしかなく，発掘が済んだ後は "残渣" でしかないのだろうか？もしそうであるなら，いかにデジタル技術——記録の複製・保存を究極的に効率化する手段——が今後活用されても，こうした映像群の全体を，少なからぬコストを払って積極的にアーカイブ化して行くことは正当化され得ないだろう。まして，荻野茂二コレクション程の数量的ボリュームを持たず，作家論まで至るのが不可能な数多のアマチュア／小型フィルム映像群については，今後ますます発見・発掘が進んでも，最初から特定の地域や社会的テーマ等に帰属し得るもの以外は，一時保存の必要ですら理解を得難いのではないか。

　しかし，実際に荻野茂二コレクションにおいて，"作品" と "残渣" を予断せず，あくまで全体を "群" として視ることで，初めて浮かび上がって来る "意味" が有る。本稿ではその具体例として，「メディアによって意識化された "仕事の動き"」について述べたい。

第❷節　反復する「動き」

　荻野茂二コレクションの映像を通して，年代やフィルム／カメラのフォーマットを問わず，繰り返し記録・描写される対象や特徴，いわばライトモティーフとして見出される，ある種の "動き" が存在する。

　それは，さまざまな「効率的に反復するミニマルな動き」である。まず，ちょうど彼が生きて映像を撮影・編集した時間と重なる時代に日進月歩した都市

---

3)『極上アンティークお宝映像発掘！　ムカシネマ2』(2014) 日本放送協会

化・工業化・機械化すなわち近代化を象徴する機械的な動きとして，『力の習作』（不明，9.5mm）[4]における浚渫船のクレーンの力強い動きや，『時計』（1963，8mm）における機械内部の動きへの執拗なクローズアップ等が挙げられる。また，同様に『力の習作』や『電車が軌道を走る迄』（1929，9.5mm）に登場する「人間が集団で規則正しくツルハシを振るう動き」や，『ボールはシムレス』（1964?頃，8mm）[5]におけるバレーボールの製造工程の動き等，そうした機械のリズムに人間が馴化するかのような規則的・集団的な仕事の動きも度々撮影対象となっている。そうした“動き”からは，真新しい映像技術を手にした個人が，同じように日々進歩して行く社会・時代のなかで，映像の撮影対象としても面白く，また進歩や建設への高揚感を反映・象徴するものとして，それらに好んでカメラを向けた姿が想像される。

　実際にそうした面も有ったかも知れない。だが，荻野茂二コレクションのなかでは，同じように年代を問わず，反対にむしろ伝統工芸といった言葉で表されるような「手仕事系の動き」も非常に多く繰り返し撮影されている。『家の出来る迄』（不明，16mm）や『アパート建築』（1936，9.5mm）に記録されている端正な大工仕事，『日本紙』（1935，16mm）や『大原の里』（1968，8mm）等に記録されている和紙梳き，焼き物作り，こけし作りといった営みである。

　それらも合わせて考えると今度は，「撮影対象として，工業・機械か人間の手によるものかを問わず，何かしらの“仕事”において効率的に反復するミニマルな動きに惹かれており，そこには無意識的な愛好・執着も現れている」といった考察が可能となる。また「近代化への高揚と，手仕事へのノスタルジーを併せ持っていた」といった心情的な考察も可能かも知れない。

　ここまでの可視的な映像表現そのものについての考察も既に，“作品”と“残渣”を予断することなく，群としての映像の全体を通して視ることによって初

4）他のフィルムにも登場するカットが複数集成されており，1929〜30年前後の映像断片を，一つの作品としてコラージュしたものと思われる。
5）内容や登場するロケーションから，1964年の東京オリンピックの前後に，バレーボール（スポーツ用品）製造企業のPR映像として制作されたものと思われる。

めて可能となるものだろう。しかし，映像に群として向き合うことはさらに，
関連史資料からの断片的な情報をも結び付けて行き，映像表現そのものとは異
なる位相に潜在していた"意味"も浮かび上がらせる。

第❸節　映像群から見える「荻野茂二」

　これらの映像群が帰属されている作者「荻野茂二」という人物については，
映像内から直接読み取れることに加えて，さまざまな史資料を総合することに
よって，具体的な人物像を知ることができる。それらの史資料とは，（東京国
立近代美術館フィルムセンターが受け入れの際に作成した目録の主要な情報源
ともなっている）フィルム現物の『箱書き』等の記載（郷田 2012）や，それを
元にした荻野茂二コレクションの全容に関する先行研究（浅利 2014），そして，
戦前期のパテベビーを中心とした愛好家の同人誌（『ベビーシネマ』『パテーシ
ネ』等）と，戦後期のアマチュア映画雑誌（『小型映画』等）に残されている本
人の声や活動の記録である。

　荻野茂二（1899 〜 1991）は，コレクションの映像を撮影・編集した期間の全
般にわたって東京・巣鴨に在住し，生業と
しては燃料問屋やレストランを経営する立
場だったようだ。しかし，雑誌面に残ってい
るプロフィール（『アマチュア映画年鑑』1976
年版：554）や，郷里に帰っての同窓会への
参加を記録した映像『ふるさと』（推定 1961，
8mm）[6] からは，彼は阿久津という旧姓で婿養
子として巣鴨の荻野家に入った立場であり，

図 19-1　『大谷上山一家』
東京国立近代美術館フィルムセンター所蔵

6）荻野茂二自身が全編に被写体として写っており，自身の声でナレーションまで当ててい
　る。また童謡『ふるさと』が劇伴として流される等，コレクションのなかでも非常に珍し
　く，直截にセンチメンタルな心情が表現されている。

子ども時代を過ごした地元は栃木県の阿久津（現：塩谷郡高根沢町）だった，という事実が確認できる。

　また，その『ふるさと』と照らし合わせることで，四半世紀を隔てた『大谷上山一家』(1936，9.5mm) という映像が，地元の生家や親類の家と，周辺での農作業等を写したものであることがわかる。『大谷上山一家』のなかでは，荻野の生まれ育った環境と思われる農村の生活風景，農作業の様子や，収穫された作物をその後加工して行く手仕事の様子が丹念に記録されている。とりわけ，これまで述べて来た荻野コレクションにおけるライトモティーフ「反復するミニマルな"仕事の動き"」を強く連想させるものとして，干瓢作りの様子が映像化されている。

　干瓢は広く親しまれている食品だが，栃木県が主要産地であり，文字通り「干し瓢」である。瓜科の植物夕顔の一種である瓢（ふくべ）の果実をひも状に剥き，乾燥させて作られる。そのひも状に剥く工程は，収穫した果実を回転させながら皮を剥いた上で，身の部分に刃物を当てながら回転させて桂剥きのように帯状に長く削いで行く[7]。現在では回転させるのはモーター等によって機械化されているのが一般的であるが，『大谷上山一家』の映像では，人力で回転もさせながら上記の工程を一人で行う様子が，他の"動き"と同様に熱心にカメラを向けられている。それは機械化が当たり前になった現代の我々の想像を超えて，極めて手際良く高速な，効率的な作業である。

　1936 年当時のこうした農作業工程にも幾許かの近代化は加えられていただろうが，おそらく荻野茂二の子ども時代と，そして近代以前の営みともほとんど変わらない作業工程＝手仕事の動きが，そこには映像化されている。

　先述した伝統工芸系の手仕事の動きからも若干感じられることだが，この極めてプリミティブな瓢剥きの動きにまで至り，最初の重機械の動きと照らし合わせることで，工業・機械か人間の手によるものかを問わない人類の"仕事の動き"の本質が浮かび上がって来る。「反復するミニマルな動き」によって出

---

7) http://ja.wikipedia.org/wiki/ かんぴょう（2017 年 10 月 31 日アクセス）

来る限り効率性を高めるなどと言われれば，それは極めて近代的な，ともすれば「非人間的」といった意味合いで捉えられがちであろう。しかし，荻野茂二コレクションの映像に群として向き合うことが与えてくれる，工業・機械から全く人力の手仕事までの動きを総合する視線によって，そうした動きの追求は近代以前からの，むしろ極めて「人間的」な普遍の営みであることが見えて来る。

　むしろ機械化・電化以前の全く人力による手仕事の方が，人間の関節が動きやすい方向や，筋肉の動きとして反復しやすい動作を活かすこと，また道具によって押し引きの動作を回転運動へ変換すること等，人力というささやかな動力源から最大限の仕事量を生むための工夫に満ちているのだ。

　さらに荻野コレクションの映像群には，人間の営みに限らず人間を取り巻く自然界に対しても，『四季　夏』（1931，9.5mm）における植物の発芽や開花の様子をはじめ，等しく"動き"へと向けられた視線の痕跡が残されている。

　このように，荻野茂二コレクションの映像群における"仕事の動き"を総合的に捉えた結果として，次のような仮説を導くことができるのではないだろうか。

・荻野茂二コレクションの映像群にライトモティーフとして表れる"仕事の動き"は，反復するミニマルな動きという，映像の被写体としての面白さや，意識的／無意識的な快感ゆえに多く撮られた。

・しかし，それらの動きを総体として捉えることで，工業・機械や近代，そして人間の手仕事といった社会的意味づけを超えて，人間が自然界からも学びながら"仕事の動き"における効率を追求し続ける普遍的な営み，という"意味"が見えて来る。

・そして，荻野茂二自身が生まれ育った環境にも，前近代から続く生活の営みとして正にそうした「反復するミニマルな"仕事の動き"」が存在し，それは映像を撮り始めた初期において既に撮影対象として選ばれていた。

・つまり，荻野茂二コレクションにおける"仕事の動き"は，先立って本人の潜在的な愛好の対象であったものが，個人が映像を撮影・編集できるメディ

　ア技術と出会い，その対象として繰り返し記録・表現することで意識化され，他者ともコミュニケーション可能なパターンとして定着されたものである。

　このような観点に立てば，荻野茂二コレクションの映像群およびそれを可能にした小型映画／フィルム技術は，「さまざまな形で遍在していた"仕事の動き"への愛好を外在的に意識化した，個人の環世界に対する知覚感覚の拡張としてのメディア」と位置づけることができるだろう。

　換言すれば，人間と人間身体の神経系の拡張／延長としてのメディア技術と人間の関わりによって，同じく運動系の拡張／延長としての動力技術の人力から工業機械までに至るプロセスが意識化／対象化されたのである。

　それは，ヴィレム・フルッサーが論じた「テクノ画像」（Flusser 1996＝1997）の可能性——概念を再表象化するコードとしての可能性（室井 1997），の一つの実例として捉えることもできるのではないだろうか。

　ミクロな映像を群として視ることで得られるこのような観点によって，それらの映像は，作家論や表現論といった狭義の映像論や，社会学的考察の対象となるだけでなく，むしろ映像人類学（村尾他 2014）といった方向性へと開かれて行くだろう。

　そうした豊かな解釈とコミュニケーションを可能にするためにこそ，個々の映像の"意味"を前提した文脈のなかで予断せず，ミクロな断片をなるべくミクロな断片そのままとして集積して行くような，新しいデジタル映像アーカイブの意義が有ると，今回の分析考察を通して確信している。

第20章

荻野茂二と「映画」との距離について

水島久光

第❶節　荻野茂二とは「何もの」なのか

　筆者と荻野茂二の出会いは2010年，地域映像資料を求めて全国を回るなかで，戦前の9.5mmフィルム・システム（「パテベビー」）に興味を惹かれるようになった頃である。

　「パテ・ベビー」の愛好者会誌『パテーシネ』に，荻野の名前はしばしば登場する。1923年に輸入が始まった「パテベビー」は，愛好会「東京ベビーキネマ倶楽部」の発足（1926）とともにユーザーを増やしていくが，そのコンテストの常連として荻野茂二は誌上に現れ，やがて「日本パテーシネ協会」の理事にまで選ばれる。しかし，『春の東京』(1929)，『電車が軌道を走る迄』(1929)，『FELIXノ名探偵』(1932)，『百年後の或る日』(1933)など，紹介される彼の受賞作の作風に一貫した特徴は見出し難い。旺盛な制作意欲の一方で，会誌への寄稿は少なく，文体自体もどちらかといえば控えめな，謎の作家であった。

　この分野の数少ない先行研究者である那田尚史は，2005年に「荻野茂二の絶対映画？」という小論を書き，重要な問題を提起している。1992年，東京国立近代美術館フィルムセンター（NFC）にその作品471タイトルが寄贈されて間もなくに彼を評した佐藤忠男（佐藤1995）に反論し，荻野をヨーロッパ前衛映画の形成期，とくにV.エゲリングらの〈絶対映画〉の影響下にあるものとして捉えるべきでないとしているのだ（那田2005）[1]。

---

1) 絶対映画 Absoluter Film とは，1920年代のドイツで誕生した表現手法。具象を一切排除した純粋な抽象イメージや運動のみによって構成され，主にアニメーションの技法が用いられたことから，アブストラクト（抽象）アニメーションの先駆ともいえる（武蔵野美術大

　佐藤が取り上げたのは，荻野の初期の 4 作品（『三角のリズム　トランプの争』
（1932, 9.5 mm）『開花』『表現』（1935, 16 mm）『RHYTHM（リズム）』（1935, レギュ
ラー 8））である。それに対し那田はこれらの同時期に，『十和田湖』（1928）や
『電車が軌道を走る迄』（1929）など，「風景映画」「文化映画」「宣伝映画」など
実験的作品以外の幅広いジャンルが見られることを指摘している。しかしそれ
よりも重要なことは，荻野自身が語る言葉に，那田は「アーチスト（表現者）」
としてではなく「アルチザン（職人）」の特徴が見えるとした点である[2]。

　この那田の指摘は，荻野の多種多様な作風・モチーフの作品を狭義のジャン
ル論を越えてどう解釈すべきかについて，一つの手掛かりを示唆している。制
作過程の社会性，集団性に注目するこのアプローチは，系譜学的な作品・作家
研究の閉じから脱し，メディア論的視座を拓く可能性を孕んでいるからだ。し
かし残念ながらここでの那田の関心は，戦前の小型映画の普及期に絞られ，半
世紀以上も，貪欲にカメラを回しつづけた荻野の「全貌」に届くものではない。

　戦後期を含めた荻野作品は，「目録」が整えられたことを期に，NFC が新た
に発掘・復元した映画を紹介する上映企画『発掘された映画たち 2014』（2014
年 9 月 27 日〜 10 月 12 日）で，おそらくはじめて一般映画ファンの目に触れる
ことになる[3]。同企画のチラシには，こう書かれている──「これまで 1930 年
代の実験的な作風が評価されてきた荻野だが，自身は記録としての映画の重要
性を強調していた。その意識は，東京オリンピックを契機に開発が進んだ東京
を描く 2 作品に顕著に表れている」。『発掘された』作品群は，かつての評価に
新しい視点を加える契機となると言わんばかりだが，しかしこれもまた「ジャ
ンル論」的関心に依って，「全貌」を裁断するものと言わざるを得ない。

　「荻野茂二とは『何もの』なのか？」という問いは，作家と作品という対で

学；IMAGE LIBRARY）。
2)「一部の例外を除いて彼等の多くは芸術家を自称せず，胸を張って自らを趣味人かつ技術
　家であると自己規定した。事実，荻野が雑誌に載せた記事はすべてが技術論であり，私の
　知る限り美学や芸術論を展開したことは一度もない」（那田 2005）
3) この時の上映作品は『智慧の登山』（1931）と『SCREEN GRAPH オール・ニッポン』（1937）
　はサイレント映画，『時計』（1963）はマテリアリスティックな実験映画，『日本橋』（1964），
　『都電 60 年の生涯』（1967），『スト決行中』（1970）の 6 本。

表現物を捉えることが自明化した我々の「目」を激しく揺さぶる。我々はその「コレクション」を介して，彼の長い映画人生を任意に切り取ることなく，また反対に他の作家・作品との系譜づけに得々とするのでもなく，どうしたら彼と映像，そしてそれらを取り囲むさまざまなファクターや人びととの関係全体を視野に収めることに挑むことができるのだろう。

第❷節　荻野コレクションと，アーカイブ体験

　映像を群として捉えたときに，そのテクストとしての自律性ではなく，それを取り巻くアクターと時空間が浮かび上がってくるという現象…（中略）…それは，旧来の映画研究を支えてきた作品中心主義の対偶にあるものである。筆者は，この体験をその後「アーカイブ体験」と言い，意識化するようになった。まず，コレクションをカテゴリーや予断を持って選別することなく，まるごと受け入れる。すると個々の作品の構成素が，まるでハイパーリンクを成すように作品の枠を破って相互に結びつきパターンを成し始める。まるで資料群そのものが，一定の秩序を自己組織していく中に，見る者が取り込まれていく感覚である（水島 2014）。

これまでも筆者は，映像コレクションの研究において，一種の「認識の実践論としてのアーカイブ」の方法的可能性を考えてきた[4]。しかし，NFC の「荻野コレクション」の規模はかなりの大きさであり，認識の対象として「まるごと受け入れる」のは容易ではない。もちろん戦前と戦後の間の「空白」や，制作年不明のものも多数あり，このコレクション以外の作品の存在も確認されているので，これをもって「全貌」と言うリスクもある。とはいえ，他に例を見ない旺盛かつコンスタントな制作ペースを維持してきた彼の映像人生自体に，

---

[4]　その出発点はフーコー『知の考古学』のアルシーヴ（アーカイブ）の定義（「諸言表の形成およびその変換にかかわる一般的システム」）にある（水島 2016b）。

興味はそそられる。

　「アーカイブ」として対象に向き合う醍醐味は，まさにここにある。いくつかの作品をもって「荻野作品とは〇〇だ」と定義づけようとすると，すぐそれを裏切るような映像が現れる。それは「ジャンル」や「系譜」，あるいは作風の変節を論じたくなる衝動を刺激するが，しかしここでは敢えてそうした誘惑に抗して，作品のフレームを解き，その中に潜む荻野のカメラがとらえたオブジェクトと，フィルムが創り出す像との関係に迫ってみたいと思う —— そもそもこのコレクションには，未完成な断片も多数含まれている。それらもその「関係」を織り成す要素なのだ。

　そしてコレクションを見返していくうちに，複数の映像を横断し反復するオブジェクトが徐々に印象に刻まれるようになっていく。たとえば，戦前のいわゆる「手仕事」をモチーフとした作品に共通する，動きやリズム ——もっと抽象化すると，映像上の「現れ」の変化に対する“欲動的”ともいえる執着は，実験映画に類する作品のそれに呼応し，戦前戦後を貫く，荻野のいくつかのライトモチーフをかたち作る。「蝟集」「建築」「道具」などの人工物，「水流」「山道」「木立」などが織りなす空間，「化粧」「踊り」「工芸」の所作が，パターン模様，回転，流れなどの運動やエネルギーといった観念に結びつく —— そして，これらオブジェクトに対する荻野の態度のフラットさに気づく。

　機械的と言ってもいいかもしれない。しかしかといってフェティシズムという概念に括ってしまうのとも違う。対象に媚びない，カメラの先にあるモノの動きと，映像そのものの物質性をリンクさせるものとしての撮影行為。それは，間に立つ荻野自身が，単なる「技術的ファクター」になりきることを楽しんでいるようにも見える。すなわち「コギト」を刺激しない，「もの」の世界に身を寄せる引力のようなものに促されている。実際，フィルモグラフィーを追うと，映像に物語を付与するモチベーション（ドラマツルギー）が，経験を積むとともにどんどん希薄になっていくことがわかる[5]。このことは，彼の真の関

---

5) もちろん戦後も，ヌード作品などを中心に「物語」を配したものもみられるが（『四人の女』1971 など），総じて言えるのが写される対象と物語の必然性の乏しさである。

心がカメラの対象たるオブジェクトの向こう側にあることを，示している。

　このトランス的，没入心理が，彼の「映像の大量生産」という特異な行動の背景にあると推測してみよう。そしてここから，一見さまざまな「ジャンル」に裁断されてしまわれがちな「荻野の世界」の全貌がもつ意味を，少しずつひも解いていくことにしよう。

第❸節　時間と空間
――重なる「映像」の縦軸と横軸

　オブジェクトの向こうにあるもの――それに直接的に触れるような作品群がある。那田や佐藤らが言及した戦前の「実験映画」（『開花（AN EXPRESSION）』『表現（PROPAGATE）』や『RHYTHM（リズム）』など）に類するものは，まさにその代表例である。とくに初期の荻野の関心は，映像が生み出す形状変化や視覚的刺激という「瞬間」の中に折りたたまれる「さまざまな時間」を救い出すことにあった。知覚・認識するという人間の内的・心的なプロセスを，物質的・外的な技術的操作がインターフェイス（媒介）しうるという発見に，おそらく彼は夢中になったことだろう。

　しかしそうした「技巧」のエッセンスは，那田や佐藤が言及した作品たちにとどまらない。初期の名作と言われる『11 時 58 分』（1930，9.5mm），『FELIX の名探偵』（1932，9.5mm），『百年後の或る日』（1933，9.5mm）などのストーリー作品にもその萌芽を見ることができる。自覚的かどうかはわからないが，これらはいずれも広義の「時間性」を扱っている。このようなメタ意識と，発見が並行して作品に表れている点で，少なくともこの時期の荻野は，特定の作風を極めることに囚われてはいない。

　戦後，8mm の時代になっても，こうした「感覚」と「技巧」が媒介しあう作品は次々とつくられる。色彩と光量，編集，再生のコントロールに関わる技術の進化は荻野の好奇心をくすぐり，とくに精緻にオブジェクトを捉えるフィ

図 20-1　『生々流転』
東京国立近代美術館フィルムセンター所蔵

ルムへの没入欲は，激しく刺激された。『光
の幻想』(1967)，『光のパレード』(1971)，『線』
『花ひらく』『ろうそく』(1975)，『水の幻想』
(1976) など，むしろ後期になるほどその意欲
は旺盛になっていった。

　その到達点に『生々流転』(スーパー 8：製
作年が判明している最後の作品，1984) がある。
自然から切り取られた眩い水流をつなぐうち

に，山間のせせらぎから大海に出るまでの「時間」の経過，そしてその舞台と
なる「空間」の広がりが描かれるこの作品は，おそらく過去さまざまな場所で
撮影されただろう断片のコラージュでできており，それによってミニマルな感
覚刺激とマクロな世界観との矛盾なき接続が試みられている。

　すなわち『生々流転』は，完成度において作品群の頂点たるというよりも，
これまで重ねられてきた荻野のさまざまなインタレストが「総合」されている
という意味で，「集大成」といえるのだ。とするならば我々は，ここを起点と
して「逆算的」に彼の全貌を捉える眺望を得ることもできる——そう考えて作
品群を見渡すと，いくつかの作品を結ぶ「筋（リンク）」が浮かび上がってくる。

　「水」や「流れ」は，初期から一貫して関心の対象であり続けた。たとえば
1933 年に 9.5mm で製作された『River』には，山中から海に至るまでの川の流
れの表情の変化を映したものと意味では，『生々流転』の主題の原点を見るこ
とができる。また，別々に撮影した作品からシーンを切り取り，コラージュし
ていくという方法も早い時期に見出されており，決して長年の経験から生み出
された「成果」ではない。9.5mm の作品群の中にある『力の習作』(製作年不明)
もその一つである。

　この作品は多くの重機，工作機械などの映像で構成されており，『電車が軌
道を走る迄』(1929) や『アパート建築』(1936) などと重なるシーンも確認する
こともできる。このコラージュが浮かび上がらせるものは「力学」——視覚的
に表現することが難しいテーマである。したがって『力の習作』には「質量」

を内に秘めたオブジェクトをしっかり映し出すフレーミングやアングル，モンタージュへの配慮が見られる。これまでもっぱら戦前においては，「光学的技巧」に注目が集まり言及されがちであったが，実際の荻野の関心はもっと幅広い感覚に対して開かれていたといえる。

　そうした観点からいえば，戦前の 16mm の大作の一つである『器用な手』（1936，16mm）も，コラージュ作品として扱うことができよう。モノづくりのプロセスを記録したものとしては『日本紙』(1935, 9.5mm/16mm)『寒天』(1937, 16mm) と同じ範列にあると考えることもできるが，むしろ異なる対象を束ねていく構成こそ，注目すべき点だろう。すなわち，類似対象を並列的に扱う『力の習作』に対して，「日舞」に道具たちの生成過程が集約されるような描き方には，人工物と自然物の差，そして 50 年の時を越えて，『生々流転』に重なる展開性を見ることができる。

　『生々流転』は，荻野の半世紀を超える制作歴のあらゆるモメントにリンクづけすることができる。その意味で「映像」に向かう彼の態度は，終始一貫していたのだ。あるいは幸運にも初めて「映像」に出会った頃に，その本質に直感的に気づくことができた——「映像」が，「時間」と「空間」をつくりだすということ，そしてその技巧に身を寄せることによって，知覚可能な刺激を統合し，享受することが可能になるということ。荻野の憑かれたように映像を撮り続けた人生は，遊戯的に，その確認を繰り返してきたものだったと考えることはできないだろうか。

第❹節 「映像」を他者としてではなく
——荻野のベルクソン的感性

　荻野の作品について語るとき，どうしても「映画」という言葉を使うことに躊躇してしまうのはなぜだろう。実際にそのコレクションには「断片」が多く含まれ，またきちんとタイトルがついた「作品」であっても，どこか未完成な

印象を排除することができない。それは，彼がカメラやフィルムを「道具（手段）」，客体として突き放して用い，認識を操作している様子が想像できないからなのだ──これをどうにか，「理論」の言葉で説明できないものだろうか。

　映画の意味作用を言語的な解釈から解放し，「運動」「時間」イメージの記号的解釈によって説明を試みた記念碑的著作がドゥルーズの『シネマ』である。よく知られているようにドゥルーズは，ベルクソンの「持続」から独自の「運動」概念を導き出し，「時間」への問いに広げた。普通に考えれば，ここを基点にして「理論」のフィールドに踏み出すことは自然に思われるだろう。だが正直，それによって荻野茂二の全貌を語ることは，筆者には困難に思われた──それは何故か。

　ドゥルーズの狙いは，表象哲学の対象として「映画」というカテゴリーを定位することにあった。そのために「イマージュとシーニュの分類」という方法を導入し，旧来の「映画研究」の枠組みを半ば自明なものとして継承する（松谷 2007）。その一方でベルクソンについては，そこから着想を得つつも「もっとも古い感覚に，たいへんモダンな，しかもきわめて最近の名（「映画的：シネマトグラフィック」）を与えた」（Deleuze 1983=2008：5）と端から批判的に断じている──実は，ここに二人の「映画」概念の違いが表れている[6]。

　ドゥルーズは言う。「ベルクソンにしたがって，映画とは，或る普遍的な恒常的錯覚の映写，その再現であるなどと理解しなければならないのだろうか。あたかも，ひとはこれまでつねに，そうとは知らずに映画をつくってきたかのようだ，ということにでもなるのだろうか」（Deleuze 1983=2008：5）。ドゥルーズにとっては，「映画」は近代の技術革命が生み出した「歴史的産物（系統の末子）」である（Deleuze 1983=2008：10）。ベルクソンが「映画的：シネマトグラフィック」の語に期待した普遍的な意味とは，各々の哲学の企図レベルですれ違っている。

6）このあたりの指摘は前田英樹の批判的分析に拠る（前田 2013：67-73）。但し本稿ではドゥルーズのベルクソン理解に問題があるとまではいわず，『シネマ』の目的の範囲で引用されたものと解釈する。

　さらに『シネマ』で数々の「作品」を辿り，「新たな映画研究」を企図した
1980 年代のドゥルーズと，『創造的進化』で個別の「作品」を指示することな
く「思考の映画的メカニズムと機械論の錯覚」という章（第 4 章）を書くに至っ
た 1907 年のベルクソンの時代差も考える必要があるであろう。ドゥルーズに
とって映画は「書かれたもの」であり，評論の対象として向き合うべきもの
であった。それに対してベルクソンが，イメージ（イマージュ＝映像）そのも
の，あるいはそれを生み出す「装置＝システム」として捉えていたのは，まだ
グリフィスもエイゼンシュタインも世に出る前であったことを考えれば納得が
いく。しかしその後の四半世紀，芸術としての映画史の蓄積を横目で見ながら
も，ベルクソンの態度には変化はなかった。それは彼自身による最後の編纂が
なされた論文集『思想と動くもの』の緒論にも表れている（むしろ深化されて
いる）。

　なぜならベルクソンは，自身の哲学の基本的なモチーフである「強度」か
ら「持続」概念の発見，その認識のために「外延量と区別される量・質不可分
な感覚」に身を寄せること，そして「持続から空間，自由」への論理展開を支
える，本質的メタファーとして「映画」を採用したからである──「われわれ
の通常の認識のメカニズムの本性は，映画的である」（Bergson 1934＝1998：388,
傍点原文）──と，彼はここまで言う。

　「イメージに命が吹き込まれるためには，どこかに運動がなくてはならない。
今の場合，運動は実際に存在している。映写機の中だ。まさに，映画のフィル
ムが回り，それによってそのシーンのさまざまな写真が次々と現れるから，こ
のシーンのそれぞれの役者たちは運動性を取り戻す」（Bergson 1907＝2010：387）
「すべての人物に固有なすべての運動から，非人称的，抽象的で単純な運動，
いわば運動一般を抽出してそれを映写機の中に置く。そして各々の特殊な運動
の個別性を，この匿名の運動を人称的な態度と組み合わせることによって再構
成するのである。以上が，映画のやり口であり，われわれの認識のやり口でも
ある」（Bergson 1907＝2010：387）

　ベルクソンは，カメラや映写機などの機材を，被写体の「運動」の外からな

ぞる道具とは考えていなかった。これらの機材自体が「運動を内包する」ものだからこそ,「運動」はイメージとして構成されるのだ。それは物質同士の「共鳴」に近い解釈である。したがって我々がそれを認識しうるのは,我々の意識がその「運動」に寄り添う＝接続しうるからである。「物質界」と「内的生命の領域」が出会う,すなわち「知覚」し「認識」するには各々の運動を「調整」し「相互浸透」しうるだけの接近（インターフェイス）が必要なのだ。それでこそ我々は「映画」を,自らも経験する運動を表すものとして「見る」ことができる —— ベルクソンの関心はひたすらこの点にあった。これは,ドゥルーズがベルクソン批判を終えた後,（『シネマ1』第二章以降）「フレーム」「ショット」「デクパージュ」等の概念を並べ,映像から距離を置き,分析的態度をとろうとするのとは対照的である。

　反対に,ベルクソンは映画装置になお一層接近する ——「フィルムの回転は,私たちの内的生の一定の持続に —— ほかの持続ではない,私たちの内的生の持続に,対応しているからである。だから,回転するフィルムは,おそらく意識に結びついている。その意識は持続し,またフィルムの運動を調整もするのである」（『思想と動くもの』緒論1）[7]。自らの中に機械的な,あるいは機械の中に生命的な運動を感じる —— これこそ荻野茂二が終始一貫「映画（映像）」に求めたものではなかったか。そのことは頭で理解するより,繰り返しカメラを回し,シーンを構成し続けることによってのみ得られる感覚なのである。

　『思想を動くもの』が書かれたのは1934年。この時代のベルクソンと荻野は,もしかすると同じように映画機材とその動きを眺めていたのかもしれない。

7）『思想と動くもの』の緒論でベルクソンは,あえて『創造的進化』の別の箇所で例示した（第一章　生命進化について）「砂糖が水に溶ける」時間感覚と「展開するフィルム」を並べて,そこに「待たなければならない」意味のある事実——持続から説明される時間は決して数的（外形的）に指し示すことができないことを表そうとした。

第❺節　ポスト・ヒューマンとしての荻野茂二

　荻野茂二の「映像」の感覚と，物理的「技巧」の響き合いを繰り返し見ていくうちに，筆者は「もしかすると，彼は映画（映像）になりたかった人だったのではないか」と，想像するようになっていった。これは単なる妄想ではない。NFC のコレクション目録は，それに十分な裏づけを与えてくれている。

　荻野とオブジェクトと機材の関係を考えるなかで，解かねばならない「謎」の一つに，戦後，数多く撮られた「ヌード作品」の位置づけがある。もちろん，荻野を前衛の系譜に置くならば，その説明はさほど難しくない。しかし険しい山道（『山の女』(1966) など）にわざわざモデルを連れてゆき，奇妙なダンスを踊らせ，丁寧に化粧のプロセスやフェティッシュな行為を繰り返す作品群には，エロティックな情感や芸術的な洗練に逆行しようとしているのではないかとの，疑いすら抱いてしまう。

　振り返れば，戦前から荻野は「人間」の描写に対して淡白であった。むしろ感情を省いて，人間も一つのオブジェクトとして捉えていた――「ヌード作品」ももちろんその範列にある。ここで，彼は肉体そのものより「その向こうにあるもの」を，カメラを介して見ていたと考えてみよう。同じモデルを起用し，少しずつパターンをずらしていく。荻野の指向性がベルクソン的問題の実践・探求にあったとすれば，「ヌード」とは，「生命と物質の最も直接的な相互浸透」態であるといえそうだ。

　その流れで見ていくと，後期にもう一つ大量生産されたシリーズである『いでゆあらかると』(1974 〜 75，400 フィート× 4 本）の謎についても，考えていくことができる。ベルクソンは，持続を時間的な連続としてのみ捉えずに，空間において展開することを志向した。これはもともと荻野自身が「旅人」であったことと関係している。『生々流転』に結実するように，風景に自然の運動を切り取る目を持っていた荻野にとっては，オブジェクトを「人間」に置き換える選択は，「温泉」という空間を措定することに，あたりまえのように結

びついたのであろう。

　さらに深読みをするなら ── こうして「温泉」シーンばかりを貼り合わせることによって，荻野はドッペルゲンガーを実現しようとしていたのではないかと想像することもできる。昔，メリエスは初期の映像編集の技術の中から，そこに映される人間の「一人にして多数」になり得る可能性を発見した。しかしそれほど「技巧」を凝らさずとも，映画は複数の時間を並行して走らせることができる。荻野は理論に深入りすることなく，ただひたすら映像と向き合うことによってそのことを発見したのではないだろうか。

　こうした荻野の感性は，今日のオタクにも通底する「テクノフィリア」の一種といえるのかもしれない。そしてそれは，メディア技術環境との共鳴を本質とする点からいえば，ドゥルーズの目論見を越えて，そこにさらに超近代的な認識論，たとえば「ポスト・ヒューマン」の議論をここから始めることも可能だ。しかし一方でこの「対象に身を寄せていく」態度には，ベルクソン的な普遍性をも読むことができる。いずれにしても，那田が荻野をアーチストではなくアルチザンであったと評したことは，慧眼であった。すなわちこの「職人の一生」には，「人間」と「技術」との関わりあいのベーシックな姿があらわれているのである。

　それは，旧来の人文主義が掲げてきた「人間らしさ」の変化を問う試金石となりうる。我々がそこから得られる知見を未来につなげていくには，一つひとつの「作品」を任意に取り上げ，都合よく語るのではなく，この玉石混淆の世界に単純に「身を寄せて」みるしかない。それこそ最も「荻野茂二」研究にふさわしい態度とはいえまいか。

📖 引用・参考文献 📖

「アーカイブ立国宣言」編集委員会編（2014）『アーカイブ立国宣言』ポット出版

Anderson, Benedict（1997）*Imagined communities.*（=1997，白石さや・白石隆訳『増補 想像の共同体：ナショナリズムの起源と流行』NTT 出版）

青野豊作（1987）『夕張市長まちおこし奮戦記』PHP

Allan, Robin（1999）*Walt Disney and Europe: European Influences on the Animated Feature Films of Walt Disney*, Indiana University Press.

朝日新聞（2017a）「懐かしの情景，生き生きと　地元住民が写真集作成」『朝日新聞』2017 年 4 月 5 日，第 2 東京面

朝日新聞（2017b）「懐かし，昭和の国立風景　郷土文化館で写真展」『朝日新聞』2017 年 5 月 18 日，第 2 東京面

朝日崇（2011）『実践 アーカイブ・マネジメント―自治体・企業・学園の実務』出版文化社

雨宮幸明（2012a）「能勢克男の小型映画『疏水　流れに沿って―』論―近代都市京都への映画的考察」『立命館言語文化研究』23（3），35-52

雨宮幸明（2012b）「解題」牧野守監修『ファシズムと文化新聞「土曜日」の時代』別冊，六花出版，7-12

浅岡隆裕（2012）『メディア表象の文化社会学―昭和イメージの生成と定着の研究―』ハーベスト社

浅岡隆裕（2016）『インターネット普及期以降の地域情報化とコミュニケーション変容（立正大学文学部学術叢書 02）』KADOKAWA

浅利浩之（2014）「荻野茂二寄贈フィルム目録」『東京国立近代美術館研究紀要』18 号，pp.104-124

伴野文三郎（1933）「欧州ゾーン第三回国際小型活動写真撮影競技会に就て」『パテーシネ』6 巻 10 号

Bell, Elizabeth, Haas, Lynda and Sells, Laura（1995）"Introduction：Walt's in the Movies," Bell, Elizabeth, Haas, Lynda and Sells, Laura eds., *From Mouse to Mermaid：The Politics of Film, Gender, and Culture*, Indiana University Press, 1-17.

Benjamin, Walter（1932）Das Kunstwerk im Zeitalter seiner technischen Reproduzierbarkeit.（= 久保哲司訳（1995）「複製技術時代の芸術作品〔第 2 稿〕」『ベンヤミン・コレクション 1 近代の意味』筑摩書房）

Bergson, Henri（1889）*Essai sur les données immédiates de la conscience.*（= 合田正人・平井靖史訳（2002）『意識に直接与えられたものについての試論』ちくま学芸文庫）

Bergson, Henri (1907) *L'évolution créatrice.* (= 合田正人・松井久訳 (2010)『創造的進化』ちくま学芸文庫)

Bergson, Henri (1934) *La pensée et le mouvant.* (= 河野与一訳 (1998)『思想と動くもの』岩波文庫)

Cherchi Usai Peole (1999=2009)「オーファンフィルムとは何か」石原香絵訳『映画保存協会講義集』(http://filmpres.org/preservation/translation06/ 2017 年 8 月 31 日最終アクセス)

千葉徳爾・萩原龍夫 (1981)「宮本馨太郎先生と東京の民俗」宮本馨太郎『東京都の民俗』慶友社

Crafton, Donald (2013) *Shadow of a Mouse: Performance, Belief, and World-Making in Animation.* University of California Press.

Deleuze, Gilles (1966) *Le Bergsonisme.* (= 宇波彰訳 (1974)『ベルクソンの哲学』法政大学出版局)

Deleuze, Gilles (1983) *L'image-mouvement Cinéma.* (= 財津理・齋藤範訳 (2008)『シネマ 1 運動イメージ』法政大学出版局)

デジタルアーカイブ推進協議会 (2004)『デジタルアーカイブ白書 2004』

榎本千賀子 (2012)「合わせ鏡の写真論—新潟県南魚沼市六日町今成家の写真に見る写真経験への江戸文化の影響」『言語社会』7 号

榎本千賀子 (2014)「『芝居』を写す写真—今成家湿板写真コレクションにおける明治初頭の演劇写真と『歌舞伎文化圏』」『映像学』93 号

Flusser, Vilém (1996) *Kommunikologie.* (= 村上淳一訳 (1997)『テクノコードの誕生—コミュニケーション学序説』東京大学出版会)

福田名津子 (2016)「『デジタル・ヒューマニティーズ 2.0』がもたらす人文・社会科学への影響：平成 27 年度デジタル・ヒューマニティーズ関連ワークショップ」『一橋大学附属図書館研究開発室年報 (4)』

Foucault, Michel (1969) *L'Archeologie du savoir*, Paris, Gallimard. (= 慎改康之訳 (2012)『知の考古学』河出書房新社)

藤岡謙二郎・西村睦男 (1965)『北白川と嵯峨野—大都市周辺の人文地理的モノグラフ』地人書房

後藤一樹 (2014)「〈趣味〉と〈闘争〉—1920—1930 年代のアマチュア映画の公共性」『慶應義塾大学大学院社会学研究科紀要 社会学心理学教育学 人間と社会の探究』78 号，109-137

後藤真 (2012)「アーカイブズからデジタル・アーカイブへ：「デジタル・アーカイブ」とアーカイブズの邂逅」NPO 法人知的資源イニシアティブ編『アーカイブのつくりかた：構築と活用入門』勉誠出版，103-116

郷田真理子 (2013)「フィルムセンター所蔵の小型映画コレクション—9.5 ミリフィルム調査の覚書」『東京国立近代美術館研究紀要』第 17 号，95-109

Gumpert, Gary（1987）*Talking tombstones and other tales of the media age.*（＝1990，石丸正訳『メディアの時代』新潮社）

萩原滋編（2013）『テレビという記憶―テレビ視聴の社会史』新曜社

原田健一・川崎賢子（2002）『岡田桑三　映像の世紀』平凡社

原田健一・石井仁志編（2013）『懐かしさは未来とともにやってくる―地域映像アーカイブの理論と実際』学文社

原田健一（2015）「映像アーカイブによる中間的コミュニケーションの分析」『人文科学研究』136号，新潟大学人文学部

原田健一（2016）「宮本馨太郎フィルモグラフィー」宮本瑞夫他編『甦る民俗映像－渋沢敬三と宮本馨太郎が撮った一九三〇年代の日本・アジア』岩波書店

Hoog, Emmanuel（2006）*L'INA*（Coll.<<Que sais-je?>> 3716）P.U.F（＝西兼志訳（2007）『世界最大デジタル映像アーカイブ INA』白水社

長谷川律夫（2004）『ひょっとこ人生』奥会津書房

林進（1978）「社会的コミュニケーション・システムの変動と中間的コミュニケーション」林進代表『社会的コミュニケーション・システムの変動』コミュニケーション研究会

平松佐枝子（2000）「地域博物館における近現代史展示―くにたち郷土文化館での企画展を事例としての一考察」『くにたち郷土館　研究紀要』N0.2, 23-32

船津衛（1978）「コミュニティ意識の構造」鈴木広編『コミュニティ・モラールと社会移動の研究』アカデミア出版会

生貝直人（2015）「共同規制」藤代裕之編『ソーシャルメディア論 つながりを再設計する』青弓社

生田哲郎・中所昌司（2013）「ＣＭ原版について，制作会社，広告代理店ではなく，広告主が著作権法29条1項の『映画製作者』に当たると認定された事例」『発明＝ The invention』110（2），発明推進協会，47-49

井上史（2012）「『土曜日』と能勢克男」『社会科学』41(4)，同志社大学人文科学研究所，149-172

石田和男編（1952）『夜明けの子ら―生活版画と綴方集』春秋社

石田佐恵子（2008）「データベースのデザインをめぐって」『テレビＣＭ研究』1，京都精華大学表現研究機構

石田佐恵子・岩谷洋史（2009a）「映像資料の収集と保存をめぐる問題―デジタル化時代の映像社会学に向けての試論」『都市文化研究』11，大阪市立大学都市文化研究センター

石田佐恵子（2009b）「映像アーカイブスを用いたテレビ文化研究の可能性」『テレビＣＭ研究』2-2（3），京都精華大学表現研究機構

石田佐恵子（2009c）「ムービング・イメージと社会：映像社会学の新しい研究課題をめぐって」『社会学評論』60（1），日本社会学会

石田佐恵子（2009d）「個人映像コレクションの公的アーカイブ化の可能性」『マス・コミュニケーション研究』75，日本マス・コミュニケーション学会

石田佐恵子（2010）「1950-60 年代の番組台本・生ＣＭ脚本を探して」『日本脚本アーカイブズ調査・研究報告書Ⅴ号』日本脚本アーカイブズ推進コンソーシアム，8-11

石田佐恵子・岩谷洋史（2012）「テレビ映像資料の収集と保存に関する実践的研究―311 テレビアーカイブ・プロジェクトの事例から」『人文研究』63，大阪市立大学文学研究科紀要

伊藤守（2015）「テレビ番組アーカイブを活用した映像研究の可能性―分析方法・手法の再検討に向けて」『社会学評論』65（4），541-556

色川大吉（1977）『歴史の方法』大和書房

影山幸一（2004）「デジタルアーカイブという言葉を生んだ『月尾嘉男』」『artscape』2004 年 1 月 15 日，（2017 年 7 月 14 日取得，http://www.dnp.co.jp/artscape/artreport/it/k_0401.html）

関東 ICT 推進 NPO 連絡協議会（2009）『デジタルアーカイブまちづくり事例集』

加島卓（2014）『〈広告制作者〉の歴史社会学―近代日本における個人と組織をめぐる揺らぎ』せりか書房

加藤文彌（1985）『金山の民俗』金山町

加藤杢三郎（1961）「北白川こども風土記」『キネマ旬報』276 号〔通巻 1091 号〕，キネマ旬報社

月刊かっせ編集部（2017）「おやじたちが作った赤塚新町の写真集 ?!」『Kacce』7 月号，vol.403，4-6

川上一貴・岡部晋典・鈴木誠一郎（2011）「Web 上の地域映像アーカイブの調査と検証：デジタルアーカイブズの持続性に着目して」情報知識学会『情報知識学会誌』21（2），245-250

川戸和英（2012）「今，萬年社を再考する―名門の栄光から破局へ。経営環境創造の視点から（第 7 回）萬年社の人事政策と経営政策から見えたもの」『日経広告研究所報』46（1），日経広告研究所，40-45

Ketelaar, Eric（2004）*Time Future Contained in the Past : Archival Science in the 21st Century* 記録管理学会・日本アーカイブズ学会共編（2006）『入門　アーカイブズの世界―記憶と記録を未来に』日外アソシエーツ

毛塚万理（2014）「日本のアーキビストの現状と問題点」NPO 法人知的資源イニシアティブ編『これからのアーキビスト：デジタル時代の人材育成入門』勉誠出版，3-19

菊地暁（2015）「人文研探検―新京都学派の履歴書（プロフィール）　第 15 回北白川と人文研『北白川こども風土記』を読む」慶應義塾大学出版会ウェブページ（http://www.keio-up.co.jp/kup/sp/jinbunken/0015.html　2017 年 7 月 21 日最終アクセス）

菊地暁 (2017)「いくつかの〈こども風土記〉—宝塚・大東亜・北白川」大塚英志編『動員のメディアミックス』思文閣出版

北村順生 (2015)「地域映像アーカイブの活用に関する一考察—十日町情報館ワークショップ実践の試み」『人文科学研究』136，109-124

北村順生 (2016)「地域映像アーカイブの教育活用に関する事例研究—南魚沼市実践の報告から」『人文科学研究』138，177-195

小型映画編集部 (1960)「オギノ 8 ミリ教室　本誌独占ルポルタージュ記事」『小型映画』5 巻 6 号

古賀豊 (2013)「デジタル映像アーカイブをめぐる知的財産としての権利」原田健一・石井仁志編『懐かしさは未来とともにやってくる—地域映像アーカイブの理論と実際—』学文社

古賀崇 (2015)「デジタル・アーカイブの可能性と課題」岡本真・柳与志夫『デジタル・アーカイブとは何か—理論と実践』勉誠出版，49-69

ココロ日和編集部 (2017)「桐生人を訪ねて 第 1 回」『ココロ日和 2017 冬号』8-9

くにたち文化・スポーツ振興財団 (2017)『くにたちあの日，あの頃—写真にみる少し昔のくにたち』

神戸 100 年映画祭実行委員会・神戸映画サークル協議会編 (1998)『神戸とシネマの一世紀』神戸新聞総合出版センター

久野修・鶴見俊輔 (1956)「日本のプラグマティズム—生活綴り方運動」『現代日本の思想—その五つの渦』岩波書店，71-116

高野光平・谷川建司・丸茂・金相俊・赤間亮 (2007)「ＣＭの保存と公開をめぐる討論」山田奨治編『文化としてのテレビ・コマーシャル』世界思想社

高野光平・難波功士編 (2010)『テレビ・コマーシャルの考古学』世界思想社

クラブ・ジャビー (2017)『板橋区赤塚新町の昭和　成増／赤塚／（練馬区）田柄』(自費出版)

京都市立北白川小学校編 (1959)『北白川こども風土記』山口書店

京都生活協同組合編 (1989)『デルタからの出発—生協運動と先駆者能勢克男』かもがわ出版

Lamarre, Thomas（2009）*Anime Machine*：*A Media Theory of Animation*, University of Minnesota Press. (＝藤木秀朗監訳, 大﨑晴美訳 (2013)『アニメ・マシーン—グローバル・メディアとしての日本アニメーション』名古屋大学出版会)

Lamb, Warren and Elizabeth Watson M.（1979）*Body Code*：*The Meaning in Movement*, Routledge.

Lessig, Lawrence（2006）"CODE Version 2.0"（=2007, 山形浩生訳『CODE Version 2.0』翔泳社）

Manguel, Alberto（2006）*The Library at Night*, Alfred A Knopf. (＝野中邦子訳 (2008)『図書館：愛書家の楽園』白水社)

前田英樹（2013）『ベルクソン哲学の遺言』岩波書店

牧野守（2012）「解説　前衛的なシネアスト能勢克男の生きた時代」『ファシズムと文化新聞「土曜日」の時代』別冊，六花出版

萬年社コレクション調査研究プロジェクト（2011）『萬年社コレクション調査研究プロジェクト2010年度報告書』大阪市立大学

萬年社コレクション調査研究プロジェクト（2012）『萬年社コレクションCMデータベース資料集〈2010年度版〉』大阪市立大学

萬年社広告100年史編纂委員会編（1990）『萬年社広告100年史』萬年社

Masuda, Miki（2016）"Project Completed – The Makino Mamoru Collection on the History of East Asian Film, 1863-2015［Bulk Dates：1920s-1990s］：A New Beginning of East Asian Film Studies and Beyond," Makino Collection Blog: Archiving East Asian Film Studies at Starr Library, February 25, 2016,（Retrieved April 1, 2017, https://blogs.cul.columbia.edu/makino/）.

松谷容作（2007）「ジル・ドゥルーズ『シネマ』と映画研究史―『シネマ』が映画研究に与えるものについての研究ノート」『美術芸術学論集』3，神戸大学芸術学研究室

松谷容作（2013）「9.5mm映像システム論序説―テクノロジー，アーカイヴ，コミュニケーション」映画学研究会『映画学』27号，45-57

松谷容作（2014）「映像におけるアマチュア―森紅の『再発見』」『神戸の映像文化―「神戸と映画」「神戸映像アーカイブプロジェクト」の取り組み』神戸ドキュメンタリー映画祭実行委員会，12-14

McCormick, Kristen and Michael Schilling, R.（2014）"Animation Cels：Preserving a Portion of Cinematic History," *Conservation Perspectives*, Spring, 2014, The Getty Conservation Institute, 10-12.

McKemmish, Sue（1997）"Yesterday, Today and Tomorrow：A Continuum of responsibility" Proceedings of the Records Management Association of Australia 14th National Convention，記録管理学会・日本アーカイブズ学会共編（2006）『入門　アーカイブズの世界―記憶と記録を未来に』日外アソシエーツ

宮本瑞夫他編（2016）『甦る民俗映像－渋沢敬三と宮本馨太郎が撮った一九三〇年代の日本・アジア』岩波書店

水島久光（2011）「テレビ番組における風景の亡失（前編）」『東海大学紀要文学部』95輯

水島久光（2012a）「テレビ番組における風景の亡失（後編）」『東海大学紀要文学部』97輯

水島久光（2012b）「『記録』と『記憶』と『約束ごと』―デジタル映像アーカイブをめぐる規範と権利」NPO知的資源イニシアチブ編『アーカイブのつくりかた―構築と活用入門』勉誠出版

水島久光 (2013a)「遍在する残像　パテ・ベビーが映し出す〈小さな歴史〉研究『序説』」『大正イマジュリィ』No.8, 大正イマジュリィ学会

水島久光 (2013b)「アーカイブとアーカイブをつなげる」原田健一・石井仁志編『懐かしさは未来とともにやってくる―地域映像アーカイブの理論と実践』学文社

水島久光 (2014)「映像アーカイブ分析の方法―ミクロストリアの概念援用をめぐる覚書」『東海大学紀要文学部』101 輯, 59-78

水島久光 (2016a)「観光から炭鉱へ―中田鉄治」苅谷剛彦編『ひとびとの精神史 8―バブル崩壊〈1990 年代〉』岩波書店

水島久光 (2016b)「ミシェル・フーコーと『玉ねぎの皮』―デジタル・メディア社会の時空間構制論」松本健太郎編『理論で読むメディア文化―「今」を理解するためのリテラシー』新曜社

森本祥子 (2008)「日本における養成課程と資格制度の提案―国内外の蓄積から学べること」日本アーカイブズ学会編『アーカイブズ学研究』9, 35-54

森本祥子 (2010)「これからのアーキビスト養成の課題についての一考察：アメリカの現状をふまえて」学習院大学文学部『学習院大学文学部研究年報』56, 227-246

森本祥子 (2011)「（コメント 3）伝統的アーカイブズとデジタルアーカイブ：発展的議論を進めるために」日本アーカイブズ学会編『アーカイブズ学研究』15, 55-60

森明巳 (2003)「NHK アーカイブセンター―2003 年 2 月映像文化の拠点が誕生―」『日本バーチャルリアリティ学会誌』第 8 巻 1 号

室井尚 (1997)「写真とテクノコード（連載『プリンティング・ザ・ワールド』第 5 回）」『版画芸術』97 号

村尾静二・箭内匡・久保正敏編 (2014)『映像人類学：シネ・アンスロポロジー―人類学の新たな実践へ』せりか書房

那田尚史 (1992 ～ 2002)「日本個人映画の歴史 (1 ～ 8)」『Fs』1 ～ 8 号

那田尚史 (1993)「日本個人映画の歴史（戦前篇 2）危うくて柔らかな機械―パテベビー登場の前後」『Fs』2 号

那田尚史 (1994)「日本個人映画の歴史（戦前篇 3）階級・技術・制限―作品のできるまで」『Fs』3 号

那田尚史 (2005)「荻野茂二の絶対映画？」『映像学』74 号

仲俣暁生・平野泉・古賀崇・水島久光 (2015)「これからのアーカイブを考える―『アーカイブサミット 2015』を受けて」『ライブラリーリソースガイド』第 11 号

中村雅子・今野慎太朗・桜井充・柴田友梨也 (2010)「町のコミュニケーション・ツールとしてのデジタルアーカイブ―つづき『街の記憶』プロジェクト」東京都市大学環境情報学部『情報メディアセンタージャーナル』第 11 号, 2010 年 4 月, 53-55

中村隆志・佐々木岳人 (2013)「映像のインデキシングの実際」原田健一・石井仁志編『懐かしさは未来とともにやってくる―地域映像アーカイブの理論と実際』学文社

中谷礼仁 (2010)「〈特集〉エフェメラ　アーカイブの現れ出ずる場所へ」『建築雑誌』2010-11，日本建築学会

日本放送協会編 (2010)『NHK 年鑑 '10』

日本放送協会編 (2016)『NHK 年鑑 '16』

西垣通 (2013)『集合知とは何か』中公新書

西村智弘 (2003)「日本実験映像史 8　アマチュア映画のアヴァンギャルド (3)」『あいだ』94 号，『あいだ』の会，27-36

西村智弘 (2006)「アマチュア映画のアヴァンギャルド」村山匡一郎編『映画は世界を記録する―ドキュメンタリー再考 (日本映画史叢書 5)』森話社

のじぎく文庫編 (1973)『神戸新開地物語』のじぎく文庫

荻野茂二 (1932)「撮影愚考 (一)」『日本パテーシネ』5 巻 1 号

荻野茂二 (1935)「スピード作品に就いて」『パテ・シネ』1935 年 10 月号

荻野茂二・石元泰博 (1958)「8 ミリ作家と語る」『藝術新潮』9 巻 6 号

荻野茂二 (1975)「人名録」『1976 年版 アマチュア映画年鑑』日本小型映画連盟

小原由美子 (2006)「〔コラム〕アーカイブズ専門職」日本図書館情報学会研究委員会編『シリーズ・図書館情報学フロンティア No.6　図書館情報専門職のあり方とその養成』勉誠出版，173-180

小原由美子 (2013)「市民アーキビストが開くアーカイブズの未来―NARA のソーシャルメディア戦略―」独立行政法人国立公文書館『アーカイブズ：Archives』49，57-63

岡本真 (2010)「MLA 連携においてデジタル技術が果たすべき役割―結果としての MLA 連携をもたらし The Commons Japan へ」日本図書館情報学会研究委員会編『シリーズ・図書館情報学フロンティア No.6　図書館情報専門職のあり方とその養成』勉誠出版，153-160

岡本真 (2012)「デジタルアーカイブへの第一歩」NPO 法人知的資源イニシアティブ編『アーカイブのつくりかた：構築と活用入門』勉誠出版，142-148

岡本真・柳与志夫編 (2015)『デジタル・アーカイブとは何か―理論と実践』勉誠出版

奥会津ひめます元気印実行委員会編 (2017)『かねやま BRAND BOOK』奥会津ひめます元気印実行委員会

奥田道大 (1968)「地域社会とマス・コミ」千葉雄次郎編『マス・コミュニケーション要論』有斐閣

奥田道大 (1971)「住民意識と行政需要」磯村英一・鵜飼信成・川野重任編『都市形成の論理と住民』東京大学出版会

大石章 (1983)「価値ある歴史資料の発掘」『小樽市博物館特別展 9 ミリ半の世界』小樽市博物館パンフレット

大田耕士編 (1952)『版画の教室―生活版画の手びき』青銅社

大田耕士 (1966)「日本教育版画協会の歩みと活動―版画教育史」日本美術教育連合編『日本美術教育総鑑 戦後編』日本文教出版，310-314

大田耕士編 (1984)『やさしい版画教室』ぽるぷ出版

大山徳彦・山口繁太郎 (1964)「対談『北白川こども風土記』始末記」京都市立北白川小学校編『創立九〇周年記念誌』山口書店，35-41

プロダクション・アイジー　アーカイブグループ (2017)『アニメーション・アーカイブの機能と実践　I.G アーカイブにおけるアニメーション制作資料の保存と整理 β版』プロダクション・アイジー

佐崎順昭 (1992)「新収蔵作品研究 小型映画作家・荻野茂二作品」『現代の眼』454，5-6

斎藤友子 (2017) インタビュー，2017 年 4 月 17 日

斎藤利江 (2001)『足尾線の詩　思い出の SL と子供たち』あかぎ出版

斎藤利江 (2001)『あの日，あの時，あの笑顔―斎藤利江写真集』清流出版

斎藤利江 (2015)『齋藤利江の昭和 30 年代シリーズ I　おんぶの温もり』日本写真企画

佐々木健一 (1991)『美学辞典』東京大学出版会

佐藤忠男 (1995)「小型映画＝実験映画＝個人映画の多彩な広がり」『日本映画史 4』岩波書店

Shepherd, Elizabeth J. and Geoffrey Yeo (2003) *Managing Records.* (＝森本祥子他編訳 (2016)『レコード・マネジメント・ハンドブック：記録管理・アーカイブズ管理のための』日外アソシエーツ)

末本誠 (2013)『沖縄のシマ社会への社会教育的アプローチ―暮らしと学び空間のナラティヴ』福村出版

スタジオジブリ (2008)『スタジオジブリ・レイアウト展カタログ』日本テレビ放送網

Steinberg, Marc (2012) *Anime's Media Mix：Franchising Toys and Characters in Japan*, University of Minnesota Press. (＝中川譲訳 (2015)『なぜ日本は〈メディアミックスする国〉なのか』KADOKAWA)

Stewart, Susan (1984) *On Longing: Narratives of the Miniature, the Gigantic, the Souvenir, the Collection*, Duke University Press.

高橋由美子 (2014)「市民ボランティアとの協働作業による被災写真群の整理事業」日本写真学会『日本写真学会誌』77 (1)，15-23

竹部弘編 (1975)『1976 年度版アマチュア映画年鑑』日本小型映画連盟

高木澄子ほか編 (2015)『行動する女たちの会資料集成』1，六花出版

武邑光裕 (2003)『記憶のゆくたて―デジタル・アーカイヴの文化経済』東京大学出版会

高田知和 (2015)「地域で地域の歴史書く」野上元・小林多寿子 編著『歴史と向き合う社会学　資料・表象・経験』ミネルヴァ書房，65-82

田村和人（2009）「テレビ局のアーカイブス」『テレビＣＭ研究』2-2（3），京都精華大学表現研究機構

田村紀雄（2003）「地域メディアの俯瞰」田村紀雄編『地域メディアを学ぶ人のために』世界思想社

谷口知司（2006）後藤忠彦監修，谷口知司編著『デジタル・アーキビスト概論』日本文教出版

谷口知司（2014）「新しい養成制度とそれにふさわしい新たな職場開拓」NPO法人知的資源イニシアティブ編『これからのアーキビスト：デジタル時代の人材育成入門』勉誠出版，191-207

谷川建司編（2016）『戦後映画の産業空間―資本・娯楽・興行』森話社

谷本研・中村裕太（2017）「白川道中膝栗毛」『愛郷』57号，北白川愛郷会，7-24

Thompson, Kristin （1980）"Implications of the Cel Animation Technique," Lauretis, Teresa de and Stephen Heath eds., *The Cinematic Apparatus*, Macmillan, 106-120.

月尾嘉男（2004）「デジタルアーカイブの功罪」『電気新聞』2004年2月9日（『月尾嘉男の洞窟』転載）（2017年7月14日取得，http://www.tsukio.com/denki2.html）

研谷紀夫（2015）「デジタルネットワーク社会における複合化する記録資料とアーカイブズ」石田英敬・吉見俊哉・マイク・フェザーストン編『デジタル・スタディーズ2 メディア表象』東京大学出版会

徳原直子（2016）「公共図書館のデジタルアーカイブを取り巻く環境と今後の方向性―デジタルアーカイブ連携のススメ」『電子図書館・電子書籍貸出サービス調査報告2016』電子出版制作・流通協議会

匿名座談会（1960）「8ミリヌード映画のあり方」『小型映画』6巻6号

東京市電気局編（1928）『昭和四年度電気事業成績調書（第十九回）』東京市電気局（国立国会図書館デジタルコレクション所収　http://dl.ndl.go.jp/info:ndljp/pid/1077053/70，2018年1月10日最終アクセス）

東京市電気局（1928）『事業大要　昭和三年九月』東京市電気局（国立国会図書館デジタルコレクション所収　http://dl.ndl.go.jp/info:ndljp/pid/1100573，2018年1月10日最終アクセス）

東京市電気局（1931）『事業大要　昭和六年九月』東京市電気局（国立国会図書館デジタルコレクション所収　http://dl.ndl.go.jp/info:ndljp/pid/1100611，2018年1月10日最終アクセス）

冨田美香（2012）「戦間期日本における小型映画文化の様相―映画都市京都のもう一つの顔」冨田美香ほか編『京都イメージ―文化資源と京都文化』ナカニシヤ出版，103-118

豊島区史編纂委員会編（1983）『豊島区史　通史編2』東京都豊島区

辻恭平（1989）『事典　映画の図書』凱風社

植村八潮（2014）「既存の知的財産をいかにアーカイブしていくか」「アーカイブ立国

宣言」編集委員会編『アーカイブ立国宣言』ポット出版

植野淳子（2014）「未来の日本のアニメーションアーカイブスを目指して」「アーカイブ立国宣言」編集委員会編（2014）『アーカイブ立国宣言』ポット出版，179-195

梅棹忠夫（1987）『梅棹忠夫の京都案内』角川書店

若葉馨（1937）「続戯れ書」『パテーシネ』10 巻 1 号

山賀博之（2017）インタビュー，2017 年 4 月 17 日

山崎博樹（2015）「アーカイブズからデジタルアーカイブズへ―秋田県デジタル・アーカイブの実践をとおして」岡本真・柳与志夫編『デジタル・アーカイブとは何か―理論と実践』勉誠出版

山崎義人・後藤春彦・佐久間康富・田口太郎（2009）「まちづくりオーラル・ヒストリー―個々人の口伝の人生史を積層させることから社会的文脈を出現させる試み」『都市計画』277 号，35-40

山田奨治編（2007）『文化としてのテレビ・コマーシャル』世界思想社

安井喜雄・笹川慶子（2013）「わが映画人生を語る―安井喜雄氏インタビュー」（新なにわ塾叢書企画委員会ほか編『大阪に東洋一の撮影所があった頃―大正・昭和初期の映画文化を考える（新なにわ塾叢書5）』ブレーンセンター，19-106

米本祐太・栗原里奈（2010）「市民デジタルアーカイブ活動の実態と変化」東京都市大学環境情報学部『情報メディアセンタージャーナル』11 号，2010 年 4 月，40-42

吉井義雄（1989）『炭鉱・そして人』彩苑社

吉田憲司（2014）『文化の「肖像」―ネットワーク型ミュージオロジーの試み』岩波書店

吉見俊哉（2015）「知識循環型社会とアーカイブ―知のデジタルターンとは何か」『社会学評論』65（4），557-573

吉見俊哉（2017）「なぜ，デジタルアーカイブなのか？―知識循環型社会の歴史意識」『デジタルアーカイブ学会誌』1（1），11-20

全国視聴覚教育連盟「ICT メディア研究部会」（2016）『「デジタルアーカイブに関する取組事例」報告書』

Zittrain, Jonathan（2008）"The Future of the Internet and How to Stop It", Yale University Press.（＝井口耕二訳（2009）『インターネットが死ぬ日 そして，それを避けるには』早川書房）

骨とフィルム ——痕跡から資（史）料へ

　ここ数年の間に，「アーカイブ」を巡る状況は大きく変わった。もちろんその背景には，我々の生活全般を覆うデジタル化があるのだが，単にそれは既存「メディア」の組み換えのレベルに回収されるべき話ではない。少々大げさに言うなら，我々人間の存在そのものを支える認識環境の変化が，じわじわ押し寄せているように実感する。

　ビジネスの世界では，「茹でガエル理論」としてまことしやかに語られている警句がある。もちろん作り話だが，環境適応を強要され，その一方で災害時の正常性バイアスや，ますます「歴史的教訓」に鈍感になっていく現代人の姿を見るにつけ，その感性の劣化は深刻に映る。カエルなら逃げ出せるかもしれないが，我々は簡単に「茹で上がってしまう」だろう。

　ともあれ，最近の「アーカイブ」を巡る議論は，沸騰と混迷を極めている。しかしそれは我々が「過去」との向き合い方を見失ったことの鏡ではないだろうか。デジタル環境は，シミュラークル（ボードリヤール）が広がった無時間・無空間的データの海だ。飲み込まれて，方向喪失（スティグレール）に苛まれた我々は，そこでただバタバタと手足を動かしている。

　「資（史）料とは何か」——アーカイブのデジタル化が，まず我々につきつけた問いはこれだ。唯一性と複数性，マルチモーダル化，公開原則等々，「文書館」時代には当たり前であったアーキビストの専門性に基づく作法や倫理が，「メディア・リテラシー」とは紙一重のところで，社会問題化している——「資料はありません」——今日も誰かが囁いている。

　東日本大震災後の記録と記憶を巡る議論のなかで，構築すべき「アーカイブ」を「墓地」のメタファーとして語った実践者がいた。これは「アジア太平洋戦争への問い」とも重なる。彼は，切実な痛みを伴うものと残すべきものとのせ

めぎ合いのなかで，記録の集積の「あり方」を，「碑」を越えて，「かつて存在していた」直接性を媒介する「墓」に見立てたのだ。

このメタファーはある意味，デジタルアーカイブに与えられた社会的な位置づけを言い当てている。「アーカイブ」の日常への浸透は，文書を前提とした資（史）料批判と異なる作法を我々に要求するのだ。それは資（史）料の向こう側へむけた我々の想像を促す——なぜならば，デジタル（≒ Digit）とは，本来「指差し」の謂いであるからだ。

アンドレ・ルロワ＝グーランは主著『身ぶりと言葉』において，「骨」への信仰や埋葬の慣習から，コミュニケーションとメディアの発生を読み解いていった。その知見を発展させるなら，「フィルム」は，まさにホモ・ファーベル（ベルクソン）である我々にとっての「墓」と言える。それらはともに，直接的に存在の痕跡（アイコン）であり，存在を記憶の中に指し示し（インデックス），繰り返し現前することで象徴（シンボル）機能を纏う。

しかし「フィルム」も「墓」も，そもそもはデジタル化不可能な物質である。デジタル化されるものは，その「写し」にすぎない。だから我々はその意味を知ろうとするとき，その資（史）料が生み出される源泉を眼差し，発せられる声に耳を傾け，さらにその厚みを手で触れ，それらを包む風景を足で訪ねる必要がある——すなわち我々は「群（かたまり）」として資（史）料に出会い，そこからコミュニケーションをつないでいく必要があるのだ。

本書の編者である原田と水島は，10 年前，全く別々の「地域」との関わりから，「映像」とその「アーカイブへの問い」に直面していた。しかしその後，互いの実践と研究がいくつもの接点を結んでいることに気づき，共同作業をはじめた。原田は「にいがた」という地域に根を下ろし，水島はさまざまな地域を旅することで，そのネットワークを広げてきた。

本書に寄稿していただいた「仲間」たちの論考こそが，そのネットワークのノードを成すものである。地域の写真映像アーカイブから図書館，放送，その他のメディアを繋ぐ創造的アプローチ。あるいは互いの研究成果を発表し合

い，大学と教育と地域創生という社会的課題を連携させていく試み等々。「荻野茂二」という対象は，そうした学際的眼差しの交差のなかで発見された。執筆者たちの研究領域は多岐にわたる。社会学，記号論，メディア研究，映画研究，写真研究，アニメ研究，メディア・リテラシー，芸術学，情報学，etc.，アーカイブは今，多くの異分野の研究，実践者が扉を開き，記憶とコミュニケーションから社会のリ・デザインを考える「広場」となっているのだ。

　まえがきで原田も触れたが，本書は2013年に刊行された『懐かしさは未来とともにやってくる―地域映像アーカイブの理論と実際』（学文社）の続編として位置づけられている。ぜひ，この間の我々の「問い」の次元がどう変わったかを見て，感じていただきたいと思う。しかし，ゴールはずっと先にある。本書もまだまだ「中間報告」の域にとどまるだろう。

　それは当然のことである。なぜならばこうした問いを重ねること自体が，まさしく「メタ・アーカイブ」的な営為なのだからだ。一読していただくとおわかりいただけると思うが，まだまだ用いられているタームの統一はできておらず，さまざまな概念が飛び交っている現状ではある。とはいえ，「群」をなす大量の資料と向き合う作業中で，各論をつなぐ「筋」ははっきりと見えはじめている。それこそがアーカイブ的体験のなせる業といえるだろう。

　本書の刊行にご協力いただいた，すべての方々に感謝を申し上げたい。そしてデジタルアーカイブ時代に「生きる悩み」を抱える「多くの仲間」に手に取っていただき，わずかながらでも，議論の深耕に貢献することができれば幸いである。

水島　久光

第Ⅰ部～Ⅳ部の主要キーワード

ここでは A～F の 6 つのテーマについての本書の視点を提示し，各章の論考をつなぐ主要なワードとそれが特にページを割いて扱われている箇所を〈章-節〉の番号で示している。

A　アーカイブ概念をめぐって

本書ではデジタル化に伴い，アーカイブという概念自体の問い直しを行っている。その点でいえば旧来の文書管理・公文書館関係で用いられてきた「アーカイブズ」〈1-3〉〈3-2, 3〉〈11-2〉という複数形の語には一定の注意を払う必要があるだろう。その上で，本書では特に意識して動詞としてこの語を用いている（「アーカイビング」〈6-4, 5〉「アーカイブする」〈13-1, 6〉など）。

またアーカイブの隣接概念としての「コレクション」〈4-2～5〉〈7-1～4〉〈8-2〉〈10-3, 4〉「データベース」〈3-6〉〈7-1～8〉との関係にも留意が必要である。

B　デジタル映像アーカイブの構築

「メタデータ」〈1-5〉〈2-3〉〈3-5〉〈6-2〉〈7-8〉の付与は，デジタルアーカイブの構築における最も重要な作業といえよう。その標準化・取り決め（「ダブリン・コア」〈3-5〉など）に関する動きについても目が離せない。

そのベースとして，誰が（担い手の問題，例えば「アーキビスト」〈2-3〉〈3-2〉〈6-1〉〈11-1～5〉の役割・育成），どのように（「アーカイブ・ポリシー」〈7-6〉）といった論点にもついてもまだまだ多くの議論を待たねばならない。

C　組織・体制

本書の各論考は，地域における映像アーカイブが公的組織のさまざまな連携によってこそ実現するという主張によって結ばれている。「MALUI（美術館・博物館／文書館／図書館／大学／産業）」〈2-1～3〉〈3-6〉「MLA」〈2-1～3〉「GLAM（G=ギャラリー）」〈2-2〉などの連携機関を表すキーワードは重要である。

またトップダウンにせよ，支える機能を発揮するにしても「行政」〈2-1〉〈5-1～3〉〈10-1, 2〉「自治体」〈4-1〉という語が各論でどのような意味を持っているかは一考に値する。

D　対象資料・素材

アーカイブは素材なくしては存在しえない。したがって「何を」扱うべき対象とするかは，地域の小規模のアーカイブにとっては重要な問題である。本書にはそこに力点を置いた論文が多くまた，その対象に注目することによって各論の関係が浮き上がってくる。「エフェメラ（ル）」〈6-2〉〈7-8〉〈10-1〉「ノンフィルム」〈6-1〉「オーファンフィルム」〈6-2〉〈7-5〉「中間素材」〈8-1～4〉「写真集・アルバム」〈5-3～4〉〈9-4〉「ホームムービー」〈6-2～4〉「生活版画」〈13-1～6〉は旧来のアーカイブが対象としてこなかった重要な資料概念である。

第Ⅳ部では戦前の「パテベビー」〈4-4〉〈6-4〉〈10-3, 4〉〈11-4～5〉以降，約 60 年にわたり小型映画制作を牽引してきた荻野茂二に光を当てる。

E　研究・教育の方法論

　地域の映像アーカイブを浸透させるためには，さまざまな人びとを活動に巻き込み，その担い手として育成する視点を欠くことはできない。「コミュニティ」〈2-1〉〈3-6〉〈4-2〉〈10-1～5〉への働きかけはその方法論の基点であり，さらに「地域史／郷土史」〈2-1〉〈4-1〉〈5-2, 4〉〈10-2〉〈13-1～6〉研究者との関係の構築，「メディア・リテラシー」〈3-6〉〈12-4〉概念や「ワークショップ」〈5-1, 4〉〈9-4〉〈12-1～6〉，道具としての「イメージボード」〈8-3〉「タブレット端末」〈12-4〉を橋渡しとしての学校・社会教育との連携などの方法の模索がなされている。

　それに関して本書では，映像を「群（かたまり）」〈3-4, 6〉〈4-2～4〉〈14-3〉として視ること，関係性を「循環（サーキュレーション）」〈4-4, 5〉〈6-1〉として捉えることを提案している。

　これらを踏まえ，第Ⅳ部の共同研究では，荻野茂二の「工房」と「ヌード作品」〈15-1～4〉，「8mm教室」の成立とその機能〈15-4〉〈16-1～3〉，作品における「公 - 私」〈17-1～4〉「都市と労働者」〈18-1～4〉のコントラスト，表象としての「仕事」〈19-1～3〉の意味を作品「群」から読み解き，一人の作家の「全貌」〈20-1～5〉とテクノロジー，及びそれを取り巻くコミュニティや社会との循環的関係を浮かび上がらせる。

F　配慮すべき事項

　映像資料にはさまざまな権利が絡みついており，活用にはその処理が大きなハードルとなっている。「著作権」〈1-5〉〈3-6〉〈4-5〉〈7-5〉〈8-4〉〈10-3, 4〉「肖像権」〈1-5〉〈3-6〉〈4-5〉〈10-5〉はその代表的なものであるが，本書ではあえて既存の手続きをどのように超えていけるかについて課題にし，「クリエイティブコモンズ」〈2-1〉などの動向，「ダークアーカイブ」〈4-5〉の扱いなどについても言及している。

※本書は，独立した論考を編集したものという性格をもつため，用語統一は必要最小限にとどめた。特に一人称と敬称の用い方については，各章（論考）の執筆者と実践・研究対象との関係性を表すものと考え，あえて統一を図ってはいない（編者）。

執 筆 者 (＊は編者)

＊**原田健一**（はらだ けんいち）
1956 年生まれ，新潟大学人文社会科学系・人文学部教授，映像社会学／メディア史

＊**水島久光**（みずしま ひさみつ）
1961 年生まれ，東海大学文学部教授，メディア思想／情報記号論

浅岡隆裕（あさおか たかひろ）
1970 年生まれ，立正大学文学部准教授，社会的コミュニケーション論／地域メディア論

石田佐恵子（いしだ さえこ）
1962 年生まれ，大阪市立大学大学院文学研究科教授，現代文化研究／映像社会学

石田美紀（いしだ みのり）
1972 年生まれ，新潟大学人文社会科学系・人文学部准教授，映像文化論

板倉史明（いたくら ふみあき）
1974 年生まれ，神戸大学大学院国際文化学研究科准教授，映画学／文化資源学

榎本千賀子（えのもと ちかこ）
1981 年生まれ，新潟大学現代社会文化研究科研究員，写真家／写真研究

小河原あや（おがわら あや）
1976 年生まれ，成城大学文芸学部非常勤講師，映画学／美学

北村順生（きたむら よりお）
1967 年生まれ，立命館大学映像学部准教授，社会学／メディア・リテラシー

キム・ジュニアン（金俊壤）
1970 年生まれ，新潟大学人文社会科学系・人文学部准教授，アニメーション研究／メディア研究

佐藤守弘（さとう もりひろ）
1966 年生まれ，京都精華大学デザイン学部教授，視覚文化研究／芸術学

前川道博（まえかわ みちひろ）
1959 年生まれ，長野大学企業情報学部教授，メディア環境学／地域情報研究

松谷容作（まつたに ようさく）
1976 年生まれ，國學院大學文学部准教授，映画学／美学

椋本輔（むくもと たすく）
1979 年生まれ，横浜国立大学教育人間科学部／鶴見大学短期大学部非常勤講師，基礎情報学／メディア思想史

手と足と眼と耳 ―地域と映像アーカイブをめぐる実践と研究―

2018年3月20日　第1版第1刷発行

編著者　原田　健一
　　　　水島　久光

発行者　田中　千津子

発行所　㈱学文社

〒153-0064　東京都目黒区下目黒3-6-1
電話　03（3715）1501㈹
FAX　03（3715）2012
http://www.gakubunsha.com

印刷　新灯印刷（株）

ISBN978-4-7620-2795-6

懐かしさは
未来とともに
やってくる

地域映像アーカイブの理論と実際

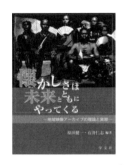

原田健一・石井仁志 **編著**

本体3500円＋税　　ISBN978-4-7620-2401-6　C3036 / A 5 判 / 344頁

地域に残された映像資料は、地域社会の過去の姿を伝える貴重な文化財であり、地域に対する我々の認識を捉え直し、未来の地域の進むべき方向を指し示す重要な材料である。

「地域映像アーカイブ」は、2008 年度より活動をはじめた、地域の映像資料の収集や保存、整理、公開、活用についての実践を進めている、新潟大学人文社会・教育科学系地域映像アーカイブセンターを中心としたプロジェクト。
その活動をまとめ、さまざまな角度から地域の映像アーカイブについての実践、研究を論じる。今後の映像アーカイブの振興や発展を考えるための 1 冊。